진짜 모습으로 승부하라

진짜 모습으로
승부하라

리타 클리프튼 지음 | 최재은 옮김

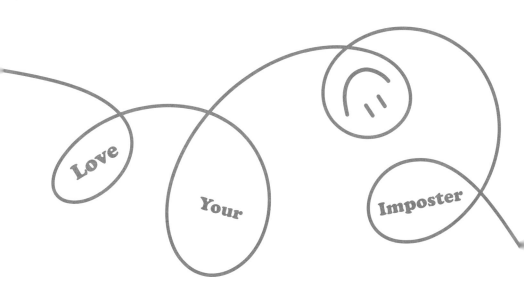

매일경제신문사

　내가 이 책을 쓰게 된 이유는 사회생활을 하면서 점점 가슴을 채워오는 사명감 때문이었습니다. 내가 바라는 것은, 그리고 이 세계에 필요한 것은 세계 곳곳의 여러 조직과 기관을 운영하는 리더들의 구성이 지금보다 훨씬 다양화되고 남성과 여성의 비율 측면에서도 더 균형을 갖추는 것입니다. 별로 모호할 것도 없는 암호처럼 말은 했지만, 비즈니스 조직, 기관, 정부 등의 꼭대기에 더 많은, 아주 많은 여성들이 필요하다는 뜻입니다. 우리는 리더십의 화학적 구성비를 바꿔야 합니다. 우리 행성을 구성하는 인간 군상들의 종류만 해도 그렇게 다양한데 그런 다양성이 사회의 조직에도 제대로 반영되는 것이 당연히 옳은 일일 뿐만 아니라, 각종 데이터나 증거만 보더라도 균형이 잘 맞을수록 좋은 성과를 낸다는 사실을 알 수 있습니다. 바로 여러분이 현재와 미래의 리더십을 구성하는 일원이 되기를 바랍니다.

　리더십의 구성비를 다양화하는 데에 방해가 될 수 있는 요소들을 살펴보면, 우선 비즈니스계의 구조적 장벽이나 문화적 관행, 전통적 업무 환경 같은 장애가 확실히 존재하고, 아울러 다양한 인재를 채용하고 양성하고 진급시킬 때 의식적, 무의식적으로 작동하는 편향도 분명히 있습니다. 따라서 우리는 비즈니스맨, 비즈니스우먼이 함께 구축한 든든한 네트워크를 활용하는 동시에 제도적, 정치적으로도 압력을 가함으로써 이런 문제들을 쟁점화하고 다 함께 힘써야 합니다. 하지만 지금까지 내가 다양한 직급에서 일하는 여성들을 매니징하고 리드하고 코치하고 멘토링하면서 겪은 바에 따르면, 수많은 여성 인재들이 충분한 재능을 갖추고 있음에도 불구하고 자신이야말로 그런 높은 자리를 차지해야 마땅하다거나 차지할 수 있다고 믿는 자신감이나 확신이 결여되어 있었습니다. 광범위한 연구 역시 남성보다 여성이 스스로에게 더 엄격한 잣대를 들이대는 성향이 있다는 관점을 뒷받침합니다. 하지만 여러분이 알고 싶어 할 만한 재미있는 사실을 한 가지 덧붙이자면, 자신의 능력을 과소평가하는 사람들이 스스로를 과대평가하는 사람들보다 리더로서 더 뛰어난 능력을 발휘한다는 연구가 최근 〈하버드 비즈니스 리뷰〉에 실리기도 했습니다.

이러한 관점은 이 책의 주제와도 연결됩니다. 자신감 결핍에 대해 먼저 살펴보면 약 70%에 달하는 수많은 사람들이, 그리고 남성보다는 특히 여성들이 직장생활을 하면서 가면증후군을 더 많이 겪는 것이 사실입니다(가면증후군이라 하면 다들 알다시피, 어쩐지 나는 성공할 자격이 없는 것 같고, 승진할 정도로 실력도 충분치 않은 것 같고, 심지어 스스로를 언젠가 발각될지도 모르는 사기꾼이라고까지 생각하는 현상이죠). 그리고 자신을 과소평가하는 사람들이 더 성공할 확률이 높다는 것입니다. 있는 그대로의 자신을 인정하는 것, 너무 자신감, 자신감을 부르짖을 필요가 없다는 취지의 이 책이 나오게 된 이유이기도 합니다.

나 역시 직장생활을 하는 내내 가면증후군을 겪고 스스로를 끊임없이 의심했습니다. 내가 그렇다는 사실을 감지하게 된 계기, 그런 취약점 때문에 겪었던 어려움들, 그리고 비록 두 팔 벌려 반갑게는 아니더라도! 그 가면을 결국 진심으로 받아들이게 된 나만의 과정과 경험을 독자 여러분과 나누고 싶었습니다. 내가 이런 말을 하는 이유는 '충분한 실력을 갖추지 못했다'라는 바로 그 기분이 실제로는 나에게 더 노력하고 더 배우고 더 연습하고 나 자신을 확장하라는 강력한 자극제가 되었기 때문입니다. 게다가 많은 유명인사들이나 이름만 대면 알 만한 비즈니스 리더들 역시 가면증후군을 겪고 있다는 사실도 알게 되었습니다. 그들도 같은 말을 했죠. 가면증후군이 자신들을 더 세게 몰아치고 발전하고 성공하게 하는 막강한 동력이 되었다고요.

언젠가 한 무술 수련자에게 내 안의 가면과 싸우고 힘겨루기를 하는 대신 그것을 사랑하고 에너지로 활용하는 법을 배워야 한다는 '마인드셋 전환'에 대해 이야기할 기회가 있었습니다. 그런데 그가 말하길 유도에서의 승리도 상대와 '맞서 싸워서' 이기는 것이 아니라 상대의 무게를 나한테 유리하게 이용함으로써 이기는 것이라 하더군요. 이보다 더 훌륭한 비유가 있을까요? 네, 맞습니다. 우리도 우리 가면의 '무게'를 커리어에서 승리하는 데에 보탬이 되는 쪽으로 이용할 수 있습니다. 이 정도면 충분히 사랑할 만하지 않은가요? 게다가 이제는 가면을 쓴 것 같은 기분이 너무 시도때도 없이 느껴져서 일종의 '증후군'이라기보다는 인간의 평범한 특성처럼 되어버린 것 같기도 하지요. 인간의 이런 결점들이 우리를 더 인간답게 만들고 타인을 더 잘 공감할 수 있게 해줍니다. 바로 이런 인간성이야말로 이 사회의 현재와 미래에 꼭 필요한 요소입니다.

나는 이 책에 가면을 쓴 것 같은 기분 뒤에 가려져 있던 삶의 여러 가지 경험과 함께 내 가면이 작동시킨 동력, 그리고 나의 원래 강점을 최대한 끌어내어 활용할 수 있게 해주는 온갖 기술과 도구, 팁을 생각나는 대로 전부 담았습니다. 브랜드 전략 분야에서 주로 일하다 보니 자기 강점을 최대한 끌어내고 발휘하는 방법을 고민하는 과정에서 '브랜드 사고방식'을 일부 차용했습니다. 부디 여러분이 저마다의 분야에서 원하는 만큼 오랫동안 지속가능한 영향력을 발휘하고 여러분의 가치를 최대한 인정받을 수 있게 되길 바랍니다. 다시 한번 강조하지만 '퍼스널 브랜딩'은 결코 피상적이거나 형식적 종류의 접근법이 아닙니다. 여러분의 강점과 목표를 분명히 알게 해주고 장기적 성공을 위해 여러분의 스킬과 역량을 확실히 갈고 닦을 수 있게 해주는 방법입니다.

이 책에는 내가 지금까지 살아오면서 달성한 성공뿐만 아니라 내가 저지른 수많은 실수에 대한 일화, 그리고 오랜 세월에 거쳐 일과 엄마 역할, 개인적 삶을 마치 저글링하듯 아슬아슬하게 꾸려온 이야기들도 함께 담겨 있습니다. 그 모든 이야기를 최대한 솔직하게 풀어내려고 애썼으니 한국에 있는 독자 여러분들도 이 책을 조금이나마 즐겁게 읽어준다면 더 바랄 것이 없을 것 같습니다. 책을 쓰면서 나 스스로는 성취감도 느끼고 마음이 치유되는 경험도 했습니다. 이 책을 통해 단 한 사람이라도 자신에 대한 확신을 가질 수 있게 되고 실제로 더 많은 것을 성취할 능력이 있다는 사실을 믿게 된다면 그것만으로도 이 책을 완성한 보람이 충분할 것입니다.

2021년 10월
한국 독자들의 행운과 건승을 기원하며
리타 클리프튼 CBE

내 가면 속 꿈에서 나는…

나는 꿈을 꽤 자주 꾸는 편입니다. 물론 항상 좋은 꿈은 아니죠. 발레리나가 된다거나 세계를 구하는 것 같은 백일몽 말고도 별의별 종류의 끔찍한 꿈을 지금까지 살면서 참 꾸준히 꿔왔습니다. 내 안의 가짜들은 밤낮을 가리지 않고 왕성한 활동력을 보였어요. 물론 대부분의 악몽들은 말도 안 되게 어이없는데 예를 들면 이런 상황에 놓이는 꿈들입니다.

- 내가 탄 비행기가 정상 고도까지 올라가는 데 실패하거나 빽빽한 고층건물 숲을 그대로 휩쓸고 지나가는 꿈
- 온갖 섬뜩한 사람들과 별별 무시무시한 것들에게 쫓기는 꿈
- 공부하지 않은 과목의 시험을 다시 봐야 하거나 준비 없이 갑자기 남들 앞에서 발표를 해야 하는 꿈

아, 그리고 가장 자주 꾸는 악몽은 정신 차려보니 내가 홀딱 벗고

있는 꿈입니다. 그것도 항상 엄청 많은 사람들 앞에서요! 이런 꿈들이 무슨 의미가 있나 싶어 사나운 꿈자리를 해석해준다는 책까지 들춰볼 필요는 없죠. 나만 이런 꿈을 꾸는 게 아니니까요. 알려진 바로는 이런 종류의 뒤숭숭한 꿈이나 악몽을 꾼다는(엄밀히 말하면 꿈을 기억한다는) 사람들이 50~85%나 되고, 차이는 근소하지만 여자들이 이런 꿈을 더 많이 꾸는 것 같습니다.

수많은 이론 중에는 이런 꿈들을 '위협 시뮬레이션'과 연관 짓는 이론도 있습니다. 마치 시뮬레이션을 하듯 무서운 상황을 꿈속에서 미리 '예행연습' 해서, 실제 상황에서 그런 일이 닥쳤을 때 더 잘 대응할 수 있도록 준비한다는 뜻이죠(혹시 바닥에 한가득 꿈틀거리는 뱀들 사이를 뚫고 지나가는 꿈을 한 번도 안 꿔본 사람 있나요?). 위협 시뮬레이션 이론을 주장하는 학술 연구에 따르면 시험 전날 가장 불안한 꿈을 꿀수록 시험에서 가장 높은 점수를 받는다고 합니다.

나쁜 꿈을 꾼다는 50~85%라는 비율은 직장에서 '가면증후군'을 겪고 있다는 사람들의 비율과도 대체로 비슷합니다. 약 70%의 직장인들이 가면증후군을 경험하며 이들 중 90% 정도는 창의력을 요구하는 산업 분야에 종사하는 사람들이었습니다. 최근에는 배우, 유명 인사, 비즈니스 리더들까지 가세해 자신들의 불안감이나 이중성에 대한 고민을 털어놓으며 한바탕 가면증후군 고백 열풍이 불었었죠.

솔직한 모습, 참 좋습니다. 그런데 이런 사람들 대다수가 성공한 사람들인 걸 보면 가면증후군이 곧잘 긍정적인 방향으로 역할을 해내는 것 같죠. 여러분 중 얼마나 많은 사람들이 저런 대단한 사람들과 비슷한 경험을 해봤는지는 모르겠지만, 내가 다양한 사람들과 이 주제에 대해 이야기하면서 알게 된 몇 가지 사실은 다음과 같습니다.

- 가면증후군은 너무 흔한 현상이라 이제는 병적 증상이라기보다는 그냥 인간의 일반적인 특성으로 여겨진다.
- '난 왜 이렇게 못났을까'라는 우리 모두가 이따금 느끼는 바로 그 감정을 최대한 솔직하게 받아들이고 인정해야 한다.
- 꿈속이나 일상에서 겪는 수많은 걱정과 불안 역시 정상적인 현상이며, 사실 이런 경험은 타인에 대한 공감능력을 기르는 훌륭한 밑바탕이 될 수 있다.

재미있지 않은가요? 솔직함, 공감, 기본적인 인간성을 아주 조금만 더 갖춰달라는 것이 지금 비즈니스와 전 세계가 원하는 시대적 요구라는 게요. 실제로 여러분은 이런 개인적 자질을 활용해서 여러분 자신뿐만 아니라 주변 사람들, 주변의 다양한 일까지도 돋보이게 하고 최고 수준에 도달하게 만들 수 있습니다. 내가 얘기하는 여러분은 여러분 개인을 뜻합니다. 기업이나 조직이 아니라요.

이 책은 셀프 처방용이 아닙니다. 내가 지금까지 살면서 그때그때 익힌 다양한 경험과 아이디어, 그리고 (변변찮아 미안하지만) 여러 가지 팁을 한꺼번에 모아놓은 결과물입니다. 마치 뷔페 같은 거지요. 이제 여러분이 마음에 드는 메뉴만 취사선택하면 됩니다. 세월을 거치면서 계속 손을 보긴 했지만 다듬어지지 않은 부분이 여전히 있습니다. 우리 삶도 그러하니 이 역시 정상이라 생각했습니다.

나의 경력의 대부분이 브랜딩 관련 업무이기에 브랜드식 사고 및 퍼스널 브랜드 구축에서 쓰이는 개념들을 차용하여 여러분의 실천과 성공을 돕는 방법에 적용해보았습니다. 그렇다고 이 책에서 말하려는 것이 직장생활 내내 정신줄을 꼭 붙들고 오로지 자신의 퍼스널 브랜드에만 초점을 맞춰서 산꼭대기까지 탄탄대로로 기왕이면 카리스마까지 마구 발산하면서 올라가자는 말은 아닙니다. 우리 모두 알다시피 삶은 그런 식으로 흘러가지 않죠.

따라서 이 책은 사방팔방으로 활짝 열려 있는 책이고 약간의 이론과 수많은 실전 사례가 담겨 있습니다. 이 책을 쓰는 동안 아주 즐거웠어요. 여러분에게도 이 책이 조금이나마 유용하기를 바랍니다.

들어가며

왜 지금 이 책을 쓰게 되었는가?

몇 년 전 처음으로 책을 쓰려고 생각했을 때 원래 내가 생각했던 가제는 사실 '대책 없이 벌거벗겨진' 이었습니다. 시작은 농담이었지만 내 진심을 가득 담은 제목이었죠. 개인적으로든 직장에서든 솔직히 말해 그 어떤 것에도 내 자신이 충분히 잘 준비되었다고 느껴본 적이 단 한 번도 없었으니까요. 시험이든 학예회든 회사 미팅이든 홍보나 프레젠테이션이든 뭐든지요. 할 만큼 하지 않은 것 같아서, 최선을 다하지 않은 것 같아서, 충분히 성취하지 못한 것 같아서 항상 나는 전전긍긍했습니다. 그리고 물론, 누가 내 실체를 알아채면 어떡하나 언제나 두려웠습니다. 가면을 쓴 내 모습이요.

가면증후군은 여러 가지 다양한 방식으로 정의됩니다(학술적 정의뿐만 아니라 내 개인적으로는 더 다양한 방식으로 드러납니다). 대표적으로 〈하버드 비즈니스 리뷰〉에서 정의하는 가면증후군은 '성공한 것이 분명한 데도 지속적으로 무능하다고 느끼는 일체의 감정'입니다. 개인적으로 나에게 가면증후군이란, 내가 뭘 하려고 할 때마다 (그것도 꼭 많은 사람들 앞에서!) 이번엔 진짜 안 될 거라고, 이번에야말로 전부 다 망칠 게 뻔하다고 어디선가 겁을 주는 것 같은 아주 짜증나는 기분입니다.

아무래도 나는 그 일을 할 수 있는 수준이 아닌 것 같으니 실제 그 일에 능통한 사람이 할 수 있도록 내가 자리를 비켜주는 게 옳다고 말하는 내 머릿속의 목소리죠. 내 경우는 이렇지만 여러분도 각자의 가면 뒤에 숨은 자신만의 친구나 적이 있을 것입니다. 전체 인구의 약 70%가 가면증후군을 겪는다니 다행이다 싶으면서도 한편으론 가슴이 답답해집니다. 이런 감정이 사람을 아주 피곤하게 만드는 건 분명하지만, 반대로 기발하고 재미있는 방식으로 활용될 수도 있습니다.

결과적으로 '대책 없이 벌거벗겨진'은 책 제목이 되지 않았습니다. 사람들이 약간이라도 상스러운 인상을 받아 책 내용을 오해할까 우려한 주변 사람들 덕분입니다. 우리는 모두 발가벗겨진 기분을 느낄 때도 있고 (심지어 말 그대로 발가벗겨지는 꿈을 꾸기도 하죠) 아직 준비가 안 됐다고 또는 성에 찰 만큼 훌륭하지 못하다고 조바심치기도 합니다. 하지만 그 모든 게 우리가 정상적인 인간이라는 증거죠. 그리고 세상은 일을 맡길 만한 제대로 된 인간들을 필요로 합니다.

정말 많은 여성들에게서 여성과 리더십에 대해 실생활에서 겪은 경험을 담은 솔직담백한 책을 써 달라는 요구가 있었음에도 불구하고, 나는 책을 쓰고 있는 도중에도 '과연 누가 실제로 이 책을 좋아할까?', '실제로 사람들이 이 책에서 무슨 도움을 받을 수 있을까?' 하는 걱정에 시도 때도 없이 변덕을 부렸습니다. 그러다가 개인적으로는 상당히 혹독한 시련의 시기였던 2018년에 어떤 저녁 강연에 참석한 적이 있습니다. 선구적인 여성 정치인 데임 셜리 윌리엄스, 저명한 역사학자 니얼 퍼거슨와 함께하는 흥미진진한 리더십 관련 강연이었죠. 그곳에서 정말 재치 있고 유쾌한 여성과 우연히 대화를 나누게 되었습니다. 나중에 알고 보니 인빅터스 게임Invictus Games(영국의 해리 왕자가 발족한 상이군인을 위한 스포츠 축제)의 창립과 성장에 큰 역할을 한 빅키 고슬링Vicky Gosling(대영제국 4등 훈장 수훈자)이었습니다. 몇 분 얘기를 나누다가 그녀가 내게 이렇게 말했죠. "리타 클리프튼 씨 맞죠? 몇 년 전 그 리더십 회의에서 당신 연설을 듣고 내 삶이 완전히 바뀌었어요."

'어머, 뭐라고! 그것 참 부담스럽게…'라고 소심하게 생각하고 있는데 그러거나 말거나 그녀는 당시 나의 솔직함이 얼마나 마음 깊이 와닿았는지에 대한 이야기를 계속 이어갔습니다. 결국 나는 울고 말았죠(물론 기분이 좋아서요). 덕분에 다시 마음을 다잡고 이 책을 완성하는 데 전념할 수 있었습니다.

책을 쓰겠다고 대책 없이 앞장섰다가 맞닥뜨린 또 하나의 반전은, 드디어! 내가 본격적으로 글을 쓰기 시작했는데… 그때부터 사회에서도 현재 시스템을 근본적으로 변화시켜야 한다는 요구와 새로운 일처리 방식에 대한 필요성이 대두되면서 여성 리더들이 쓴 책과 여성 리더십에 관한 책들이 폭발적으로 쏟아져 나오기 시작했다는 점입니다. 이 중요한 흐름에 나도 작은 밀알이 되겠다는 심정으로, 그리고 푸짐하게 차려놓은 잔칫상 위에 솔직한 나의 이야기가 조금이라도 보탬이 되었으면 하는 바람으로 글을 계속 써 나갔습니다.

마침내 자리에 앉아 책을 쓰게 만든 가장 큰 동기 중 하나는 바로 조금은 특별한 내 생일이었습니다. 요즘 나이 쉰은 예전 기준의 서른과 같고 환갑은 마흔이나 마찬가지라고는 하지만, 우리 나이가 쉰이나 예순이 됐다는 건 남들의 평가에서도 좀 더 자유로워지는 인생 단계로 들어섰다는 뜻입니다. 이 나이가 되면 우리가 보여주고 싶은 대로가 아니라 실제 있는 그대로 상황을 좀 더 솔직하게 말할 수 있게 되죠.

아, 그리고 내가 이 책을 쓰기로 마음먹은 후에 세상에 또 하나의 거대한 물결이 일었는데 바로 미투 운동이었습니다. 수많은 여성들이 온갖 극악행위를 폭로하고 자신들의 목소리를 내고 실질적 해결책을 요구할 수 있게 된 과정을 지켜보니 진심으로 통쾌했습니다. 이제 영국에서는 모든 기업들이 조직 내 다양성과 평등, 임금 격차, 보편적 행실 개선을 위해 각각 어떤 실천을 하고 있는지 발표하고 해명하고 입증해 보여야 합니다. 비즈니스 세계가 좀 더 인간적이고 공감적으로 조금이나마 변화하고 있다는 점을 알려드릴 수 있어서 다행입니다.

네, 다 좋은 일들이죠. 그럼에도 불구하고 꼭 하고 싶은 말은, 내가 이 책을 쓰고 있는 지금 이 순간에도 남성우월주의자들이 여전히 높은 자리를 차지하고 있고, 전 세계 수많은 여성들이 정당한 말과 행동을 했다는 이유로 감옥에 갇힌 채 방치되고 있다는 것입니다. 불평등을 대상으로 한 싸움은 아직 끝나지 않았습니다. 불평등을 유지하려는 싸움도 계속되고 있습니다. 실제로 경우에 따라서는 여성 혐오가 슬그머니 지하로 숨어들어 더욱 악화하고 있습니다.

2017년 세계경제포럼에 따르면, 사회가 계속 지금과 같은 속도로 진행된다면 남녀 간 평등 격차를 해소하는 데 100년이 걸릴 거라고 합니다. 그리고 여성들이 받는 기회와 보상이 남성의 68%에 불과하다는 사실도 함께 밝혀졌습니다. 같은 연구에서는 217년은 기다려야 여성이 남성과 같은 수준의 급여를 받고 직장에서 동등하게 인정받을 수 있을 거라고 발표했습니다. 포천 선정 500대 기업의 CEO 중 여성의 비율은 2017년에서 2018년 사이 사실상 25%나 뒷걸음질 쳤습니다(물론 2019년에는 이전 수준으로 다시 회복되긴 했지만요). 우리 여성들은 사회 시스템이 바뀔 그저 기다리기보다 바로 지금부터 어디에서든 우리가 직접 리드하는 대장이 될 수 있도록 수단과 방법을 꾸준히 찾아야 합니다.

물론 '비즈니스 성'을 함락시키는 방법은 아주 많습니다. 성벽을 포위하고 버티거나 또는 (#미투의 비즈니스 버전인 #페이 미투 같은 캠페인이나 여성평등 운동 등 가능한 한 모든 곳에서 지원사격을 받아) 전면전을 벌일 수도 있겠죠. 아니면 변장을 하고 성 안으로 들어가는 겁니다. 트로이 목마 같은 방법으로 일단 들어간 다음 '왕'을 볼모로 잡고 소문으로만 듣던 그 왕관을 낚아채는 거죠. 또는 밤에 몰래 배수구를 타고 올라가 성 안으로 잠입하는 방법도 있을 수 있겠네요. 이런 방법들이 통하지 않는다면 다른 곳에서 새 출발을 하는 옵션도 항상 열려 있습니다.

이만하면 충분한 비유가 된 것 같습니다. 이 모든 것을 활용해서 우리는 더 많은 여성을 리더로 만들어야 합니다. 물론 더 멋진 세상을 위해서지요.

그건 사실 진짜 내가 아니었다고요…

사람들에게 가면증후군에 대한 이야기를 하면서 나는 남자 여자 할 것 없이 사람들의 반응이 너무 다양해서 놀랐습니다. 엽기적인 내 꿈과는 다른 양상으로 나타난다 하더라도 많은 사람들이 가면증후군을 경험하면서 느끼는 감정은 비슷하다는 점을 인정합니다. 물론 멀뚱히 있다가 자리를 피해버리는 사람들도 있었습니다.

여러 연구에 따르면 영국 여성의 2/3가 직장에서 가면증후군을 겪으며 괴로워한다고 합니다. 또한 창의성을 요구하는 산업 분야에 종사하는 사람들의 90%가 가면증후군을 경험한다고 합니다. 비록 수치상으로는 여성들이 이런 기분을 느낄 가능성이 남성들보다 18% 더 높다고 하지만 그렇다고 이것이 꼭 여성에게만 국한된 현상은 아닙니다. 한 연구에서는 이런 현상이 일어나는 몇 가지 이유를 다음과 같이 짐작합니다. 여성의 성공이 사회적 기대치에 의해 금기시되어서, 즉 사회가 여성에게 기대하는 것이 사회적 성공이 아니기 때문이라는 뜻이죠. 그밖에 여성이 전반적으로 자기비판 성향이 더 강해서, 그리고 심지어는 여성들이 자신의 감정과 정서를 드러내는 것을 꺼리지 않기 때문이라는 이유도 있습니다(그렇다면 남성들은 왜 가면증후군을 덜 겪을까? 이에 대해서도 비슷한 연구가 있었습니다. 우선 남성들이 사회적 기대치의 제약 때문에 이런 감정들을 겉으로 드러내는 것이 쉽지 않기 때문이라는 결과가 있고요, 남성들에게 어마어마한 자신감을 불어넣어 주는 남성 호르몬, 바로 '테스토스테론 효과' 덕분이라는 견해도 있습니다).

이유가 무엇이건 간에 참 별의별 가면들이 판을 치고 다닙니다. 가면증후군이라는 것이 인간이라면 누구나 겪게 되는 인간 증후군 같다는 생각이 드는군요.

사적인 얘기는 사적으로만

지난 수년 동안 나는 여러 기업체에서 브랜드나 브랜딩, 마케팅, 광고 커뮤니케이션 및 일반 비즈니스 경영을 주제로 한 강연 요청을 많이 받았습니다. 내 개인적인 이야기를 해달라는 요청도 많았습니다. 이런저런 컨퍼런스나 경영 대학원뿐만 아니라 대학생들, 젊은 경영진들, 이사회 동료들을 대상으로 말이죠. 주최자들은 종종 나에게 최대한 숨김없이 솔직하고 인간적인 이야기를 들려달라는 주문을 합니다. 비공개 세션에서는 흔쾌히 그렇게 합니다만 그곳에서 한 이야기를 나중에 공개한 적은 없습니다. 애초에 사적인 얘기였으니까요.

결점 많은 인간으로서 커밍아웃하기

지금 이 지점에서 나는 우리가 모두 결점 많은 인간이라는 걸 커밍아웃해야 한다고 생각합니다. 그게 실제 우리 모습이니까요. 다들 그렇듯 나도 지금까지 정말 많은 실수를 저질렀습니다(물론 지금도 여전합니다). 그런데 좀 더 큰 문제가 있죠. 우리 미디어나 여론에서는 (특히 영국에서 이런 현상이 성행하는데) 그림을 풍자의 도구로 승화시켜 비즈니스계 주요 인물들을 캐리커처로 그리거나 그들의 특징을 부각시켜 인정사정없는 인간처럼, 심할 경우 할리우드 악당처럼 묘사하는 일이 빈번합니다.

물론 그들이 이런 화를 자초하기도 합니다. 지금까지 비즈니스 업계는 자기들끼리 외계 국가처럼 행세하면서 스스로 무덤을 판 격이니까요. 여전히 대다수의 고위급 중역들은 자신들을 차별화하는 일종의 업무 유니폼인 정장과 넥타이를 착용하고 딱딱한 비즈니스 전문용어를 구사하면서 마치 다른 행성에서 온 사람들처럼 행동하고 말합니다. 또한 이들이 받는 보수도 말 그대로 천문학적이죠. 우리가 마음만 먹으면 이 흐름을 틀어 이들을 다시 지구 땅으로 끌고 내려올 수 있습니다.

내 말을 믿어보세요! 나도 비즈니스를 하는 사람입니다

기업이나 각종 기관들에 대한 신뢰 하락은 비즈니스 리더들에게 자기 성찰의 붐을 일으키는 계기가 되었습니다. 2019년 에델만 신뢰도 지표Edelman Trust Barometer(매년 설문 조사를 하여 정부, 기업, 미디어, NGO 기구 등 사회 주체에 대한 신뢰도를 분석하고 그 결과를 다보스 세계경제포럼에 제시하는 보고서)에 따르면, 일반 대중의 56%만이 기업을 신뢰한다고 응답했으며 여성 응답자만 분리했더니 그 수치가 53%로 하락했습니다.

나는 비즈니스 관련 각종 컨퍼런스나 저녁 만찬 자리에서 기업의 신뢰도 저조 현상에 대해 여러 번 이야기했습니다. 그중에는 대주교가 초청 연사로 나선 자리도 있었는데 그 자리에서 우리는 프란치스코 교황이 신자들의 발을 씻기는 상징적인 행위를 통해 몸소 섬김을 실천함으로써 가톨릭 신앙을 새로운 경지에 이르게 한 과정에 대해 진지한 대화를 나누었고, 기업들도 그에 상응하는 수준의 실천을 보여야 한다는 데 어느 정도 동의했습니다. 기업은 고객과 대중의 은총을 입어야만 성공할 수 있습니다. 따라서 그들의 지속적인 호응을 통해 수익을 얻으려면 기업도 그들을 제대로 섬기고 책임감 있게 행동해야 합니다.

이런 모임들이 마련된 선의의 취지에도 불구하고 이야기는 주로 고위급 리더들의 관점에서 맴돌게 됩니다. 가령 산업계가 해야 할 일은 그저 지금보다 '커뮤니케이션'만 좀 더 잘하면 된다는 것이죠. 예를 들어, 사람들의 삶을 개선하기 위한 기술 혁신, 일자리 창출, 부의 확대 등 기업이 무슨 일을 하는지, 그리고 자신들이 사회에 어떤 기여를 하고 있는지를 좀 더 잘 '알려주기'만 하면 된다는 식입니다. 의외로 꽤 많은 사람들이 원칙적으로는 이들의 의견에 동의할 겁니다. 하지만 문제는 심지어 이들 고위급 리더들조차도 너무 많은 부가 최고 중역들에게 편중되어 있다고 생각한다는 겁니다. 하는 일에 비해 지나치게 많은 몫을 챙겨간다고 말이죠. 그러니 '커뮤니케이션'만의 문제가 아닌 것만은 확실합니다.

이대로 둘 수 없는 불평등의 얼굴

불평등이 사실상 수습 불가능한 지경에 이르렀다는 데에 점점 많은 사람들이 공감합니다. 네, 무엇이든 해결할 방법을 찾았어야 하죠. 그 증거가 지난 몇 년 동안의 여러 포퓰리즘적 사건들을 통해 실체를 드러냈습니다. 가령 브렉시트 투표 결과라던가 도널드 트럼프 대통령의 당선, 또 적대적 국수주의의 부상, 심지어 마르크스주의 지지로의 역주행 현상 등을 통해서 말이죠. 하지만 점점 더 많은 돈이 꼭대기로만 빨려 올라가는 상황에서 비즈니스 리더들이 뭘 더 바랄까요?

소득증가폭에서도 소득 상위 계층과 하위 계층 간에 불평등이 심화하는 현상은 전 세계적 문제입니다. 국가에 상관없이, 시스템 자체가 상위 소득 그룹일수록 소득 증가율이 더 높아지는 구조입니다. 중국에서는 1980년에서 2016년 사이 저소득층의 소득증가율이 417%였던 반면 상위 0.001% 초고소득층의 소득증가율은 3,750% 이상이었습니다. 심지어 러시아에서는 하위 50%와 상위 0.001% 계층 간 소득증가율 차이가 훨씬 두드러졌습니다(하위계층의 소득이 26% 줄어드는 동안 상위계층의 소득은 25,269%나 증가했습니다).

2018년 미국에서는 기업의 CEO와 평균 직원 간의 임금 총액 격차가 300배 이상으로 조사되었습니다. 참고로 1960년대에는 30배 차이였습니다. 그러면서도 대부분의 위험 부담은 가장 취약한 계층에게 떠넘겨지고, 오히려 고위급 경영진의 고용 보장과 금전적 혜택은 상대적으로 잘 보호되고 있습니다. 다수의 고위급 경영진들은 긱워커gig worker(고용주의 필요에 따라 단기로 계약을 맺고 일회성 일을 맡는 근로자를 이르는 말로, 디지털 플랫폼을 기반으로 한 공유경제가 확산하면서 등장한 근로 형태)로 일하면서 끊임없이 생계를 걱정해야 하는 삶에 대해 생각이나 해봤을까요?

불평등이 눈에 뻔히 보이는데도 누구도 먼저 나서서 말하기를 꺼립니다. 물론 최근 몇 년 사이 변화된 분위기로 임원진 보수책정 회의에서 이런 이슈에 대해 말은 꺼내 볼 수 있게 되었지만, 그럼에도 임금을 안건으로 다루려고 하면 히피 공산주의자 취급을 받을 위험은 여전히 있습니다.

회사의 예산 삭감이 경영진 몸값과 맞물려 있다면 이사회에서 자발적인 군비감축에 찬성할 이사는 거의 없을 겁니다. 그런 낌새를 조금이라도 드러냈다가 최고의 인재를 경쟁사에 빼앗기는 상업적 자해를 하고 싶은 이사회 멤버는 없을 테니까요. 크리스마스가 아무리 좋은 날이라도 자기 보수가 깎인다면 칠면조(고위급 임원 본인들)들이 명절을 좋아할 리가 없겠죠. 에델만 신뢰도 지표에서 신뢰도가 최하점을 찍었던 해인 2016년 세계경제포럼에서 각 단체들이 올바르게 활동하고 있다고 믿는 부유층 응답자는 60%에 달한 반면 저소득층 응답자는 46%에 그쳤습니다.

사람들은 그 단체들이 뭐라고 '말하는가'가 아니라 어떻게 '행동하는가'를 통해 그들의 실체를 파악할 단서와 힌트를 얻습니다. 평판은 시차를 두고 나타나는 결과물입니다. 사람들이 우리를 좀 색다르게 봐주길 바란다면 좀 색다른 행동을 보여줘야 하는 게 당연한 이치죠.

행동하는 것이야말로 커뮤니케이션하는 것입니다. 어찌 됐든 기업들이 나쁜 행동을 하면 결국 골치 아픈 일만 생길 것입니다. 기업이 잘못된 행동을 하면 포퓰리즘 정부는 나서서 자신들이 악행을 잘 통제하고 있다는 모양새를 갖추려고 더더욱 공공연하게 산업계를 규제하려 할 테니까요. 결과적으로 경제에는 오히려 역효과를 낳을 것이 뻔하지만요. 정치인들도 자신들이 (특히 큰 기업들을 상대로) 경제계에 제대로 한 방 날리면 더 많은 표를 얻을 수 있다는 사실을 알고 있습니다. 경제계에서는 이런 상황에 참담함과 부끄러움을 느껴야 합니다. 이런 식으로 기업이 사회에 미치는 유익한 효과가 경시되거나 과소평가되는 것은 비즈니스뿐 아니라 사회에도 안 좋은 일입니다.

결국 인간이 되는 것이 답

이 모든 것들이 다 중요합니다. 이런 것들이 합쳐져 비즈니스가 인간미 없는 세계라는 대중들의 인식이 형성되기 때문입니다. 도널드 트럼프를 유명하게 만들었던 〈어프렌티스The Apprentice〉와 같은 비즈니스 쇼 역시 별 도움이 되지 않습니다. 실제 비즈니스에서 그렇게 행동한다면 그들은 "당신 해고야!"라는 말을 꺼내기도 전에 벌써 고용심판원에서 조사를 받게 될 겁니다. 의욕과 선의 면에서 손실은 말할 것도 없죠. 직원들을 그렇게 혹독하게 겁주고 괴롭히는데 그들의 열정과 긍정적 자세와 진심 어린 헌신을 얻을 리 만무합니다.

우리는 비즈니스를 좀 더 인간답게 만들어야 합니다. 지구상에 있는 사람들도 모두 다 참여해서 다 같이 그걸로 돈을 벌 수 있는 (그 결과 사람들이 비즈니스를 장려하고 옹호하게 만들) 뭔가 긍정적인 것이 되어야 합니다. 그리고 우리가 학교나 병원을 운영하고 우리 사회를 편리하게 유지하는 데 드는 비용을 모두 마련하려면 우리 사회의 산업들이 꾸준히 잘 굴러가는 것이 필수적입니다. 비즈니스 업계는 이제 자신들 바깥 세계도 중요하다는 태도를 가져야 합니다.

기업은 주주의 이익만 책임지면 된다고 말하는데 이 말은 다르게 해석하면 그들이 단기간에 최대한 실적을 올려야 한다는 뜻이기도 합니다. 하지만 지속가능한 이윤 창출을 통해 안정적인 일자리를 제공하고 고객을 만족시키는 등 기업의 장기적 책무 역시 본질적으로 중요합니다. 주주들을 그저 실체 없는 집단으로 취급하지 말아야 한다는 점도 간과되면 안 됩니다. 그들도 직원이자 연금 수급자이며, 각자 사회에 지분을 가지고 있고 저축을 하며 살아가는 평범한 사람들입니다. 깨끗한 공기를 들이마실 수 없고, 자원이 모두 고갈되고 대다수 사람들이 비참한 삶을 살게 된다면, 분기별 실적이 아무리 좋아도 어느 누가 행복할 수 있을까요?

인간 vs. 외계인

정장을 입고 으스대는 격식주의자들과 달리 인간적인 면모를 보이며 성공을 이룬 사람들은 더 동정적인 대중의 호감을 받는 편입니다.

- 리처드 브랜슨(영국 버진그룹의 괴짜 CEO)을 생각해보세요. 초창기엔 정말 인간적이었죠(학교 중퇴에 난독증에 후줄근한 카디건 차림까지!).

- 우사인 볼트(자메이카 출신 금메달리스트)는 또 어떤가요? 경기 전날에도 치킨 너겟을 배터지게 먹었다고 하질 않나 거기에 파티광이기까지 하지요.

- 〈드래곤스 덴Dragons' Den〉에 출연했던 냉정한 기업가 데보라 미든이 〈스트릭트리 컴 댄싱Strictly Come Dancing〉(2004년부터 영국 BBC One에서 방송된 유명인들의 춤 경연대회)에 나오자 어떻게 됐는지 보세요. 그녀가 댄스프로그램에서 (괴팍하게 얼굴을 찡그린 그녀의 캐리커처와는 반대되는) 웃기면서도 자기비하적이고 상처받는 모습을 보여주자 사람들은 심지어 그녀에게 호감을 느끼게 되었습니다. 같은 프로에 출연했던 전 영국 정치인 에드 볼

즈Ed Balls도 빼놓을 수 없죠. 그 쇼에서 에드는 '강남스타일'
의 역사를 새로 썼습니다.

- 그밖에도 아주 인간적인 사람의 전형으로는 인드라 누이Indra
Nooyi(펩시코 전 CEO, 포춘 선정 가장 영향력 있는 여성 경제인), 오
프라 윈프리(더 이상 말하면 입만 아프죠), 그리고 빌 게이츠가
있습니다. 빌 게이츠는 1995년 윈도우95 출시 행사 무대에서
춤을 춘답시고 어색하게 움직이는 모습을 보였지요. 빌 게이
츠는 지금까지 자신의 재단을 통해 보건 및 각종 사회 분야에
455억 달러(한화 약 50조 원)를 기부하기도 했습니다.

비즈니스를 아예 변화시키자

지금의 세계는 변화가 필요합니다. 세계는 비즈니스에 의해 운영
되죠. 그러니 우리는 비즈니스를 변화시켜야 합니다. 나에게 그 의미
는 좀 더 인간적이 되라는 뜻입니다. 비즈니스를 하는 사람들이 좀
더 인간답게 행동하라는 뜻이죠. 가족과 함께 지내며 반려동물을 기
르고 양심 있고 맥박도 뛰는 그런 보통의 사람 말입니다. 그리고 제
발 유머감각도 좀.

모든 걸 다 아는 척 좀 그만하라는 뜻입니다(아, 그리고, '주주들을
납득시킬 수만 있다면 진심으로 사회에 좋은 일을 더 많이 하고 싶다'는 등
사석에서만 떠드는 것도 그만). 지금은 내가 비즈니스를 시작했을 때보
다 상황이 약간 나아지긴 했지만, 업계에서 벌어진 몇몇 이미지 실추

사건들이나 소수 비즈니스 리더들의 직원과 고객에 대한 갑질 논란 사건들을 보고 있자니 아직 갈 길이 멀어 보입니다. 여러분도 각각 기억에 남는 사건들이 따로 있겠지만 제 머릿속에 당장 떠오르는 사례는 다음과 같습니다.

- 미국의 유나이티드 항공사(탑승객이 비행기에서 강제로 끌려 나간 사건. 항공사 CEO는 초반에는 승객의 잘못으로 몰아가더니 나중엔 면피성 전문용어를 남발하며 사태를 무마하려 함).
- 미국의 글로벌 차량공유 기업 우버(성희롱 및 성차별 소송 등 각종 혐의를 받고 결국 창업자이자 CEO인 트래비스 칼라닉이 사임).
- 영국의 주택건설업체 퍼시몬 사의 CEO(세금을 지원받아 거둔 실적으로 8천 5백만 파운드(한화 약 1,250억 원)의 보너스를 받아가고 TV 인터뷰에서 이에 대한 질문을 받자 그대로 퇴장해버림).

위의 사례들이 소셜미디어를 통해 더 부각되고 확산되었음은 말할 것도 없죠. 디지털 세상에서 사업을 하는 이상 이제는 잘못에 대한 시정 조치도 이전보다 한층 더 신속해야 합니다. 디지털 이전 시대에는, 회사에 능력 있는 홍보부서와 이미지관리 마케팅에 쏟아 부을 자금력만 있으면, 말썽을 부리는 사람들이 한가득 있어도 무사히 빠져나갈 수 있는 가능성이 있었습니다. 이제는 기절초풍할 속도와 규모로 들통 나고 말죠. 글래스도어Glassdoor 같은 익명의 직장평가 사이트와 소셜미디어는 내부에서 벌어지는 일을 눈 깜짝할 새 밖으로 퍼뜨리는 일을 빈틈없이 해내고 있습니다. 요즘 같은 시대엔 그냥 실제로 좋은 기업이 되는 것 외엔 다른 방도가 없습니다. 좋은 기업이란 구성원들이 자기 일을 중요하게 여기고, 일에 애착과 확신을 느끼고, 기꺼이 외부 사람들에게 자랑할 만한 기업입니다. 이는 저렴하면서도 효과적인 마케팅 방법이기도 합니다. 덩치만 크고 게으른 악덕 기업들은 앞으로 진땀 좀 빼겠죠.

자신의 최고 버전이 되라

맞습니다. 그래서 우리는 가장 좋은 방향으로 좀 더 인간다워져야 합니다. 하지만 막상 말은 이렇게 해도, 일에서 성공하려면 그냥 '있는 모습 그대로 행동하라'는 충고가 약간 꺼림칙하게 들리는 것도 사실이죠. 내가 '재택근무'를 하는 동안 대낮에 TV까지 켜놓고 잠옷 바람으로 집안을 어슬렁거리며 간식을 집어먹는 스타일이라는 것을 굳이 다른 사람들이 알 필요는 없으니까요.

너무 자주 사용되긴 하지만, 나는 베스트 셀프, 즉 자신의 최고 버전이 되라는 말을 선호합니다. 여러 감정을 지닌 지극히 평범한 인간이지만 자신이 찾은 것이 정답인지 확신할 수 없을 때조차 올바르게 행동하려고 최선을 다하는 모습이지요. 나라는 사람에 대해, 그리고 (또는) 내가 저지른 실수에 대해 솔직하게 터놓으면 내 이야기를 들은 상대방이 이해해주고 어려운 상황에서 올바른 행동을 하고자 노력할 수 있지 않을까요? 최종적으로는 여러분 자신과 주변 사람들의 장점을 가장 멋지게 드러낼 수 있는 제일 좋은 방법을 택하길 바랍니다.

언제나 중요한 것은 결국 사람이다

지속적으로 가치를 내는 성공적 기업이 되는 열쇠가 고객들과 장기간 친화적 신뢰 관계를 구축하는 것이라면, 이제부터 우리는 약삭빠른 착취적 상술 대신 인간 대 인간으로 서로를 존중하는 태도와 언어를 익히고 사용해야 합니다.

예전에 다니던 회사에서 더바디샵THE BODY SHOP을 창립한 위대한 아니타 로딕Anita Roddick의 강연을 들은 적이 있었습니다. 그녀는 더바디샵이 처음에 어떻게 성공하게 되었냐는 질문을 받자 "우리는 직원 모집 광고를 냈는데 이상하게 손님들이 몰려왔어요"라고 대답했습니다. 그녀는 비즈니스를 계속 성공적으로 유지하려면 회사를 위해 일하는 사람들을 아껴야 하며 그들이 감정적이고 가끔 기분도 다운되고 욕구도 느끼는 미묘한 존재임을 인정해야 한다는 걸 잘 알고 있었습니다. 유니레버나 파타고니아와 같이 깨어 있는 글로벌 브랜드들도 같은 자세로 직원들을 대하고 있습니다.

비슷한 의미에서 나는 '소비자'라는 포괄적인 용어를 매우 싫어합니다. 사실 이런 일률적인 집단이 실제 존재하는지도 잘 모르겠습니다. 내가 아는 것은 그저 각양각색의 사람들이 각양각색의 브랜드를 소비한다는 사실입니다. '직원', '소비자', '대중' 같은 말들은 인간적 유대감을 형성해주지 못합니다. 이런 용어를 사용함으로써 우리는 이들을 관찰하고 이용해먹을 제3의 실험대상으로 격하시키고 있는 겁니다. 지금은 그럴 때가 아니죠.

개인적으로 이야기를 나눌 땐 다들 그렇게 재미있고 마음 따뜻하고 겸손하고 인간미가 철철 넘치다가도 비즈니스 정장만 입었다 하면 또는 카메라가 켜지기만 하면 언제 그랬냐는 듯 순식간에 어깨를 처들고 '전문가' 표정과 말투를 구사하는 모습에 깜짝깜짝 놀랍니다. 그 순간 우리 곁엔 어느새 영혼이 날아가 버린 껍데기 기업가만 남아 있죠.

리더십에 대한 화학 수업

우리가 원하는 대로 비즈니스를 완전히 뒤바꾸려면, 우리는 조직의 꼭대기에 있는 구성 성분부터 바꿀 필요가 있습니다. 쉽게 이야기하면 훨씬 더 많은 여성들이 세계의 주요 단체나 조직, 기관을 운영하게 하자는 말이지요. 형태와 크기에 상관없이 수많은 스타트업과 기구들도 포함됩니다.

남자들이 '인간적'일 수 없다거나 EQ(정서지능)는 여성들만 가지고 있다고 말하려는 것은 아닙니다. 그렇다기보다는 무슨 일이든 균형이 잡히면 더 잘 작동된다는 뜻입니다. 셰릴 샌드버그의 저서 〈린 인Lean in〉 같은 책에서 배운 훌륭한 교훈들을 전부 다 반복하지는 않겠습니다. 이사회나 고위 경영진에 여성들이 더 많을수록 기업의 리스크가 줄어들 뿐만 아니라 훨씬 더 지속가능한 성과를 낸다는 것을 증명한 수많은 연구들이 있습니다.

그냥 간단한 사례 하나만 짚어보겠습니다. 2018년 맥킨지가 12개국 1,000개 기업을 대상으로 한 연구에 따르면, 경영진의 성별 다양성이 상위 25%인 기업들은 수익성에서 21%, 가치 창출에서 27% 더 나은 성과를 낼 가능성이 있다고 합니다.

좀 더 균형 잡힌 인재 기용의 긍정적 효과에 대한 연구 중 가장 마음에 들었던 자료는 미항공우주국NASA 우주비행사들에 관한 연구였습니다. 그들에게 여성 우주비행사의 우주비행 프로그램 참여 효과에 대해 묻자, 약 75%가 매우 긍정적인 반응을 보이며 '더 조용한 임무 수행 환경', '언어 순화', '개인위생 개선' 등의 효과가 있었다고 대답했습니다. 우리도 소소해 보이는 이런 것부터 시작하면 좋을 것 같습니다. 이사회도 가끔 꽤 지저분해질 수 있거든요.

페이스북의 최고운영책임자COO 셰릴 샌드버그와의 점심 식사 자리에 참석했던 일은 정말 유쾌하고 흥미진진했습니다. 〈린 인〉이 출간된 이후로 셰릴이 페이스북의 여러 실책에 대한 협의로 거센 비난을 받았다는 건 알고 있습니다. 아울러 개인적인 비극을 겪고 트라우마로 고통을 받기도 했죠. 셰릴은 뛰어난 연설가이면서도 아주 인간적인 이야기꾼이었습니다. 당시 그녀가 기업이나 정치 분야에서 남성들이 얼마나 많은 리더 자리를 완전히 장악하고 있는지에 대해 수많은 통계자료들을 줄줄 읊더니 "그렇다고 일이 그렇게 잘 돌아가는 것 같지도 않더군요"라며 절제된 톤으로 (통쾌하게) 핵심을 찌르던 모습이 내 머릿속에 아직도 생생히 남아 있습니다.

새로운 세상에서의 비즈니스

나는 크기와 형태를 망라한 모든 종류의 비즈니스와 기업들이 성공했으면 좋겠습니다. 우리가 인간답고 편리한 사회를 누릴 수 있게 지원하고 비용을 지불하려면 그들을 우리 사회의 구성원으로 받아들여야 하니까요. 이제는 많은 사람들이 깨어 있는 시간의 대부분을 '일하면서' 보내는 것이 가능해졌습니다. 그리고 '디지털로 연결'되어 있다 보니 점점 더 마음 한구석은 '항시 업무 대기 중' 상태가 되고 있죠. 바로 그런 이유로, 우리가 '일'을 위해 사는 게 아니라 '일'이 우리와 동료를 위해, 우리 매일의 삶에 이바지하도록 작정하고 바꿔야 합니다.

'비즈니스와 사회'를 두 개의 다른 개념으로 나누어 얘기하는 것이 맞는지 모르겠습니다. 비즈니스는 사회 안에 있는 것이니까요. 그 안에서 흥미롭고 생산적인 '일'을 제공하고 사람들과 사회를 돕는 역할을 수행하는 것이 비즈니스입니다. 아, 그리고 물론 비즈니스를 시작하고 성공적으로 운영하기 위해 기꺼이 위험과 책임을 감수하는 사람들에겐 그에 상응하는 부를 얻게 해주기도 합니다.

내 조언을 '취사선택' 해야 하는 이유

'개천에서 난 용' 치고 나는 꽤 괜찮은 커리어를 쌓아왔습니다. 나 자신도 꽤 놀랐지만, 대학 시절 학과장님은 완전히 놀라셨죠. 나는 한창 전성기 때의 사치 앤드 사치_Saatchi & Saatchi_(영국의 글로벌 광고대행사)를 포함해 몇몇 인지도 있는 기업에서 (그리고 파트너로) 일하기도 했습니다. 글로벌 브랜드 컨설팅사의 수장을 맡아 경영해보기도 했고 (컨설팅사를 새로 설립하기도 했고), 정말 운 좋게도 WWF(세계자연기금) 같은 훌륭한 자선단체뿐만 아니라 몇몇 흥미로운 기업들의 이사회 멤버도 되어 봤습니다.

좀 특이하게도 전 캔터베리 대주교와 영국 이슬람 의회 사무총장, 국방부 수장 간의 리더십 토론을 주관한 적도 있었습니다. 상하이, 시드니, 스웨덴, 남아프리카, 싱가포르, 산티아고 등을 다니며 강연을 하기도 했습니다. 200명의 관중 앞에서 방송인이자 동물학자인 데이비드 애튼버러 경Sir David Attenborough(전 세계 사람들의 존경을 받는 동물학자이자 방송인, 수많은 자연 다큐멘터리와 최근 넷플릭스 오리지널 다큐멘터리 〈우리의 지구Out Planet〉 시리즈의 내레이션을 맡음)에게 일곱 살 때부터 쭉 짝사랑했다고 고백하기도 했고, 멜린다 게이츠(빌 앤 멜린다 게이츠 재단 의장)에게 '감사의 말'을 전하는 역할도 맡았었는데 정말 미치도록 떨렸지만 멜린다는 아주 멋지고 소탈하게 받아주었습니다. 이와 비슷하게, 힐러리 클린턴과의 담화를 앞두고는 신경과민으로 거의 죽기 직전까지 갔었는데 다행히 그녀는 유쾌하고 재치있게 대해주었고 나는 죽지 않고 살아남았죠.

내가 살면서 가장 자랑스러웠던 순간은 2015년 엘리자베스 2세 여왕 폐하에게 CBE(영국 지휘관 작위)를 받았을 때였습니다. 그때 나의 어머니는 여왕과 겨우 열 발자국 떨어진 곳에 앉아 있었어요. 슬프게도 지금은 돌아가셨지만, 살아계시는 동안 어머니는 끝도 없이 그 얘기를 하시곤 했습니다. 열두 남매 중 하나로 태어나 평생 매장 점원과 청소부로 일하셨던 어머니에게 그 경험은 정말 특별했습니다. 아버지가 겨우 51세에 돌아가시는 바람에 어머니는 일찍부터 혼자가 되어 저희들을 키워야 했죠.

누구나 그렇듯 나 역시 적지 않은 양의 인간적 나약함과 자기 불신에 빠져 수많은 실수들을 저지르면서 살았습니다. 이 책의 시작 부분에서도 말했듯, 내 가짜는 늘 나와 함께 했습니다. 가짜의 존재를 약간은 울며 겨자 먹기로 알아가고 있지만 한편으론 고마운 마음도 듭니다.

나는 성공으로 가는 마법의 공식이 있다고 생각하는 것도 아니고, 어떤 거창한 주장을 하겠다고 나선 것도 아닙니다. 이 책을 쓴 이유는 내가 지금까지 배운 것을 나누고 싶었기 때문입니다. 수많은 결점과 결점 부스러기들에도 불구하고 누구든 비즈니스를 시작하고 이끌어갈 수 있도록 그리고 그 결점과 결점 부스러기들을 장점으로 활용할 수 있도록 하는 데 이 책이 오롯이 쓰이길 바랍니다.

나는 내 삶에서 기억에 남는 장면을 무대배경으로 쓸 예정인데 내 삶이 뭐 그리 특별히 흥미롭거나 색다르다고 생각하기 때문은 아닙니다. 삶의 단면이 시각적으로 보여진다면 실질적 경험을 공유하는 데 도움이 되고 인과관계를 설명해줄 것 같아서예요.

확실히 사람은 다 다릅니다. 내 이야기는 지금까지 지나온 길을 백미러를 통해 볼 수 있다는 이점이 있습니다. 나 역시 남들에게 하는 충고를 스스로에게 적용하는 데는 항상 젬병이었죠. 이 책에 내가 관찰하고 생각한 것들을 한꺼번에 담아두었습니다. 여러분도 마음에 드는 메뉴를 마음껏 고르고 별로다 싶은 건 마음껏 무시하세요. 원한다면 마음속으로 야유를 퍼부어도 좋습니다(하지만 부디 '착한 사람'에 관해 쓴 부분을 읽고 난 후에 해주시길…).

1장에서는 '멋모르던 시절'에서조차 배울 수 있는 것들에 대해 이야기하겠습니다. 2장에서는 그렇게 배운 것들을 종합해 어떻게 '기초공사'를 할 수 있는지 몇 가지 예를 알려드릴 겁니다. 그리고 3장 '머리로 인한 흥망성쇠'에서 우리가 어떤 식으로 겉모습이나 특정 사건들로부터 영향을 받는지와 그 이유에 대해 알아보겠습니다. 4장 '마법의 숫자와 어렵기만 한 통계들'에서는 여러분이 좀 더 고위직으로 올라가서 상황을 실제로 파악하는 데 필요한, 구체적인 숫자 개념을 익혀야 하는 이유를 다루겠습니다. 5장 '잘할 수 있을 때까지 잘하는 척이라도 하라고?'에서는 직장에서 어떤 단계에 있든 어떻게 최고의 나를 만들 수 있는지(또는 만들지 못하게 되는지)에 대해 몇 가지 개인적 경험을 나눠보겠습니다. 6장 '목소리 연기'에서는 최대한 영향력 있는 사람이 되고 그렇게 커뮤니케이션하는 방법에 대해 몇 가지 힌트와 팁을 알려드리겠습니다. 7장 '능력의 최대치, 삶의 폭을 확장하기'에서는 능력을 키우고 기회를 획득하는 방법과 더불어 가족을 이루는 등의 잠재적으로 불안한 문제를 처리하는 방법에 대한 제안을 드리겠습니다. 8장 '여성들도 통치를 잘 한다'에서는 어떻게 하면 나한테 제일 잘 맞는 방식으로 계속 성과를 만들어낼 수 있는지를 이야기하겠습니다. 9장 '착한 사람이 꼴찌 한다는 말은 틀렸다'에는 악당이 되는 것(또는 악당과 함께 사는 것)이 왜 안 좋은 일인지에 대한 조언과 고민을 담았습니다. 10장 '비즈니스의 미래, 그리고 우리'에서는 우리가 공공의 선을 이루기 위해 비즈니스를 좀 더 활용하고자 한다면 비즈니스가 무엇을 할 수 있고 미래에는 어떤 모양이 되어야 하는지를 논의하고, 아울러 우리의 퍼스널 브랜드를 어떻게 활용하면 세상에 좋은 일이 일어나게 할 수 있을지를 이야기합니다.

CONTENTS

Chapter 1 멋모르던 시절, 이토록 바보스러울 수가!

: 내가 가면증후군을 갖게 된 비하인드 스토리

비즈니스의 미래, 그리고 우리

: 더도 덜도 말고 그냥 있는 그대로의 여러분이 필요하다

멋모르던 시절,
이토록 바보스러울 수가!

내가 가면증후군을 갖게 된 비하인드 스토리

· · ·

    내가 살아오면서 얻은 생각과 경험을 나만의 진정한 목소리로 전달하고 앞으로 이어질 내용의 전후 관계를 제시하려면 내 어린 시절 이야기를 어느 정도 들려줄 수밖에 없습니다. 특별히 색다를 건 없지만 그래도 최소한 "인간만큼 별난 것도 없다"는 오래된 영어 속담을 조금 보충할 정도는 되지 않을까 싶습니다. 정말로 사람들은 저마다 각양각색이고 이 세상에서 사람만큼 특별한 존재도 없습니다.

    수많은 사람들이 가슴 아프고 끔찍한 성장 과정과 삶을 경험하고, 자기 잘못도 아닌 일 때문에 불우한 삶을 삽니다. 이들이 모든 상처를 극복할 수 있도록 아낌없는 지원과 도움을 최대한 주어야 마땅합니다. 이런 사람들이 결국 역경을 이겨내고 다른 이들에게 긍정적 영향을 미치는 것을 보면 절로 고개가 숙여집니다.

    그런 몇몇의 사례 이외에 우리들 대부분은 그래도 저마다 조금은 특이한 사연을 가진 사람들입니다. 바로 그 특이한 점 때문에 최대의 성과를 내기도 합니다.

출생 비화 맛보기

나는 빵 배달업을 하다가 허리를 다친 한 남자의 마지막 아이로 태어났습니다. 구급차가 나타나 고통으로 신음하는 아버지를 들것으로 옮겨 집에 내려놓고 간 날, 엄마는 나를 임신한 지 7개월째였고 그 위로는 두 명의 아이가 더 있었습니다. 아버지가 마지막으로 시도했던 드라이클리닝 사업이 좌절되면서 네 식구는 살던 아파트에서 쫓겨났기 때문에 아버지가 다쳤을 당시엔 트레일러에서 살고 있었습니다.

상태가 악화되어 구급차를 다시 불러야 했을 땐 아버지의 척추가 부러졌다는 것을 알게 되었습니다. 그렇게 내가 자라면서 본 아버지는 항상 환자의 모습이었습니다.

아버지와 어머니

아버지는 꽤 똑똑한 사람이었습니다. 영국 북동부의 뉴캐슬 바로 외곽에 있는 광산촌에서 태어났는데 그 동네에선 남자 친척들이 대부분 탄광에서 일했던 반면 나의 할머니는 어찌어찌해서 지역 우체국을 운영하고 있었죠. 아버지는 1914~1918년 1차 세계대전이 벌어지던 동안 싹튼 사랑의 결실이었습니다. 할머니는 당시 마을 근처에 배치됐던 육군 구급차 운전병을 만나 아이(아버지)를 임신했고 두 사람이 곧바로 결혼을 올린 후 아서 시니어(할아버지)는 전쟁터로 떠났습니다. 그리고 자기 아들을 만나보지도 못한 채 그곳에서 전사했습니다. 비슷한 종류의 수많은 슬픈 사연들 중 하나일 뿐이죠. 나도 압니다.

아버지는 실제로 학교에서 우수한 학생이었습니다. 본인이 시험에서 99점, 100점을 받은 적이 많았다는 것을 늘 자주 나에게 자랑하곤 했습니다. 나의 최고 점수는 겨우 97점(?)이었는데 말이죠. 아버지의 주장에 따르면 런던 정치경제대학에 장학생이 되기도 했지만 안타깝게도 바로 아이가 태어나는 바람에 학교에 다니는 건 꿈도 꿀 수 없었다고 합니다. 그때 아버지는 겨우 열여덟 살이었죠. 하지만 그 결혼은 오래가지 않았고 그 뒤 아버지는 여배우와 재혼해 아이를 두 명 더 낳았습니다. 하지만 그가 믿을 만한 남편감이 될 수 없다는 사실이 드러나면서 그 결혼은 또 실패로 끝났습니다(아 참, 아버지가 도박 중독자였다고 내가 말했던가요?). 그 이후 서레이 지역으로 거처를 옮긴 아버지는 공군에서 혹독한 놀림을 받은 끝에 조르디 지역 억양을 고쳤습니다. 그리고 2차 세계대전이 끝난 직후 댄스파티에 갔다가 그곳에서 엄마를 만나 함께 왈츠를 추게 되죠. 아버지가 내민 나일론 스타킹에 엄마는 홀딱 반해버립니다.

어머니는 2남 10녀 중 한 명이었습니다(이모들이 한꺼번에 모일 때면 나는 바글바글한 고양이 자매들 틈에 끼어 있는 것 같은 기분이 들곤 했죠). 돈을 벌기 위해 14살에 학교를 그만둬야 했던 엄마의 눈에 아빠의 매력적이고 영리한 모습이 얼마나 대단해 보였을지는 말할 필요도 없겠죠. 나의 외할아버지와 외할머니는 당시 소규모 뮤지컬 극장의 배우들이었는데 외할아버지는 낮에는 항공기 엔지니어로 일했지만 무대에 오르는 일을 가장 좋아했고 외할머니는 1800년대가 끝날 무렵 기숙학교에서 도망친 후 어떤 화가의 모델이 되어 〈태틀러〉와 〈하퍼스 바자〉 같은 잡지에 실리기도 했던 분이었죠. 다시 말하지만 정말 인간만큼 별난 존재도 없습니다.

결국 아버지가 두 번의 결혼 경력을 털어놓았는데도 어머니는 그의 세 번째 부인이 되었습니다. 곧 두 사람 사이에 두 명의 아이가 태어났고 그리고 내가 셋째이자 (관점에 따라서 여섯째가 될 수도 있겠네요) 결과적으로 마지막 자식이 되었습니다.

아버지의 손을 거쳐 간 수많은 직업과 사업, 사업계획 등에 대해서는 자세히 다루지 않겠습니다. 다만 아버지의 직업이 도박 활동에 자꾸만 방해가 되었기 때문에 그가 직원으로서도 사업가로서도 시원찮았다는 정도로만 마무리하겠습니다. 하지만 다행히도 가볍고 실없는 사람인 줄로만 알았던 어머니가 알고 보니 능력자였죠. 생계를 유지하기 위해 바느질이며 세탁소 운영이며 남의 집 청소일까지 온갖 일을 도맡아 한 사람은 바로 어머니였으니까요.

우리가 우리 눈에 보이는 세상을 얼마나 쉽게 그대로 받아들이는지를 생각하면 재미있습니다. 불쌍한 우리 엄마가 24시간 내내 집에서고 밖에서고 쉴 새 없이 일하는 모습을 보고 자란 나는 다른 사람들도 다 그렇게 사는 줄 알았죠. 또 내가 아주 어렸을 때 어머니가 빈혈을 앓으면서도 아픈 아버지와 어린애 셋을 먹여 살리고 끝없이 터지는 돈 문제를 해결하느라 극심한 스트레스를 받아서 신경쇠약에 걸렸었다는 사실도 나중에야 알게 되었습니다. 어머니가 병원에 입원해 있는 몇 달 동안 우리는 할머니와 함께 지냈습니다. 그 시절에 대한 구체적인 기억은 없지만 막 걸음마를 시작한 아이로서 뭐라 설명할 수 없는 가슴 아픈 그리움을 느꼈던 것이 희미하게 기억납니다. 어쨌든 나는 이렇게 살아남아 지금은 내 딸아이들에게 숨 막히는 사랑의 포옹을 퍼붓습니다. 물론 아이들은 그런 나를 비웃지만요.

여러분도 다들 힘들었던 자기만의 경험들이 있을 겁니다. 그런 경험과 그 경험이 미친 영향을 제대로 인식하고 삶에서 긍정적으로 활용하고자 노력하는 것이 무엇보다 중요하겠죠. 우리는 모두 정도의 차이는 있겠지만 자신이 속한 시대의 영향을 받지 않을 수는 없습니다. 하지만 전쟁 후든 해방 후든 어깨뽕 시대든 또는 미투 시대든 세대를 막론하고 영원히 변하지 않는 진리가 하나 있다면 우리 여성들은 언제나 자신들이 할 수 있는 일과 해야 할 일을 해낸다는 것입니다.

나라는 사람이 되다

다들 자신이 부모님에게 각각 어떤 특성을 물려받았는지 알고 있을 겁니다. 나는 두 분의 특성을 골고루 받은 것 같습니다. 아버지로부터는 꽤 쓸 만한 공부 머리를, 어머니에게서는 (춤에 대한 애정과) 책임감을 물려받았죠. 그리고 평생 모험과 도박을 극도로 싫어하게 된 것도 부모님 덕분입니다. 이 사실이 특히 더 다행인 이유는, 아버지가 엄마에게는 아이들과 놀아준다며 몰래 경마장에 데리고 갔을 때에도 나는 우리가 예쁜 말들을 구경하고 있는 거라고만 생각했지 그곳에 '꼭 갔어야' 했던 아버지의 상태에 대해선 정말 아무 생각도 없었기 때문이죠. 그래도 경주마들의 성적에 관해서는 학교 공부하듯 제대로 공부했습니다. 사실 〈타임폼Timeform〉(경마 관련 정보 중심의 스포츠 잡지)에서 나온 경마 책자 말고는 집에 읽을 만한 것이 별로 없었기 때문이기도 합니다. 하지만 내가 두고두고 감사하는 것 중 하나는 집에 있었던 열 권짜리 자연백과사전입니다. 아버지가 뭐에 홀려서 이 세트를 샀는지는 모르겠지만, 어쨌든 내가 똑똑하게 구는 걸 좋아하셨고 덕분에 나도 천문학이나 공룡, 여러 가지 신화에 대해 정말 많이 배울 수 있었습니다.

위의 책들 말고 집에 다른 책이 딱 한 권 더 있었는데 바로 《베이커리 운영하는 방법》이라는 책이었습니다. 뜬금없어 보였지만 나중에 알고 보니 아버지가 자신에게 허리부상을 입힌 그 업주를 고소하려고 구매한 책이었습니다. 자초지종은 모르지만 어쨌든 아버지는 버킹엄셔 말로우 근처 본엔드라는 마을에서 작은 레코드와 장난감 상점을 임대할 정도의 보상금은 받아냈습니다. 내가 가게 주인의 딸이라니! 정말 신이 났었죠.

그 후론 매주 토요일과 방학 때마다 가게에서 놀며 시간을 보냈고, 그게 우리 부모님이 나를 돌볼 수 있는 유일한 방법이었다는 걸 그때는 미처 몰랐습니다. 산수 과목을 꽤 잘했던 나는 가게에서 금전등록기에 찍힌 주간 매상을 합산하곤 했는데 금전등록기에 찍힌 금액이 우리 수중에 있는 현금과 맞아떨어진 적은 거의 없었죠. 왜냐하면 엄청 커다란 손(아버지 손처럼)이 매주 계산대 서랍에서 돈을 털어내 딸들한테 써버리곤 했으니까요. 공과금을 못 낼 때가 많았지만, 우리 삼남매는 가게에 있는 장난감을 '빌려서' 가지고 놀 수도 있었고 먹을 걸 굶지도 않았기 때문에 우리 집이 꽤 괜찮게 살고 있다고 생각했습니다.

현실이 악몽으로

그냥 아무것도 모른 채 행복하게 살 수 있었더라면 얼마나 좋았을까요. 나는 시험을 통과해서 지역 그래머스쿨(대학 입시를 대비하는 영국의 7년제 인문계 중등학교)에 다니고 있었고, 우리 집이 꽤 잘사는 집 안인 척 하고 싶었던 아버지 덕분에 댄스학원에도 다니고 승마도 배우고 있었습니다.

그러던 어느 날 아버지의 병이 악화되었고 증세가 더 심해져 아버지는 결국 검사를 받으러 병원에 가야 했고 한밤중에 엄마는 갑자기 병원으로 불려갔습니다. 그리고 그날 나는 이상한 꿈을 꾸고는 심장을 쥐어짜는 것 같은 기분에 잠에서 벌떡 깼습니다. 아버지는 그렇게 돌아가셨습니다. 그때 나이 겨우 쉰한 살이었고 언니는 열아홉 살, 오빠는 열네 살, 그리고 나는 열두 살이었습니다. 마흔 다섯이었던 어머니는 완전히 무너지고 말았죠.

정말 끔찍한 일이었습니다. 그런 일을 겪어서인지 둘째 딸이 열두 살이 된 이후의 (지금은 20대입니다) 삶이 내겐 보너스처럼 느껴집니다. 내가 너무 호들갑이라고 생각할까 봐 덧붙이자면, 수년 뒤 다소 무거운 분위기의 중요한 외부 행사에서 한 동료와 이야기를 나눈 적이 있었는데 그녀는 그 자리에서 어린 시절에 비행기 사고로 아버지를 잃었다는 사연을 털어놓았죠.

그제야 그 동료가 왜 그렇게 모든 면에서 좀 비관적이고 냉소적인 인상을 주었는지 이해할 수 있었습니다. 그 동료는 어떤 일에도 열정을 가지고 과감하게 자신을 던지기가 어렵다고 순순히 인정했죠. 너무 어린 나이에 가장 소중한 사람을 잃은 데다가 주변 사람들이 힘들어하는 모습까지 목격하게 되면 평생 자기 자신과 감정을 안으로만 꽁꽁 걸어 잠근 채 살게 될 수도 있습니다. 어쨌든 이 대화 덕분에 우리는 이전과는 달리 완전히 새로운 방식으로 함께 일할 수 있게 되었

성공한 여성들의 어린 시절은?

영국의 여성 임원 네트워크 조직에서 비즈니스에 성공한 다양한 여성들의 성장환경과 성격특성을 주제로 흥미로운 질적 연구를 수행한 적이 있습니다. 거의 25년 전의 연구였는데도 아직도 머릿속에 강렬하게 남은 내용이 한 가지 있습니다. 특정 사안에 대해서 여성들을 대략 두 부류로 구분할 수 있다는 것이었습니다. 이 연구에서는 각각의 그룹에 '아빠의 공주님'과 '미운오리새끼'라고 명칭을 붙였습니다.

아빠의 공주님 이 부류에 속한 여성들은 어린 시절부터 (특히 아빠에게) 애지중지 사랑받고 존중받고 지지받았다고 느꼈으며 대부분은 자신이 실제로 그런 사랑을 받을 만한 소중한 존재라고 믿으며 성장했습니다. 삶의 목표와 학업 목표도 비교적 수월하게 성취했으며 '도대체 뭐가 그렇게 힘들다는 거야'와 같은 사고방식을 지니고 살아왔죠.

미운오리새끼 이 부류의 여성들은, 이유야 무엇이었건 간에 부모님 둘 다 또는 둘 중 한 명에게 사랑받거나 존중받았다고 느끼지 못했습니다. 그렇지만 이들은 자신의 가치와 성과를 증명하기 위해 노력하는 방식으로 그런 부정적 상황에 대처했습니다. 아마 삶에서 행복을 성취하는 것을 다른 사람들보다 어렵게 느꼈을 겁니다. 하지만 이들은 조직의 꼭대기까지 올라가는 불굴의 투지를 보여줬습니다.

이런 용어 자체가 지금의 관점에선 다소 엉성해 보이지만, 주목할 만한 것은 성공한 여성들에 대한 여러 학술 연구에서 나타난 부모와 딸 사이의 관계가 (긍정적이든 부정적이든) 본질적으로 중요하다는 것입니다.

습니다. 그녀는 그 이후로 "어쩌면 자신이 너무 과한 걸 수도 있지만 우리 비즈니스에서 이러이러한 일들이 고쳐졌으면 좋겠다"고 솔직히 털어놓을 수 있게 되었고, 그런 신중함은 꼭 필요한 상황에서 위력을 발휘했습니다. 나에게뿐만 아니라 회사에도 실질적으로 이득이 되었음은 말할 것도 없죠.

분명히 여러분 주변에도 이와 유사하게 뜻밖의 사연을 가진 사람들이 많을 겁니다. 개인적 이야기를 조금만 나눠도 꽤 후련한 기분을 느낄 수 있습니다. 맥락상 내용이 적절하고 다른 사람의 시간을 너무 많이 잡아먹지만 않는다면 말이죠. 오랜 시간이 흐른 뒤에도 아버지의 이른 죽음을 통해 얻은 깨달음이 몇 가지 더 있었습니다.

저마다의 개인사

대부분 현실에서 사람들의 동기를 자극하는 데에 이러한 환경 및 감정의 긍정적인 면과 부정적인 면이 복합적으로 작용합니다. 각 개인이 어떻게 반응하느냐의 차이가 있을 뿐입니다. 내가 아는 사람들

중에 자기 인생 동반자로 완벽한 이상형만 찾다가 나중에 자신이 상습적 바람둥이와 살림을 차렸다는 사실을 깨닫고 어마어마한 정신적 충격을 받은 이들이 있습니다. 이와 마찬가지로 이른바 '미운오리새끼'들은 아이들을 양육할 때 자신이 자라온 방식과는 완전히 정반대로 하겠다고 단단히 작정을 하죠.

다들 적절한 도움만 받는다면 분명히 자신의 과거 경험을 좀 더 올바르게 활용할 수 있을 것입니다. 또, 남들을 바라볼 때 '자수성가형' 시각으로 판단하고 평가하고 싶은 마음이 든다는 것도 잘 압니다. 특히 여러분 자신이 험난한 역경을 직접 겪었다면 더욱 그렇겠죠. 하지만 명심하세요. 누구도 타인의 도움이나 믿음 없이 혼자 힘으로 헤쳐 나갈 수는 없습니다. 그러니 다른 이들을 돕는 것도 우리 과제에 포함해야 합니다. 그리고 아이가 있는 사람들은 자신이 아이에게 끼칠 영향에 대해서도 마음 깊이 새겨야 합니다.

개인적으로 내 성장 과정엔 '공주님'과 '오리새끼'가 둘 다 있었던 것 같습니다. 아버지에게 엄청난 사랑을 받고 있다고 느끼다가, 사춘기도 되기 전에 아버지의 죽음으로 모든 것이 무자비하게 끝나버렸으니까요. 물론 내 달콤한 기억 속 아빠의 모습에 그의 결점은 쏙 빠져 있었다는 사실은 나중에야 깨달았지만요. 아버지의 죽음으로 나는 십대 시절에 자신감과 안정감에 위협이 되는 사건들을 겪기도 했습니다. 하지만 돌아가신 아버지의 기대에 부응하고 조금 삐딱한 방식으로 나 자신을 안전하게 지키려던 노력이 결과적으로는 내게 아주 유용한 동기부여가 되었습니다. 어린 시절에 아빠나 엄마를 잃게 되는 경험이 성인이 된 후 직업적 경로나 비즈니스에 미치는 영향에 대한 연구도 상당히 많습니다.

말콤 글래드웰은 자신의 저서 《다윗과 골리앗David and Goliath》에서 이런 사람들을 '걸출한 고아 출신'이라고 부르며, 어머니나 아버지의 죽음이 이들에게 자극제가 되었다고 했습니다. 책에 따르면 혼자 알아서 살아가야 하는 상황이 이들로 하여금 자신만의 길을 계획하고 개척하고 끈질기게 집중하도록 만든다는 것입니다. 지나치게 많은 '고아 출신'의 비즈니스 리더와 기업가들 외에 글래드웰이 추가로 알아낸 사실은, 19세기 초반부터 2차 세계대전 사이에 재임했던 영국 총리 중 67%가 16세 전에 한 부모를 여의었으며 역대 미국 대통령 중 열두 명이나 어린 시절에 아버지를 여의었다는 점이었습니다. 혹시 여러분의 상황이 이렇다면, 비록 비극적이지만 성공할 확률이 높은 클럽에 속해 있는 셈입니다. 물론 변변찮은 보상이죠. 장담하건대 우리들 대부분은 부모님을 되살릴 수만 있다면 저런 '성공'은 기꺼이 포기했을 테니까요.

게다가 아버지가 우리에게 거대한 빚을 남겨놓고 떠나는 바람에 우리는 당장 돈을 벌지 않으면 말 그대로 땡전 한 푼 없는 상황에 처하게 되었습니다. 그 후 약 1년간 불쌍한 어머니는 어떻게든 가게를 꾸려가려고 애썼지만 역부족이었습니다. 결국 어머니는 제과점에서 시간제 일을 해야만 했고 나는 주인이 바뀐 예전의 우리 가게에서 주말과 방학 때마다 아르바이트를 했습니다. 잠깐 고백하자면 레코드 진열대 쪽에서 남자친구가 될 만한 재목들을 많이 만났으니 아주 나빴다고는 할 수 없습니다.

더 이상 가게에서 일할 수 없게 된 이후로는, 공장, 사무실, 실험실,

주점, 클럽 등등 닥치는 대로 아무데서나 일했고 덕분에 나는 지역에 있는 직업소개소들을 죄다 꿰뚫게 되었습니다. 게다가 다양한 사람들을 알게 되는 것도 즐거운 일이었고 수많은 사람들의 각양각색의 삶에 대해서도 훨씬 깊게 이해할 수 있었습니다.

시간이 한참 흘러 아이들이 생겼을 때도, 자기 아이들이 조금이라도 어렵고 불쾌한 일을 겪게 하고 싶지 않은 것이 부모의 당연한 마음이지만, 나는 아이들이 주말과 방학 때 아무리 따분한 아르바이트라도 하는 것이 훌륭한 인생 경험이 된다는 것을 확실히 알고 실천했습니다. 그런 경험을 통해 내 아이들은 사람이든 물건이든 절대로 당연하게 여겨서는 안 된다는 것, 그리고 필요하다면 이를 악물고서라도 미소를 지어야 한다는 교훈을 배웠습니다.

거듭 말하지만 제 개인사를 털어놓는 것은 이 책의 주제를 뒷받침하기 위한 것입니다. 하지만 이 기회를 통해 좀 더 폭넓은 깨달음을 얻을 수 있어 감사합니다.

- 누구든 다들 자기들만의 집안 사정이 있습니다. 우리는 모두 감추고 싶은 비밀이 있고 그것을 공개할지는 본인의 선택입니다. 하지만 어느 쪽이든 그것이 자신에게 득이 될지 해가 될지는 스스로의 적극적인 개입에 따라 달라질 수 있습니다.
- 다른 사람들에 대한 섣부른 판단은 금물입니다. 그들에게 어떤 개인적인 사정이 있는지 알 수 없기 때문이죠.
- 상대방의 성장 과정과 경험을 긍정적인 방향으로 활용할 수 있도록 최선을 다해 도와주세요.

우여곡절 많았던 학창시절

어릴 때 우등생이었던 나는 차츰 고개 숙인 여드름투성이 십대로 변해갔습니다. 그리고 그렇게 해괴한 변신 단계를 거친 후 몰래 화장을 하고 히피 스커트를 입고 다니던 어느 날 지혜롭고 아주 혹독한 어떤 선생님의 눈에 걸려 마침내 구조되었죠. 그분은 내가 케임브리지 대학에 갈 수 있을 거라 믿어주셨습니다. 물론 당시 나는 대학은 생각조차 안 하고 있었지만요.

그 당시 선생님이 내가 작성한 대학지원서를 검토해주시면서 지원서에 붙인 내 증명사진을 보고 하신 말씀이 아직도 또렷이 기억납니다. "맙소사 리타, 고전문학에 일가견이 있는 학생처럼 보이는 사진을 붙여야지. 네가 무슨 섹시퀸도 아니고" 1975년이었으니 말 다했죠. 나는 당시 대세였던 스모키 메이크업에 허리까지 내려오는 고스족 머리 스타일을 하고 있었습니다.

그럼에도 불구하고 결국 케임브리지 대학 뉴넘 칼리지Newnham College에 용케 합격해 고전을 읽게 되었습니다. 뉴넘 칼리지는 여자 대학이었고(지금도 마찬가지입니다), 이렇게 여학생만을 위한 대학이 따로 있는데도 당시에는 케임브리지 전체를 놓고 보면 남학생 대 여학생의 성비가 6대 1이었습니다. 나와 함께 고등학교를 다녔던 뛰어난 친구들이 여학생 입학정원이 충분치 않다는 이유로 대학에 갈 기회조차 얻지 못한 것을 생각하면 아직도 화가 납니다.

물론 훌륭한 친구들이었으니 다들 성공했을 겁니다. 하지만 그 시절의 불공정은 받아들이기 힘들었습니다. 이제 대학생들의 성비 분포는 많이 바뀌었지만 비즈니스 리더의 세계에선 성별만 놓고 보자면 그 비율이 여전히 그 옛날 케임브리지 수준에 머물러 있습니다. 다행히도 여성들이 분노하게 되면서 대부분의 서구 세계에서는 교육 평등 측면에서 많은 성과를 이뤄냈습니다. 그 예로 2017년 9월 기준 자료에 의하면 18세의 영국 여성이 또래 남성들보다 학위과정을 시작할 가능성은 36%나 더 높았습니다. 하지만 여전히 세계 곳곳에 해결해야 할 문제가 산더미처럼 쌓여 있습니다.

다른 세계를 알게 되다

당연히 우리 가족은 차가 없었기 때문에, 처음으로 케임브리지까지 가는 날엔 언니 부부가 나를 태워다주었습니다. 언니와 형부가 있는 돈 없는 돈 다 긁어모아 장만한 연식이 오래된 낡은 모리스 미니 트래블러를 타고요. 다들 상상이 가겠지만 쭉 늘어서서 여자 신입생들을 쏟아내는 꽤 비싼 자동차들 사이에서 우리 차는 아주 귀엽게 튀었죠.

그곳에서 귀족풍의 이름을 가진 사람들, 두 단어로 된 성을 가진 사람들, 사립학교 출신 남학생 부류들을 접하다 보니 학기 초에는 그곳이 내가 있을 곳이 아니라는 생각이 들었습니다. 그런 사람들은 다들 나는 들어본 적도 없고 절대 초대받지도 못할 자기들끼리 서로 다 아는 사이인 그런 클럽들에 소속되어 있었죠. 이들은 '사회적으로 다른' 세계에 속한 사람들이었습니다. 나처럼 후진 동네 출신인데다가 스키를 타본 적도 없고 나이프 쥐는 법도 잘 모르고 무엇보다 격 떨어지는 신발을 신고 다니는 사람은 절대 알 수 없는 세계 말이죠. 이렇게까지 말은 하지만 사실 아주 특별한 여성들도 그곳에서 만

낳고 몇 명은 일생의 친구가 되었습니다. 멋지고 솔직 담백했던 친구 메리 비어드는 지금은 저명한 방송인이자 페미니스트 학자로 활동하고 있고, 그밖에도 최고의 지성과 지혜를 겸비한 여러 친구들이 세계 곳곳에서 활약하고 있습니다.

괜찮다면 내 학문적 성취에 대해서는 그냥 덮고 넘어가겠습니다. 나중에 학과장님도 내게 말씀하셨다시피, 그래도 3등급은 면했으니까요. 3등급은 영국의 대학교 학점 시스템에서 가장 낮은 등급입니다 (현재 영국의 학점 등급은 1등급, 상위2등급, 하위 2등급, 3등급, 패스의 다섯 단계, 3등급은 4점 만점에 2.3~3점 미만 정도). 그분은 또 나에게 보낸 편지에서 내가 조금만 더 노력했으면 훨씬 더 잘할 수 있었을 거라면서 가끔 나 때문에 화가 나고 실망하기도 했지만 그럼에도 불구하고 나를 합격시킨 걸 후회한 적은 없었다고 말씀하셨습니다. 그 편지를 읽고 나는 울음을 터뜨리고 말았죠.

이상하게도 그분은 그 후로도 나를 종종 울렸습니다. 물론 나쁘게는 아니었죠. 이후로도 30년에 걸쳐 나에게 짧은 편지를 몇 번 더 보내시면서 나의 '성취'를 지켜본 소감을 적어주셨으니까요. '성취'에 따옴표가 붙은 이유는 아무래도 비즈니스 분야에서의 성공이 그분이나 케임브리지 대학의 대다수 학자들이 생각하는 '참된' 성취와 꼭 일치하는 건 아니었기 때문이겠죠. 마지막 편지는 2014년 내가 CBE(영국 지휘관 작위)를 수여했을 때 받았습니다.

그분은 전통에 어긋나지 않게 먼저 나를 축하해주시고는 내 발전을 지켜보면서 '좀 놀랐다'는 말씀을 덧붙이셔서 내가 다시 열아홉 살 소녀로 돌아간 것처럼 느끼게 만드셨죠. 그렇더라도 편지의 위력을, 과대평가까지는 바라지 않지만 절대 과소평가해선 안 됩니다. 아무리 디지털 시대라고는 해도 말이죠. 솔직히 나를 지켜보며 놀란 사람이 학과장님뿐만은 아니었습니다. 나 스스로도 그에 못지않게 놀랐으니까요.

그분의 80세 생신 파티에 참석했을 때 그분은 다른 사람들에게 나를 이렇게 소개했습니다. "… 아, 그리고 이쪽은 리타에요. '비즈니스계의 대장'이 된 사람이지!" 내가 도끼 살인마가 되었더라도 지금보다 훨씬 더 놀라운 일도 아니라는 듯한 말투였습니다. 여러분에게 진심으로 고백하겠습니다. 그 자리에서 나는 정말 한바탕 웃어젖히고 싶은 마음뿐이었습니다. 그분의 우스꽝스러운 소개말 때문만이 아니라, 누군가가 나를 '비즈니스계의 대장'으로까지 불러주다니 생각만 해도 창피하고 민망해서 정말 울다 웃다 하고 싶은 심정이었거든요.

이와 비슷한 일이 영국 의원과 장관을 지낸 존경하는 버지니아 바텀리Virginia Bottomley 여사와도 있었습니다. 위의 '비즈니스계의 대장' 일이 있고 수년 뒤에 바텀리 여사와 함께 케임브리지 경영대학원의 자문위원회 위원이었던 적이 있었는데 그때 함께 차를 마시는 자리에서 여사가 나에게 질문을 툭 던졌죠. "리타, 본인이 어떻게 그렇게 성공할 수 있었다고 생각해요?"

나는 내가 굉장히 성공했다고 생각해본 적이 없습니다. 괜히 겸손 떨려고 하는 말이 아닙니다. 비즈니스에서 진정으로 성공한 인물들과 나 자신을 비교해봤을 때, 과연 내가 '성공했다'는 인정을 받을 정도로 열심히 노력했거나 많은 것을 이루었거나 충분히 성취했다는 생각이 들지 않거든요.

여사와 나는 여러 이야기를 주고받은 끝에, 스스로 성공했다고 여기지 않기 때문에 끊임없이 에너지와 동기를 충전받아서 더 앞으로 나아갈 수 있었고 그 결과 실제로는 삶에 오히려 도움이 되었다는 결론을 내렸습니다. 네, 정말 그럴지도 모릅니다. 하지만 솔직히 말하면 이런 식으로 성공하는 건 좀 피곤한 과정입니다.

진부하게 말하고 싶진 않지만 대학은 실제로 나를 완전히 탈바꿈시키는 경험이었고 시각의 지평도 넓혀주었습니다. 뭐가 어떻게 바뀌었는지는 잘 모르겠습니다. 그전에는 내 시각의 지평이 어느 수준이었는지, 내가 무엇을 하려고 했었는지 솔직히 아무 생각이 없었거든요. 다만 한 가지 확실했던 것은 돈을 벌어야 한다는 사실뿐이었습니다. 빠르면 빠를수록 좋았고 가급적 괜찮은 급여라면 더 좋겠다 싶었습니다. 그 당시엔 지금은 고인이 된(백만장자 시인이자 출판사업가이자 《부자본능》의 저자이기도 한) 위대한 기업가 펠릭스 데니스Felix Dennis를 몰랐어요. 하지만 알았더라도 수없는 위험을 무릅쓰고 그 위험들을 '엿먹이는 데' 집착했던 그분의 스타일이 나한테는 와닿지 않았을 겁니다. 나는 절대 위험을 무릅쓸 수 없는 상황이었으니까요.

일단 아무 데나… 첫 직장 구하기

당시 케임브리지의 진로상담 서비스는 어이없게도 풋내기들이나 찾아가는 곳이었습니다. 왜냐하면 뭐랄까 격조 높은 사람들은 이미 런던 금융중심지에 입성할 수 있는 인맥을 갖추고 있었기 때문입니다(그게 정확히 어떤 건지는 몰랐지만 뭔가 불공평하다는 느낌은 있었는데… 아마도 내 느낌이 맞았을 겁니다. 그런 일은 나처럼 근본 없는 배경의 여성에게는 남의 나라 이야기였으니까요). 또한 그들은 정부, 공공기관, BBC 방송국, 예술학교에 들어가거나 고고한 학문을 연구하는 일에 종사하게 될 테니 진로상담 서비스는 받을 필요가 없었죠.

그들에 비하면 내 욕심은 아주 막연하고 세속적이었습니다. 내가 남몰래 작성한 지원서들은 그 시절의 교양 있는 케임브리지 사회와 딱 어울리는 종류는 아니었습니다. 그때는 마케팅 같은 단어는 감히 큰 소리로 말하지도 못했고, 광고, 카피라이팅, 미디어, 세일즈 사이의 구분도 완전히 모호했으니까요. 아무튼 그래서 영국의 내로라하는 기업들이 소위 최고 대학들을 돌아다니며 졸업생들을 상대로 일자리를 파는 '취업설명회'에서도 나는 여전히 막연하고 세속적인 기대를 품고 이 회사 저 회사 면접을 보러 다녔습니다.

그 시절은 졸업생들이 대부분 일정한 기준에 따라 거의 정해진 대로 진로나 직장을 고르던 시대였고 면접을 준비하는 방법이라고는 그저 면접 당일에 술기운만 없으면 되던 때였습니다. 요즘은 취업이 훨씬 더 어려워졌고 직업도 훨씬 더 세분화되고 취약해졌죠. 딱 하나 좋아진 것이 있다면 도서관에서 퀴퀴하고 낡은 서류철을 뒤지는 대신 인터넷을 사용해서 준비할 수 있다는 정도입니다.

나는 그때 여러 번의 면접을 치르면서 실용적인 교훈 몇 가지를 배울 수 있었습니다. 특히 신입사원을 뽑기 위해 나를 인터뷰했던 마즈Mars Inc의 면접관에게 정말 고마웠죠. 그 회사는 스니커즈, 트윅스, M&Ms 등 초콜릿과 과자류를 파는 미국 대기업 마즈의 영국 지사였습니다.

그 면접관이 나에게 첫 직업으로 왜 영업직을 원하는지 물었을 때

(사실 영업직을 정말로 원했던 것은 아니고 그저 회사가 제공하는 자동차와 높은 연봉이 탐났을 뿐이었죠), 나는 판매를 좋아한다는 둥 마즈가 인지도 있는 회사라는 둥 이런저런 이야기로 횡설수설하면서 대답을 했고 또다시 날아온 간결하고 날카로운 질문에 앞에서 했던 말을 반복하며 또 다시 (불필요하게 긴) 대답을 했습니다.

그러자 면접관은 나를 지그시 바라보더니 상냥한 어조로 "리타 씨, 대답을 너무 길게 하는 경향이 있는 것 같네요"라고 말했죠. 나를 기가 센 여자라고 생각해서 말을 못 하게 하려던 게 아니라 단지 내 대답이 재미없고 따분했기 때문이었을 겁니다. 그렇다 해도 나는 상처를 받았고 나 자신에게 화가 치밀었습니다.

하지만 다음 면접에서는 그 사람의 조언을 활용했습니다. 당시 엄청나게 두꺼운 전화번호부 책자를 발행하던 옐로우페이지 사의 친절한 면접관 몇 분이 내게 전화번호부 책자의 광고지면 영업을 하고 싶은 이유에 대해 질문했을 때였죠. 나는 "첫째로는 내가 무엇이든 파는 데 소질이 있다고 생각하고, 둘째로는 광고에 관심이 있습니다"라고 대답했습니다. 그러고는 입을 다물었죠.

그들은 나의 칼 같은 대답에 완전히 허를 찔린 사람들처럼 서류를 이리저리 뒤적거리는 척하면서 자기들끼리 서로 쳐다보더니 마침내 그중 한 사람이 웃으면서 이렇게 말했습니다. "지금까지 들은 대답 중 가장 훌륭한 대답이네요" 나는 다른 질문에도 그렇게 딱 부러지게 대답하진 않았지만 어쨌든 눈에 띄었고 결국 일자리를 제안받았죠. 그 회사에 가진 않았지만, 나에겐 그걸로 충분한 경험이었습니다.

인생에서 두려운 시기에 놓여 있었던 내 자아에게는 큰 도움이 되었으니까요. 내가 결국 미디어·마케팅을 선택하게 된 이유를 정리하자면 다음과 같습니다.

- 더 이상 어떤 시험도 치르고 싶지 않았다(따라서 수요가 넘쳐나는 회계직과는 영원히 안녕).
- 경영 컨설턴트를 할 수 있을 정도로 학업 성적이 뛰어나지도 않았다(따라서 맥킨지나 베인앤드컴퍼니, 보스턴컨설팅그룹과도 안녕).
- 어린 시절 보잘것없긴 해도 발레와 춤으로 무대에 올라봤던 경험, 그리고 주점 및 상점 등에서 접객 아르바이트를 했던 경험이 어우러져 희한하게도 아주 유용한 방식으로 활용할 수 있다.
- 내가 이 분야에 대해 그나마 읽어본 자료에 따르면 나처럼 다른 사람들에게 참견하기 좋아하는 사람들한테 재미있는 일 같았다.
- 그리고 무엇보다도 실제로 합격한 몇 군데 회사가 이 업계였다.

다양한 종류의 사람들과 함께 일해 본 경험이 실제로도 굉장히 유용했습니다. 공장 아르바이트 경력을 지닌 케임브리지 졸업생이 짙은 화장에 인조모피까지 빌려 입고 면접장에 나타나자 나의 잠재적 고용주들은 실제로 호기심을 느낀 것 같았습니다. 그리고 마침내 나는 당시 영국에서 업계를 선도하던(하지만 슬프게도 지금은 없어진) 광고대행사에서 일할 수 있게 되었습니다.

수많은 시행착오 끝에 이제는 면접의 달인이 된 나에게, 그 회사의 최고 선임급 면접관이 질문이 있냐고 물었을 때 나는 잠시 멈추고 그분을 가만히 바라보다가 이렇게 물었죠. "제가 귀사가 원하는 인재상에 해당합니까?" 어쩔 작성으로 그런 질문을 했는지는 확실히 모르겠지만, 무언가 나를 돋보이게 할 만한 한 방을 날려야 한다는 사실은 이미 요령으로 터득한 후였으니까요. 그분은 너무 단도직입적인 내 질문에 잠시 당황한 듯싶더니 곧 평정을 되찾고는 올해 자신들이 뽑고 싶은 인재상에 나 같은 지원자도 포함될 수 있다고 고백 아닌 고백처럼 털어놓았습니다.

그러면서 작년까지라면 아마 확률이 낮았겠지만 이제는 회사가 더 폭넓은 다양성을 추구할 계획이라고 덧붙여 말했죠. 나는 침을 꿀꺽 삼켰습니다. '그럼 나인데' 비록 그때 나는 멍청하게도 카피라이팅이 간판 이름 짓기(네, 상점 위에 붙어 있는 그 간판이요) 같은 것인 줄 알았고, 면접을 보러 가기 위해서는 정장을 빌려 입어야 했다는 걸 깨닫고 후회했지만 어쨌든 합격해냈죠! 고객사 영업 매니저로요. 첫 연봉은 4,001파운드, 요즘 가치로 환산하면 19,500파운드(한화 약 3,000만 원)였습니다.

본격적으로 첫 발걸음을 내딛다

드디어 출근을 하고 내가 하게 될 일이 실제로 어떤 일인지를 곧바로 깨달았을 때, 나의 환상은 산산이 부서지고 말았습니다. 광고업이 굉장히 화려한 업종이라는 허황된 상상에 빠져 있었던 내가 처음 맡은 일은 하픽Harpic(변기세정제 전문 업체)과 스테라덴트Steradent(틀니세정제 전문업체)의 마케팅 업무였습니다. 내가 마음속으로 그리고 있었던 일에는 변기세정제나 틀니세정제 따위는 전혀 없었습니다. 하지만 여기서 또 하나의 중요한 교훈을 얻었죠. 어떤 것에든 마음만 먹으면 진심으로 관심이 생길 수 있다는 사실입니다. 누가 짐작이나 했을까요? 집에 오는 손님들에게 보여주기 위해 화장실을 극도로 청결하게 관리하는 것이 소비자심리학과 결부되어 있다니요. 그리고 인생 첫 틀니를 하게 되면 '죽을 때가 가까웠다'는 감정을 느끼게 된다는 사실이 이렇게 흥미진진할 줄은 예상도 못했습니다.

여기서 중요한 교훈은 여러분이 어떤 일부터 시작하든 직장생활에서 도움이 될 수많은 것들을 일단 배울 수 있다는 점입니다. 예를 들면 이런 것이죠.

- 함께 일하기 편한 사람이든 불편한 사람이든 다른 사람들과 부대끼며 일하는 법
- 매일 규칙적으로 아침에 일어나는 법
- 맡은 일에 책임지는 법
- 사람들이 나에게 동의하지 않더라도 못마땅한 티 내지 않는 법
- 내가 어떤 일을 좋아하는지와 어떤 일을 싫어하는지
- 매우 다양한 회사에 매우 다양한 종류의 직무가 있다는 사실
- 내가 원하는 조건이 다 맞아떨어지는 일인지 너무 오래 고민할 필요 없다는 것과 처음 시작할 땐 내게 아주 마구잡이 일만 주어질 수 있다는 사실
- 어디서든 무엇이든 일단 시작해야 한다는 것, 나중에 언제든지 갈아탈 수 있으니까.

네, 가야 할 길이 아주 멀고 구불구불할 수 있습니다. 내가 마치 일

곱 살 때부터 '아, 내가 미래에 무언가를 경영하게 되겠구나'라고 생각했던 사람이라도 되는 양 'CEO로 가는 길' 같은 주제로 강연이나 연설을 해달라는 요청을 받을 때마다 나는 항상 당혹스럽습니다. 대다수 사람들과 마찬가지로 내가 거쳐 온 직업적 경로 역시 고속도로와 샛길과 막다른 골목을 수없이 넘나드는 과정의 연속이었습니다. 나도 처음에는 정말로 멋모르는 풋내기였죠. 하지만 회사에서 잘리지 않으려면 빨리 익히고 파악해야 한다는 것을 금방 깨달았습니다.

여러분이 삶과 일에서 현재 어느 지점에 있든 자신에게 분명한 계획이 있다고 느끼는 사람도 있을 테고 그렇지 않은 사람도 있을 겁니다. 하지만 설사 그렇지 않더라도 너무 스트레스 받지 말라는 것이 내가 해주고 싶은 말입니다. 무언가를 성취하고자 하는 동기가 분명치 않을 때조차도 일어날 일들은 일어나더군요.

가야 할 길이 멀어 보여도 이것만은 해보세요!

- 우리는 모두 나름의 특별한 면이 있습니다. 자신만의 성장배경 이나 삶의 경험을 긍정적인 동기요소와 도구로 생각해보세요 (혼자 하기 힘들면 책이나 멘토, 친구들, 전문가들에게 도움을 구해 보세요).

- 사람들이 여러분을 제대로 알기도 전에 여러분을 판단하는 것 이 싫다면, 여러분도 다른 이들에게 그렇게 하지 마십시오. 타인 을 돕는 것은 자신의 에너지를 잘 사용할 수 있는 방법입니다.

- 여러분은 사실상 어디에서든 직장생활을 시작할 수 있고 전혀 예상치 못했던 일에서 흥미를 느끼게 될 수도 있습니다. 모든 사람들과 세상 모든 일에 끊임없이 참견하세요.

Chapter 2

기초를 다져라

직장생활에서 퍼스널 브랜딩을 갖추기 위한 기본 레슨

· · ·

케임브리지가 탈바꿈적 경험이었다면, 1980년대에 시작한 사치 앤드 사치Saatchi&Saatchi에서의 직장생활은 압도적 경험이었습니다. 그 전에 다녔던 내 첫 직장은 전통적 스타일이긴 해도 꽤 잘나가는 광고대행사였습니다. 회사에 임원 전용 식당도 있었는데, 식전 음료부터 시작해서 와인까지 몇 잔 곁들인 메인 요리를 느긋하게 즐긴 후 디저트로 포트와인까지 한 병 더 해치우고 다 함께 시가를 피우며 점심 만찬을 마무리하는 그런 공간이었어요. 네, 맞아요. 대낮에 벌어지는 일이었습니다.

당시 나는 중간 관리자급이었음에도 고객이 우리 회사를 방문하면 식사 자리에 동석이 허락되었는데, 지금 돌이켜 생각해보니 광고업계 여성들 중 젊은 축이었던 나를 거의 액세서리 삼아 데리고 나갔던 것 같습니다. 어떻게 보면 모욕적일 수 있지만 그때의 나는 전혀 이상하다는 생각을 하지 못했습니다. 이런 식사를 마치고 오후 내내 어떻게 깨어 있을 수 있었는지 지금 생각하면 참 신기합니다.

물론 그랬을 리가 거의 없죠. 특히 최악은 식사 자리에서 주량 조절에 실패했을 때마다 화장실에 처박혀 잤던 일입니다. 그러면서도 이런 생각을 했죠. '우와, 이 음식이랑 음료랑 술이 전부 공짜라니! 일단 다 뱃속에 넣고 보는 게 맞지' 나에게도 그런 시절이 있었습니다.

비즈니스 분야를 막론하고 당시 젊은 여성의 입장에서 진정한 다양성이란 저 멀리 은하계 밖에 있는 것이었습니다. 수많은 여성들이 자신의 업무를 잘 해내려고 고군분투하는 와중에 여러 부당한 일까지 참고 견뎌야 했습니다. 최근의 미투 운동은 더 이상 여러 젊은 여성들이 (이 점에서는 남성들도 마찬가지로) 같은 일을 당하지 않도록 하는 계기가 되고 있어 다행입니다.

처음으로 본격적인 관리자가 되고 나서 배운 핵심은 첫째, 성공하고 싶다면 고객은 물론이고 회사 내 모든 부서의 사람들을 두루 살피고 챙겨야 한다는 것과, 둘째, 좋든 싫든 자신을 어떤 모습으로 드러내느냐가 중요하다는 점이었습니다. '자신을 드러낸다'는 개념에 대해서는 나중에 이어지는 장에서 좀 더 다루겠지만, 내가 말하는 것은 당연히 피상적인 외모나 겉치레보다 훨씬 더 많은 것을 의미합니다. 또한, 전달력 있는 목소리를 내는 법, 주의를 집중시키기 위해 잠시 멈추는 법, 내가 가진 기술과 지식을 적절히 구사해서 자신감과 공감 능력을 키우는 방법에 대해서도 이야기하겠습니다.

지금 이 회의에서 그 옷차림은 좀 아닌 듯…

요즘 기준으로 보면 나는 결혼을 비교적 일찍, 스물두 살에 했습니다. 당시로서는 드물게 유럽에서 신혼여행을 보내고 살을 잔뜩 태워서 돌아온 나는 그걸 자랑하고 싶은 마음에 일부러 아주 가벼운 옷차림으로 회사에 출근했었죠. 그리고 복도에서 우연히 마주친 인사부 임원에게 완곡한 무안을 당했습니다. 그 임원은 나를 위아래로 훑어보며 불쾌하지 않은 말투로 "어디 바닷가였습니까?"라고 묻더니 여전히 환하게 웃고 있는 내게 그 역시 미소를 지우지 않고 이렇게 말했죠. "프로페셔널하게 보이고 싶다면 그 복장이 회의에 어울리는지 한번 생각해보는 게 좋겠군요."

물론 이런 생각이 먼저 들었죠. '자기가 뭐라고 나한테 이래라 저래라야. 나는 내 옷차림이 아니라 내 자체와 생각과 능력, 내 본질에 따라 평가받고 싶단 말이다!' 하지만 솔직히 말하면 그때 나는 내 자신의 이런 특성들 중 하나라도 희미하게나마 파악할 수 있으려면 시간이 더 필요했습니다.

불편한 순간이었고 요즘이라면 있을 수도 없는 일이죠. 어쨌든 나는 돈을 모아서 정장 두 벌을 마련했고 말쑥하게 변신했습니다. 정장을 입으니 실제로 내가 좀 더 프로페셔널해진 것 같은 기분이 들었고 행동도 그에 어울리게 하게 되었습니다. 이 다소 신경이 거슬리는 현상에 대해서는 나중에 더 이야기하겠습니다.

하지만 그 당시 이 모든 걱정스러운 상황에도 불구하고 내가 꽤 잘 해내고 있었는지 한 채용정보회사에서 내게 관심을 보였습니다. 마침 그 회사는 당시 한창 급성장 중이던 사치 앤드 사치라는 광고대행사의 고객 관리 매니저 후보를 물색하던 중이었죠.

따끔한 현실, 진짜 관리자가 된다는 것

어느새 나는 엄청나게 똑똑해 보이고 열정 넘치는 사람들 앞에 앉아 제과업과 스킨케어 분야에 대한 지식과 내가 차세대 세계 최고 광고 에이전시에서 일하고 싶은 이유에 대해 질문 공세를 받으며 진땀을 빼고 있었습니다.

사치 앤드 사치는 심지어 리셉션 구역조차 이전 직장들의 다소 나른하고 친절한 분위기와는 완전히 달랐습니다. 끊임없이 들락날락하는 사람들과 빠른 걸음으로 로비를 지나다니는 사람들 때문에 모든 것이 가속화된 것처럼 보였습니다. '브랜드' 비스름한 개념이 실제로 가슴에 와닿았던 것이 이때가 처음이었던 것 같습니다. 그때 내가 그걸 정확히 알아챘더라면 좋았을 텐데 말이죠. 광고 에이전시, 소매업자, 은행, 배관공, 그게 뭐가 되었든 사람들은 자기들이 직접 눈으로 보고 경험한 것들을 종합해서 그 브랜드에 대한 단서와 힌트를 얻는다는 것에 주목해야 합니다.

포근하고 뜨뜻한 온탕 같았던 첫 직장을 떠나 맞닥뜨린 '사치'라는 브랜드의 치열한 분위기는 모든 면에서 문화적 충격이었습니다. 이제 나는 회삿돈과 돈 관리에도 신경을 써야 했습니다. 그리고 당연히 내가 회사에 얼마를 벌어다 줄 수 있는지도요. '사치'는 런던 증권거래소에 상장된 기업이었으니 항상 재무상태를 철저히 파악하고 관리해야 했습니다. 나는 돈에 대한 압박감과 행정적 업무에 대한 부담이 그냥 싫었습니다. 게다가 관리해야 할 팀원들까지 있었습니다.

그나마 업무에 대한 불안과 서투름이 조금 진정될 수 있었던 것은 내 자리 맞은편에 있던 꽤 당당해 보이면서도 약간 음울한 분위기를 풍기는 히스클리프(영국작가 에밀리 브론테의 1847년 소설《폭풍의 언덕》의 남자 주인공) 타입의 남자 덕분이었습니다. 그 사람은 퀄리티 스트리트Quality Street와 롤로Rolo 같은 초콜릿 브랜드 광고를 담당하고 있었죠. 그리고 나는 프루트 파스틸스Fruit Pastilles와 프루트 검즈Fruit Gums 같은 캔디 브랜드를 담당했습니다. 그래요. 우리는 달콤한 것들에 둘러싸여 있었죠. 결국 몇 달 후 나는 이 사람이 내 인생을 함께 해야 할 사람이라는 것을 깨달았지요. 내가 너무 어린 나이에, 철모르는 첫 번째 결혼을 한, 사람만 좋았던 그 남자가 아니라요.

가뜩이나 힘든 업무 때문에 스트레스가 심했던 상황에서 이런 개인적인 일까지 겹쳐 마음고생이 심해지자 나는 사치 앤드 사치를 떠나 그리스의 섬으로 도망을 갔습니다. 그곳에서 몇 달간 워킹홀리데이로 지내며 '나를 찾는 시간'을 가져볼 생각이었습니다. 어쩌면 소설도 쓸 수 있지 않을까 싶었죠. 다들 마음속에 이야기 한 편씩은 담고 살잖아요?

결론부터 말하자면 소설은커녕 그 비슷한 것도 못 썼습니다. 하지만 푸른 바다를 바라보며 여행 온 이 사람 저 사람을 챙겨주다 보니 어느새 제 정신으로 돌아와 있더군요. 여러분도 삶의 어느 지점에서든 이런 종류의 반추의 시간을 가져보기를 정말로 추천합니다.

안식기간, 중년의 공백기, 워킹홀리데이, 휴식기, 어떤 것이든 상관없습니다. 이런 경험이 내 상황을 넓고 객관적인 시각으로 바라보게 해준다는 것만은 확실합니다.

인생 2막

나는 영국으로 돌아와 광고 에이전시 제이월터톰슨JWT으로 옮겼는데 당시 JWT는 '광고계의 대학교'로 알려져 있었습니다. 이곳은 감성적으로뿐만 아니라 지적으로도 눈을 번쩍 뜨게 하는 신세계였죠. JWT는 고급 브랜드를 상대하는 모든 에이전시를 통틀어 가장 세련된 최고급 에이전시였습니다. 나도 그 수준에 맞추려다 보니 날렵해 보이는 정장도 몇 벌 사고 나중엔 인조진주까지 사서 달고 다니고 있었죠. 개명이 쉬운 시절이었다면 아마 이름도 리타에서 좀 더 고상한 이름으로 바꿨을지도 모릅니다.

'가짜 행세' 개념에 대해서는 뒤에서 전체적으로 살펴볼 테니, 여기서는 JWT의 그 누구도 내 허울에 속지 않았다는 것만 말해두겠습니다. 물론 사람들은 대체로 아주 친절했습니다. 하지만 내가 그곳의 우월한 동료들을 가끔 웃겨주는 촌스러운 아웃사이더가 된 것 같은 느낌은 떨칠 수 없었습니다.

JWT에서 일하면서 나는 '기획자'라 불리는 남달리 똑똑한 사람들에게 매료되었습니다. 이들은 '특별히 선택된 사람들'처럼 상아탑 같은 공간에 자기들끼리 모여서 소비자 심리학에 대해 토론하고, 소비자들이 광고 메시지를 어떻게 이해하고 해석했는지를 연구하면서 광고가 얼마나 성공적이었는지 등의 이야기를 나누곤 했습니다. 이런 주제는 나에게 새로운 발견이었습니다.

더욱더 마음에 들었던 것은 기획자의 업무가 보고서를 작성하고 고객을 분석하고 스마트하게 프레젠테이션을 하는 일이었다는 겁니다. 내가 하던 고객 관리 업무 중 재미도 없고 스트레스만 주는 행정

일에서 벗어나고 싶은 마음이 간절했던 나는 기획팀으로 부서이동을 요청했습니다. 그쪽 부서장은 시험 삼아 나를 받아보기로 마지못해 동의는 했지만 내가 기획자에 딱 맞는 재목으로는 보이지 않았는지 탐탁지 않다는 티를 온몸으로 냈습니다.

거부당하는 것이 가끔은 아주 유용한 동기부여 요소가 될 수 있더군요. 좋게 좋게 하는 게 중요하다는 거야 다 아는 사실이지만, 완전히 청산하고 떠나기로 작정했을 때 '싫으면 말든가!' 같은 마음으로 임하는 것도 꽤 통쾌할 수 있습니다.

그가 못마땅해 하는 것이 기분 나빴던 나는 다른 광고 에이전시에서 똑같은 업무를 할 수 있는 자리를 알아보기로 결정했고 결국 다시 사치 앤드 사치로 돌아가게 되었습니다. 네, 그곳에서의 첫 경험이 힘들었던 건 맞지만 이제는 새로운 팀과 아주 훌륭한 업무가 준비되어 있었고 나 역시 더 스마트해진 전략가의 모습으로 새롭게 변신해 있었습니다. 그래서 여기까지의 직장생활에서 내가 얻은 것이요?

- 거절당했다고 주눅 들지 말라. 분노의 힘을 긍정적인 방향으로 활용하라.
- 모든 경험을 활용해서 어떤 식으로든 스스로를 개발하라. 자신의 능력을 확장하려고 노력하라. 그렇게 해서 결과적으로는 예전의 자신도 괜찮다는 사실만 깨닫는다 해도 성공이다.
- 자신이 잘하는 것과 정말로 좋아하는 것을 찾아라.
- 내가 하는 업무는 다른 회사에서도 얼마든지 할 수 있다. 나에게 더 잘 맞고 더 재미있는 회사 말이다.

비전이 싹트다

사치와의 두 번째 인연은 그야말로 찰떡궁합이었습니다. 나는 P&G, 캐드베리 슈웹스(오레오, 리츠, 호올스 등의 제조사인 현 몬델리즈), 영국항공, 브리티시텔레콤 등의 굵직한 기업들과 심지어 영국육군 같은 기관의 광고를 담당하면서 나만의 페이스를 찾아갔습니다.

당시 분위기는 영국의 많은 기업들이 글로벌 무대로 뻗어 나가면서 이전과는 다른 자신감과 포부를 추구하던 격동기였습니다. 나는 전략가이자 기획자로서, 기업이 먼저 고객이나 사용자, 대중들을 감동시키면 그것이 결국 본인들의 성공으로 선순환한다는 원리를 그들에게 알려줄 수 있는 것이 정말 즐거웠죠.

"불가능은 없다"는 사치의 철학이 조직 문화에 깊숙이 스며들어 있었고, 덕분에 정말 탁월한 최고의 인재들을 만나기도 하고 이후엔 직접 채용할 수도 있었습니다. 이 시기에 나는 많은 방식으로 열매를 맺었습니다. 다소 뜻밖의 열매가 하나 열리기도 했지만요. 사치 앤드 사치에서 새 출발을 한 지 9개월 만에 나는 임신 사실을 알게 되었습니다.

출산도 최고로 유리하게…

그 시절엔 회사 규정상 육아휴직 급여와 기타 혜택을 받으려면 근속연수가 일정 기간 이상은 되어야 했습니다. 엄살이 아니라 정말 걱정이었죠. 그때에 비하면 노동계가 이만큼이라도 진보한 것은 정말 감사한 일입니다.

다행이었던 것은 내가 그 시점까지 꽤 좋은 성과를 올리고 있었고 내 상사도 임신이나 출산에 대해 뚜렷한 주관을 가진 여성이어서 나를 전폭적으로 지지해주었다는 점입니다. 나보다 조금 뒤에 임신 사실을 알게 된 미디어 부서 소속의 선임급 여성 한 명은 나와 정반대의 처지에 있었거든요. 그녀의 남자 상사는 성질을 부리며 그녀를 당장 해고하겠다고 협박했습니다. 1987년의 일입니다. 그 여성은 상사와 엄중한 법률적 대화를 나눈 뒤 자기 자리를 지킬 수 있었죠. 그리고 그 상사는 얼마 후 회사를 떠났습니다.

어쨌든 나는 당시 기준으로 치면 아주 훌륭한 혜택을 받을 수 있었습니다. 여기서 '훌륭한 혜택'이란 아기를 출산하고 태반까지 다 나올 때까지는 기다려줄 수 있다는 뜻이었죠. 하하, 농담입니다. 나는 출산 휴가로 10주를 꽉 채웠습니다. 물론 중간 중간 전화로 업무를 처리하기도 했는데 최대한 빨리 업무에 복귀해야 할 것 같은 나 혼자만의 괜한 의무감 때문이었습니다. 지금이라면 그렇게 하지 않았을 것입니다.

당시 내가 유리한 조건으로 휴가를 받아낼 수 있었던 또 하나의 요인은 바로 기막힌 타이밍에 오길비 앤드 매더O&M,Ogilvy&Mather에서 아주 마음에 드는 전략가 자리를 막 제안받았다는 사실이었죠. 선도적인 광고 에이전시였던 O&M은 정말 감사하게도 나의 임박한 출산 계획에도 불구하고 그들의 채용제안 조건에는 영향이 없다고 말했습니다. 심지어 대표이사는 회사가 나의 출산 휴가를 전적으로 지원한다고 약속하는 확인 편지까지 써주겠다고 했습니다. 그리고 실제 문서로 작성해주었습니다. 수많은 이유로 결국은 사치 앤드 사치에 그대로 있기로 결정하긴 했지만, O&M의 진보적 사고와 넓은 도량은

잊은 적이 없습니다. 그 이후로 항상 O&M이 건승하길 기원했고 사람들에게 수시로 O&M을 추천하기도 했습니다.

남몰래 느낀 죄책감

결과적으로 너무 고통스러웠던 출산을 겪고 10주 후 다시 회사로 돌아갔을 때 나는 한동안 업무 모드로 순탄하게 전환하지는 못했다고만 말해두겠습니다. 하지만 겉으로는 '무슨 일 있었던가? 아, 맞다 어제 아이를 낳긴 했는데 뭐 별일은 아니야' 식의 태도를 보여줘야 할 것 같은 압박감을 느꼈죠. 고위직 여성 중에 출산 휴가를 쓴 뒤 풀타임으로 완전히 복귀한 사람은 내가 처음이었고, 그래서인지 나는 막중한 책임감을 느꼈습니다. 그리고 계속 상급자감으로 평가받기 위해 남자 동료들처럼 사무실에 '남아서' 열심히 일하는 모습을 보여줘야 한다고 생각했습니다.

아마도 내가 자라온 가정환경 때문일 텐데 돈 문제에서만큼은 안정적이고 독립적이어야 한다는 확고한 신념 때문에 회사로 돌아가지 않겠다는 생각은 아예 해본 적도 없지만, 갓 태어난 아이와 매일 아침 떨어져야 하는 일은 말 그대로 고문이었습니다. 나와 남편 둘 다 기나긴 근무시간 때문에 아이를 데리고 어린이집에 왔다 갔다 할 만한 여유도 전혀 없었고 직장 근처에 어린이집도 없었습니다. 그리고 솔직히 아이와 온갖 물건을 바리바리 싸 들고 런던 중심부로 그 극심한 교통체증을 뚫고 들어간다는 것은 완전히 미친 짓이었죠. 그렇다고 어머니에게 부탁할 수도 없었던 것이, 어머니가 사는 곳이 멀기도 했지만 어머니는 자신의 생활만으로도 벅찬 형편이라 아이를 부탁하

워킹맘으로서 아이를 맡긴다는 것은?

다양하게 아이를 맡겨 보면서 내가 얻은 한 가지 결론은, 여러분이 평화로운 삶을 누릴 수 있게 도와주는 그 사람들에게도 여러분의 훌륭한 관리 기술을 발휘해야 한다는 것입니다. 어린이집 원장이든 선생님이든 베이비시터든 그밖에 누구라도요. 너무나 당연한 소리처럼 들리죠. 그런데도 어떤 사람들은 직장에서는 그렇게 자제력 있고 프로페셔널하다가도 집에만 가면 자기 아이들을 돌봐주는 사람들에게 마음속 악마를 쏟아내곤 합니다. 정말 이해할 수 없지요. 자기 아이들을 돌봐주는 사람에게 어떻게 그럴 수 있을까요? 그 누구보다도 이 분들과의 관계에 애를 써야 합니다. 물론 죄책감이나 불안감, 피로가 부적절한 방식으로 폭발할 수는 있습니다. 나도 이따금 '내가 집에서까지 감정과 짜증을 참아야 하나' 같은 생각을 하며 터져버리기 직전까지 간 적도 있으니까요. 마치 주중이든 주말이든 매일 24시간 내내 훌륭한 관리자처럼 행동해야 할 것 같은 부담감을 느꼈습니다. 말할 필요도 없이 그 누구보다 호된 형벌을 당한 사람은 정말 오랜 시간 동안 고통받은 내 가여운 남편이었습니다. 또는 바로 나 자신이었겠죠. 이렇게 많은 여성들은 양육이라는 복합적이면서도 값비싼 문제를 해결하려는 과정에서 또 다른 수많은 도전과제에 맞닥뜨리게 됩니다. 우리는 창의적이면서도 양질의 대책을 찾기 위해 다함께 계속 싸워야 합니다. 새로운 유형의 직장이 출현하든 남성과 여성 간 업무가 공정하게 분담되는 좀 더 유연한 근무 형태가 되든 대책이 필요합니다. 말하자면 끝이 없죠.

는 것은 꿈도 못 꿀 일이었습니다. 그래서 결론적으론 베이비시터를 구하는 것 외에는 다른 도리가 없었습니다. 형편상 무리가 되더라도 어쩔 수 없이 꼭 필요한 일이었습니다.

내가 회사에서는 능력 있는 임원 노릇을 하면서 집에서는 훌륭한 엄마이자 배우자가 되려고 안간힘을 쓰며 허세와 피로와 죄책감으로 점철되었던 그 시기에 해피엔딩으로 마무리된 것이 하나라도 있다면 바로 이것입니다. 나중에 우리 팀의 한 여성이 말하기를 부서의 여성 리더였던 내가 육아를 하는 것을 지켜보면서 그녀도 일과 가정을 병행할 수 없겠다는 걱정은 아예 할 필요도 없게 되었다고요. 그녀는 나중에 CEO가 되어 거대 에이전시 그룹을 이끌게 되었고 다른 여성들에게도 많은 지원을 아끼지 않았습니다. 예전에 비하면 요즘엔 시간적 여유도 좀 더 생겼고 좀 더 배려받게 되었고, 전부 '여자가 해야 할 일'이라든가 '여자들만 더 노력하면 되는 일'이 아니라는 사실을 더 많이 받아들이는 분위기가 되었습니다.

해피엔딩이 하나 더 있었는데 바로 여러 해가 지나고 내 아이들이 더 이상 '어린이'로 불릴 수 없는 나이가 되어 합리적인 대화를 나눌 수 있게 되었을 때, 두 아이 모두 각자 자기만의 표현 방식으로 엄마인 내가 성취해낸 것이 자랑스러웠고 자신들이 진심으로 행복한 유년기를 보냈다고 생각한다고 말해주었다는 점입니다. 사실 그 유년기의 대부분을 내가 함께 있어주지 못했지만 너무 마음에 담아 두지는 않으려고 애썼습니다. 어쨌든 우리는 정말 운 좋게도 아주 훌륭한 베이비시터를 구할 수 있었고 (둘이 버는 돈으로) 비용도 감당할 수 있었죠. 그들은 가족 같은 존재가 되었고, 뿌듯하게도 여전히 서로 연락하고 지낸답니다.

그렇긴 해도 온전히 시간을 낼 수 있는 주말이나 휴가 때는 항상 우리 네 식구만의 즐거운 시간을 보내곤 했습니다. 상황이 어떠하든 여러분이 항상 사랑한다는 것을 아이들이 알아주기만 한다면 삶의 다른 부분들은 어떻게든 수습할 수 있을 것입니다.

이쯤에서 정리하자면 전략가로의 직종 변경(이쪽 방면으로 재능이 좀 있었죠), 사치 앤드 사치의 조직 문화(도전해 보세요), 그리고 모성 애(더 이상 무슨 말이 필요할까요?), 이 세 가지가 어우러져 내가 앞으로의 일과 삶에서 더 큰 성과를 낼 수 있는 주요 발판이 되었습니다. 든든한 소울메이트를 동반자로 두었다는 사실도 두말할 나위 없는 행운이었습니다. 그때 사치 앤드 사치에서 만났던 그 남자가 지금 내 곁에 있죠. 가끔 내 핸드폰에 저장된 그의 연락처가 1번이 아니라고 안쓰럽게 불평하긴 했지만요. 단축 다이얼의 1번은 베이비시터였고 2번은 회사 비서, 그는 3번이었습니다.

퍼스널 브랜딩, 첫 아이디어

거침없는 포부와 대담한 창의적 사고 외에 내가 사치에서 주목한 것은 퍼스널 브랜딩의 중요성이었습니다. 그때는 '퍼스널 브랜딩'이라는 용어를 쓰지는 않았죠. 누가 제일 먼저 사용했는지는 알 수 없지만 자기만의 고유한 스타일과 시각을 개발하는 것이 성공에 중요한 역할을 한다는 개념이 슬슬 퍼져나가기 시작했습니다.

그 유명한 창업자 형제 모리스 사치와 찰스 사치가 이 개념의 흥미로운 표본이었습니다. 모리스는 '브레인 담당', '비즈니스 마인드',

'큰 안경을 쓴 쪽'으로 묘사되었고, 이런 것들이 그의 트레이드마크였습니다. 또 옷장 가득 들어 있는 똑같은 화이트 셔츠와 짙은 정장은 그에게 냉정하고 스마트하고 힘 있는 분위기를 만들어주었습니다. 그와는 반대로 찰스는 '창의력 담당 괴짜', '자유분방한 머리'로 각인되었고 소리 지르고 물건을 던져대는 걸로 악명 높았지만 뛰어난 독창성과 추진력의 전형이기도 했습니다.

이들은 부지런히 스스로의 이미지를 관리하면서 회사 이미지도 야심 넘치고 미래지향적인 독보적 브랜드로 끌어올렸습니다. 광고업계 잡지인 〈캠페인〉이 수년 동안 이들 형제의 똑같은 사진만 사용했을 정도로 그들은 절대 고객을 직접 만나지 않고 멀리서 경외감을 불러일으키는 존재가 되어 극도로 비밀스러운 페르소나를 구축했습니다.

나는 내가 입는 옷에 대해 좀 더 생각해보기 시작했습니다. 내 옷이 나를 어떤 사람으로 보이게 할지, 그래서 어떤 효과를 미치게 될지에 대해서 말입니다. 나는 원래 옷을 좋아하는 사람이라 크게 어려울 일은 없었죠. 단지 그전까지는 많은 옷을 살 여유가 없었을 뿐. 하지만 점점 직급이 올라가면서 좋은 옷도 몇 벌 생겼고, 덕분에 실제로 자신감도 더 높아졌습니다.

사람들 대부분은 그런 게 다 뭐가 중요하냐고 생각하고 싶을 겁니다. 하지만 과연 고객이나 업체 사장들이 야심차게 준비한 번쩍거리는 새 제품을 낡고 오래된 지저분한 포장에 담아서 슈퍼마켓 선반에 진열해놓은 걸 보고도 좋은 물건이니 잘 팔릴 거라고 내버려둘 수 있을까요? 여러분이 하는 업무의 질과 전문성을 폄하하지 마세요. 내용물에 걸맞은 겉포장이 필요합니다. 거기에 더해 여러분의 개성과 스

어떤 옷을 입어야 할까?

내가 처음으로 장만했던 고급 디자이너 재킷이 기억납니다. 이탈리아에 휴가를 갔을 때 그곳에서 구매한 옷이었죠. 몇 시간 동안 상점을 여기저기 들쑤시고 다녔습니다. 다행히 (지금은 남편이 된) 내 반쪽도 옷을 상당히 좋아할 뿐만 아니라 옷을 보는 감각적인 눈썰미도 있었습니다. 재킷을 걸치자마자 원래 내 옷이었던 것처럼 꼭 맞았습니다. 단추도 고급스러웠고 자신감을 마구 불어넣어 주는 재킷이었습니다. 그 이후로 나는 재킷 마니아가 되었죠. 그런데 최근엔 '원피스 마니아'로 바뀌었습니다. 나는 옷에 색깔이든 모양이든, 여기저기 재미있는 사선이나 흥미로운 특징이 최소한 하나는 있어야 한다고 생각합니다. 그래야 고루한 회사원 유니폼 타입으로 보이지 않을 테니까요.

타일을 드러낼 수 있는 약간의 독특한 터치가 가미되면 일석이조일 것입니다.

아 참, 이건 성별에 상관없이 적용되는 원리입니다. 성별에 따라 다른 방식으로 드러나긴 하지만요. 연령대와 상관없이 남성들도 자신을 가장 보기 좋은 모습으로 꾸미지 못해 고생하는 걸 자주 봤습니다. 주요 차이점은 여전히 여성들이 더 많은 요소를 관리해야 하고, 말할 것도 없이 그런 요소들에 의해 평가받는 경우가 많다는 점입니다. 가령 오피스 복장의 종류나 색깔, 모양 등, 그리고 머리숱이나 메이크업 같은 요소들이죠. 우리 모두 이런 종류의 불평등 문제를 해결하기 위해 노력하고 있다는 걸 잘 알고 있습니다.

사치에 다시 들어갔을 때 나는 고상해 보이거나 너무 학구적이거나 지적인 척 하고 싶진 않았습니다. 내 패션 스타일은 약간 급진적이고 덜 형식적으로 보일 수 있었습니다. 하지만 더없는 해방감을 느꼈고 마음에 드는 내 트레이드마크가 되었습니다. 약간 튀는 것도 좋습니다. 이유만 합당하다면요.

본격적으로 나를 브랜딩해보자

퍼스널 브랜딩에 관한 초기의 저서들 중 《자신을 브랜딩하라Branding Yourself》라는 책이 있었습니다. 그 책의 저자는 퍼스널 컬러 진단 전문가로, 어떤 색깔이 개개인의 특징을 돋보이게 하거나 무미건조하게 만드는지 사람들에게 컨설팅해주는 사람이었습니다. 영국에서 온통 분노가 들끓던 1990년대, 당시 하원의원이었던 바바라 폴레트Barbara Follett는 노동당의 앞자리 간부들을 완전히 뜯어고쳐서 볼품 있고 당선될 만한 모양으로 만들어놓은 공신이었습니다. 노동당 의원들은 처음엔 자신들이 남들 눈에 어떻게 보일 것인가와 같은 겉치레에 신경쓰는 것을 경멸하고 거부감을 느꼈지만 점차 많은 하원의원들이 폴레트의 생각에 동의했고 그러자 드디어 유권자들도 이들을 눈여겨보기 시작했습니다.

나는 이 이론에 굉장히 흥미를 느껴 60파운드나 되는 거금을 내고 컬러 컨설팅을 받았습니다. 솔직히 고백하면 내가 겉모습에 투자한 것 중 최고의 선택이었습니다. 왜 옷장 안에 걸려 있을 때 그렇게 고상해 보이는 브라운 정장이 내가 입기만 하면 생리 전 증후군을 앓는 여자처럼 추레해 보이는지 그 이유를 마침내 알게 되었으니까요. 바로 색조의 문제였습니다. 사람들은 컬러 스펙트럼의 '따뜻한' 쪽 색상과 더 잘 어울리는 부류와 '차가운' 색상과 더 잘 어울리는 부류로 나뉩니다. 터무니없는 소리 같지만 그래도 한번 시도해보기 바랍니다. 옷장을 감당할 수 있는 수준으로 간편하게 정리해줄 겁니다. 그리고 앞으로 다시는 밤새도록 밖에서 놀다 들어온 사람처럼 보일 일도 없을 겁니다. 실제로 그랬다면 모르겠지만요.

또한 옷을 입을 때는 여러분의 현재 일자리에 어울리는 옷이 아니라 앞으로 되고 싶은 자리에 어울리는 옷을 선택하라고 조언하고 싶습니다. 뻔해서 미안하지만 뻔한 조언들이 대부분 진리입니다. 사람들이 나의 무엇을 보고 나에 대한 판단과 평가를 내리는지만 이해하면 간단하죠. 여러분이 최대한 영향력을 얻어내고 스스로의 가치를 제대로 평가받고 중요한 사람으로 대접받고 싶다면, 이제는 스스로를 브랜드적인 관점으로 생각해봐야 합니다.

브랜딩의 본질

나는 브랜딩이라는 것을 사람은 물론이고 기업이나 기관을 전체적으로 짜 맞춰나가는 것이라는 측면에서 바라봅니다. 여러분이 무엇을 하든 남들과 차별적으로, 그리고 하루하루 먹고사는 수준을 넘어서서 장기적 가치를 창출하는 방식으로 나가고 있다면 여러분은 바로 브랜딩을 하고 있는 겁니다. 이것은 조직뿐만 아니라 개인에게도 적용될 수 있습니다. 우리 개인들도 모두 가능한 한 제대로 평가

받고 싶고 최대한 영향력을 발휘하고 싶어하니까요. 최대한 오랫동안 말이죠.

많은 사람들이 '브랜드라는 빙산' 중 가시적 부분에 주목합니다. 표면 위로 불거져 나온 그 작은 조각 말입니다. 브랜드의 이름이나 포장, 광고 등이 그 예입니다. '사람'의 경우 이름이나 겉모습, 패션 등이 가시적 부분에 해당하겠죠. 이런 '가시적' 조각들이 그 아래 놓여 있는 본질의 가치를 충분히 상징하고 대표할 수 있다면 당연히 가장 이상적이겠죠. 그렇더라도 장기적으로 봤을 때 결국 평가의 잣대가 되는 것은 본질 그 자체입니다. 여러분의 가치관, 능력, 지식, 포부 같은 것 말입니다.

앞에서 언급했던 《자신을 브랜딩하라》에는 '성공하기 위해 자신을 가꾸고 말하고 행동하는 법'이라는 부제가 달려 있습니다. 저자는 브랜딩이라는 것이 우리의 겉모습뿐만 아니라 우리의 행동과 지식도 포함한다는 사실을 말하고 있습니다.

그 말은 곧 비즈니스 운영에 대한 작동 방식을 배울 준비가 되어 있지 않다면 대표이사가 되고 싶다는 말은 꺼내지도 말고, 재무와 회계의 언어를 배울 준비가 되어 있지 않다면 이사회 멤버가 되고 싶다는 말은 하지 말라는 뜻입니다. 요즘엔 재무 언어가 이사회에서 통용되는 언어이므로, 먼 미래에는 하고 싶은 것의 순서가 바뀔 수 있어도 일단은 재무에 대해 파악하고 있어야 합니다. 여러분은 나이와 상관없이 끊임없이 자신의 능력과 지식을 갈고 닦을 준비가 되어 있어야 합니다. 시대에 따른 삶과 기술의 변화에 뒤처지지 않기 위해 항상 노력하는 모습을 보이는 것이 중요합니다.

퍼스널 브랜딩의 기본 원칙

어떤 분야에서든 강력한 브랜드 구축에는 다음의 세 가지가 필요합니다.

- 명확성 이 브랜드는 무엇을 상징하는가?
- 부합성 브랜드가 상징하는 바에 부합하도록 말하고 행동하고 지식을 갖추고 있는가?
- 리더십 누가 조직을 운영하는가? 브랜드의 최고 가치를 어떻게 상징적으로 보여주고 있는가? 브랜드의 혁신, 부단함, 쇄신을 끊임없이 추구하는가?

이런 특성들 모두가 여러분의 퍼스널 브랜드를 구축하는 데 유익하게 적용될 수 있습니다. 여러분은 자신에게 중요한 것이 무엇인지 자신이 특별히 잘하는 것이 무엇인지 분명히 알고 있습니까? 35살이 될 때쯤 ○○회사의 CEO가 되고 싶은지 여부는 몰라도 됩니다. 어쩌면 자신에 대해 더 알아갈 시간과 돈을 벌기 위한 단기적 역할에 대해 자신과 타협을 봐야 할 수도 있습니다. 물론 거짓된 삶을 사는 것이 장기적으로는 해롭지만요.

여러분은 자신이 원하는 바와 부합하는 방향으로 스스로를 표현하고 개발하고 행동하고 있습니까? 자신이 어떤 사람으로 보이는지 그 겉모습이 자신의 본질을 설득력 있게 드러내고 있는지 한번 생각해보세요. 교육을 받거나 롤모델을 찾거나 혼자 자신의 잠재력이 최대한 발휘될 수 있도록 최선의 노력을 기울여보세요.

자신이 행복한지 만족하는지 배우고 있는지 집중하고 있는지 주기적으로 스스로에게 질문을 던지면서 여러분 자신의 브랜드를 리드하세요. 이 세상에 어떤 일이 벌어지고 있는지 어떤 기술이 생겨나고 있는지에 항상 주의를 기울이세요. 현재의 역할에서 눈을 떼서도 안 되지만 동시에 미래를 주시하고 있어야 합니다.

이 모든 게 다 너무 피곤한 일처럼 들린다면… 네, 실제로 그럴 수 있습니다. 다행히 나는 그 길을 꽤 지나와서 이제는 백미러를 보며 여러분에게 이야기를 해주고 있지만 그럼에도 나 역시 아직도 나 자신을 못살게 굴고 있습니다. 물론 모든 것은 자신이 삶에서 원하는 게 무엇인지, 자신을 만족시킬 수 있는 게 무엇인지에 달려 있습니다. 꽤 괜찮은 보수를 주면서, 실질적인 영향력과 파급력을 가지고 있고, 스트레스도 없고, 노력도 필요 없는, 그런 일은 거의 없습니다. 이런 점을 여러분에게 유리한 쪽으로 최대한 활용할 수도 있습니다. 자신을 마구 채찍질해보세요. 올바른 방향으로요.

무슨 일이든지 끝까지 해내기

한 가지 덧붙이자면 아무리 '나다운 인상을 드러내는 것'이나 퍼스널 브랜딩이 중요하다고는 해도, 정리정돈 안 된 어수선한 스타일이 귀엽거나 창의적으로 보일 수 있다는 생각은 절대 절대 금물입니다. 정리정돈이 안 되어 있는 성향은 자기 자신은 물론이고 주변 사람들까지도 아주 피곤하게 만듭니다. 나 역시 태어날 때부터 그런 사람이기 때문에 잘 알고 있습니다. 이런 습관이 어떤 식으로 내 발목을 잡아 왔는지 여기서 공유하겠습니다.

- 깜빡하거나 빼먹은 것이 있을까 봐 무서워서 뜬눈으로 밤을 지새고 실수라도 할까 봐 끊임없이 전전긍긍했다.
- 고객과의 회의 결과 보고서나 회의록 작성을 미뤘다가 나중에 내용이 기억나지 않아 진땀을 뺀 적이 많다.
- 계약서 발송을 미뤘다가 내 잘못을 감추려고 몰래 날짜를 수정하거나 비굴하게 사과해야 했다.
- 마찬가지로 돈과 관련된 문제에 대한 승인을 미뤘다가 행정적인 일에 무능한 사람으로 찍혔다.
- 구성원들에게 제때 브리핑하지 않는 바람에 데이터, 프레젠테이션, 자료 등을 마감 시간에 맞춰 준비하지 못했고, 결국 그들에게 빨리 도와달라고 애걸해야 했다.

여러분이 초특급 정리의 여왕인 데다가 구성원들에게 항상 충분히 공지해주고 절대로 단 한 번도 마감시간을 어기지 않는 사람이라면, 지금이 이 순간 우쭐한 표정을 짓는다 해도 잘못은 아니겠지요. 그런 여러분의 스케줄러에는 오늘 할 일, 내일 할 일, 또는 전략적 중요도에 따라 각각의 과제가 색깔별로 구분해서 표시되어 있을 겁니다. 심지어 이메일도 간결하면서도 실용적이고 곧바로 이해하기 쉬운 형식으로 설정이 되어 있을 테고 업무용 메신저도 마찬가지로 빈틈이 없고 제때제때 확인되고 있겠죠.

그렇다면 여러분에게 경의를 표합니다. 하지만 그렇지 않다면 프레젠테이션에 지나치게 공을 들여 화려하게 꾸미느라 너무 오랜 시간이 걸려서, 정작 그 계획이 실제로 실행되도록 하기 위해 무언가를 해야 한다는 사실을 잊어버리는 부류일 수도 있겠죠. 나는 정말 많은 사람들이 이메일이나 문서 정도를 작성해놓고 자기가 '계획을 실행하는 일을 했다'고 생각하는 것을 볼 때마다 깜짝 놀라곤 했습니다.

나 역시 일을 미루는 것은 상황을 더 악화시킬 뿐이라는 점, 할 일 목록을 만들고 중요한 사람들의 연락처를 작성해두는 것이 유용하다는 점, 이 두 가지를 완전히 체득하기까지 오랜 시간이 걸렸고 그러면서 스트레스도 엄청나게 받았습니다(그에 더해 잔소리 같긴 하지만 효과가 아주 좋은 개인 능률향상 프로그램 교육도 받았죠. 교육에서 얻은 도움말을 요약해보자면 '당장 하라', '제일 어려운 것을 먼저 하라', '빠른 응답으로 상대를 감동시켜라' 등 누가 봐도 맞는 말들이죠). 지금은 이 모든 것이 디지털로 처리될 수 있습니다. 온라인상에 아주 쓸 만한 효율성을 높여주는 도구들과 훌륭한 애플리케이션이 많으니까요. 비록 내 아이폰의 일정관리 앱에서 중요한 목록이 삭제되는 불상사를 겪은 후 다시 아날로그를 사랑하는 법을 배우긴 했지만요.

최대한 체계적이고 효율적인 사람이 될 수 있는 몇 가지 팁은 다음과 같습니다. 물론 어떤 사람들에게는 이런 방법들이 '영원히 진행 중'으로 남으리라는 점은 인정합니다. 가면증후군의 특성에 관한 어떤 연구에서는 일을 미루는 것이 이 증후군의 흔한 증상이라는 연구 결과도 있습니다. 다음은 독자들에게 건네는 조언인 동시에 나 자신에게 새기는 다짐이기도 합니다. 비즈니스계에 그렇게 오랜 시간을 몸담았지만 여전히 다짐이 필요합니다.

- 여기저기 흩어져 있는 모든 프로젝트와 과제를 전부 한곳에 모으십시오.
- 몇 분 정도 시간을 들여 그중 가장 긴급하고 중요한 것이 무엇인지 생각해보세요. 그리고 별표를 하거나 대문자로 표시하세요.
- 그 항목들을 아주 작은 '할 일 묶음'으로 나누세요.
- 하나씩 착수해서 처리해나갑니다. 누군가에게 추가 정보를 요청하는 간단한 메일이라도 보낸 다음 화장실에 가거나 커피를 마시거나 잠깐 미뤘던 온라인 쇼핑을 하거나 친구와 톡을 하세요.
- 그리고 다시 일에 착수하세요. 지금 하세요. 가장 하기 싫은 일을 우선순위에 둡니다.
- 하던 대로 하고 아주 조금만 더 하세요.
- 자, 이제 잠시 뿌듯한 기분을 만끽한 다음, 아까부터 머릿속에 맴돌며 하고 싶었던 그 재미있는 일을 마음껏 하세요. 죄책감 없이요.
- 원래의 목록에 계속해서 할 일을 추가하세요. 목록 추가는 하루일과가 끝날 때 하는 것이 좋습니다. 그리고 목록에 있는 일을 위와 같은 방식으로 계속 처리해 나가세요.

　위의 조언들은 나 역시 완전히 마스터하지 못한 과제입니다. 그리고 때때로 어른 버전의 숙제 제출 마감에 쫓기는 것 같은 불안감에 빠져 있곤 합니다. 하지만 행복해지는 것에만 집중하라거나 긍정적인 면만을 강조하는 다른 자기계발 책들과는 달리, 나는 여러분이 모든 것을 포기해야 하는 그날이 오지 않는 한 자신의 약점을 보완하기 위해 계속 노력해야 한다고 생각합니다. 자, 이제 채찍을 들고 출발하세요.

이것만은 기억해 두세요!

- 삶에서의 실수든 일에서의 실수든 실수를 '교육적인 경험'으로 생각해보세요. 그리고 그것이 마음 치유에 도움이 되지 않는다면 실수를 곱씹어 생각하지 마세요.

- 상대의 거절을 '싫으면 말든가!'라는 정신적 원동력으로 사용하세요. 유용한 촉매제가 될 수 있습니다.

- 올바른 브랜드식 사고는 여러분의 조직뿐만 아니라 여러분 개인에게도 진심으로 유용할 수 있습니다. 그리고 퍼스널 브랜드라 할 때는 외모뿐만 아니라 능력과 행동도 중요합니다.

- 주변을 정리 정돈하고 과제를 완수하고 스스로를 향상시키는 데 계속 매진하세요.

Chapter 3

머리로 인한
흥망성쇠

굴욕이 발휘하는 의외의 긍정적 효과

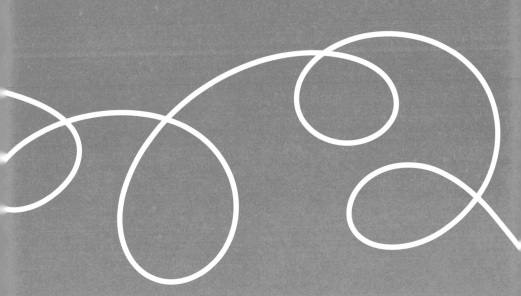

· · ·

이 장에서는 '머리카락'에 대한 두 가지 의미에 대해 다루겠습니다. 글자 그대로의 의미와 상징적인 의미, 또는 사전적 의미와 속어적 쓰임에 대해서요. 내 개인적 경험을 몇 가지 나누면서 머리 스타일 때문에 무슨 일이 있었는지, 그리고 직장생활에서 겪은 머리털이 쭈뼛 설 정도로 아슬아슬했던 순간에 대해 이야기하고 싶습니다. 이런 경험은 오히려 보편적이어서 누구에게나 일어날 수 있는 일들이고 우리가 조심하지 않으면 실패와 좌절의 원인이 되기도 합니다. 머리 스타일이든 머리털이 쭈뼛 서는 경험이든 둘 다 우리에게 굴욕감을 줄 수 있지만 한편으로는 우리를 미쳐버리게 하기 전에 수습하는 것도 가능합니다.

"뭐니 뭐니 해도 머리가 제일 중요해요. 다들 제발 그게 사실이 아니길, 우리가 머리 말고 다른 실질적인 일에 신경 쓸 수 있기를 희망하죠. 하지만 이건 정말 진리에요. 하루를 즐겁게 보내느냐 망쳐버리느냐 만큼의 차이라고요."

이 인용문은 수많은 상을 휩쓴 영국의 코믹 드라마 〈플리백Fleabag〉에 나오는 대사입니다. 2016년부터 BBC와 아마존프라임에서 방영된 이 드라마는 아주 영리하지만 마음속에 수많은 갈등을 품고 살아가는 런던의 한 젊은 여성의 이야기입니다. 나는 이 드라마에 완전히 꽂혔었습니다. 이 드라마에는 가슴을 저미게도 했다가 폭소를 자아내는 장면들이 끊임없이 이어지는데 그중 하나가 바로 미용실 장면이었습니다. 플리백의 언니가 미용실을 나서자마자 '펜슬 컷'이라며 받은 요상한 바가지 머리 때문에 굴욕을 당하자 두 사람은 컴플레인을 하려고 미용실로 쳐들어가죠. 이에 항변하기 위해 헤어디자이너는 자신의 직업에서 머리만큼 중요한 것이 없음에도 불구하고 막판엔 "머리가 중요한 게 아니다"라고 반박하고 그러자 플리백이 위의 대사를 치며 어째서 머리가 실제로 가장 중요한지에 대한 일장 훈계를 늘어놓습니다. 당신이 공감하든 못하든 그게 현실이라고 말이죠.

이 장면은 여러 가지 이유로 나를 통쾌하게 했습니다. 머리 때문에 하루를 망쳤다는 이야기를 하면 때때로 경멸 섞인 눈초리를 받거나 심지어는 특히 여러 사람들과 함께 있는 자리에서 "너무 속물적이다. 우리가 그런 겉치레에 신경 쓸 수준은 아니지 않았나?" 같은 고약한 핀잔을 듣게 되는 경우를 생각하니 더더욱 그랬죠. 하지만 믿을 만한 연구 데이터나 가까운 친분관계에서는 플리백적 세계관이 그대로 드러납니다. 일대일 대화에서는 더 솔직해질 수 있으니까요. 개인적으로 머리는 실제로 자기만의 생명력을 가진 것 같습니다. 상징적으로든 실질적으로든요.

나는 여기에서 복잡한 스타일링에 대한 이야기를 늘어놓으려는 것이 아니라, 허구한 날 우리 주의를 흐트러뜨리며 소위 '영예의 왕관'을 쓰는 데 방해가 되는 요소들을 살펴보고 그런 요소들이 심지어 우리 감정과 미래에까지 미칠 수 있는 영향을 생각해보자는 것입니다. 다시 한 번 말하지만 이것은 내 개인적인 의견이 아닙니다. 실제로 80%의 여성들이 머리가 그들의 기분을 좌우한다는 사실을 인정했으니까요.

남성들 역시 머리 문제 때문에 많은 영향을 받는다는 연구 결과가 여럿 있긴 하지만 그들도 머리 문제가 남성보다는 여성에게 크게 작용한다는 점을 인정합니다. 관습적으로나 생물학적으로나 마찬가지입니다. 일반적으로 여성들이 남성들보다 긴 머리를 갖고 있으니 스타일이 잘 될 가능성, 망칠 가능성 둘 다 더 많다고 할 수 있겠죠. 좀 더 침울한 이야기지만 탈모가 시작되면 여성들이 남성들보다 훨씬 더 큰 충격을 받는다는 사실도 많은 연구 결과를 통해 밝혀졌습니다. 어느 쪽으로 보든 머리는 아주 중요한 문제입니다.

이상한 머리를 했던 날들

어린 시절 내내 내 머리는 허리 아래까지 치렁치렁했습니다. 엉켜 있는 머리를 빗을 때마다 눈물을 펑펑 쏟았고, 댄스 경연에 나가느라 머리에 장식물을 덕지덕지 붙이고 잤던 적도 있고, 십대가 되면 다들 한 번씩 하는 '헤어스타일 실험'을 했다가 엄마를 울게 만들기도 했었죠. 그 후론 수년 동안 시도 때도 없이 머리 색깔을 바꾸기 일쑤였고 80년대 초 그리스에서 지내는 동안엔 햇빛에 그을린 끝내주는 금발이었던 적도 잠깐 있었습니다.

하지만 '그때 내가 무슨 생각으로 그랬지'라는 측면에서 최고의 뻘짓은 바로 80년대 중반에 했던 길고 풍성한 보글보글 거품 파마머리였습니다. 네, 그땐 다들 그 머리를 하고 있었다는 걸 나도 알고 있습니다. 하지만 그건 다른 레밍들이 절벽 아래로 뛰어내리니까 나도 같이 뛰어내리는 게 맞다고 말하는 것이나 다름없죠.

그 거품 파마가 특히 더 도움이 안 되었던 것은, 당시는 내가 세련되고 품격 있는 JWT에 갓 들어가서 적응하려고 노력하던 시기였기 때문입니다. 눈 씻고 찾아봐도 센스라고는 없어 보이는 내 모습을 사람들이 비웃는 게 느껴질 정도였죠. 하지만 가장 결정적 한 방은 아주 중요한 고객이 내 머리에 대고 지나가는 말로 '집시 스타일'이라고 말한 것이었습니다. 아시다시피 이 시기는 사람들에게 차별적 언어를 삼가 달라고 정당하게 요구할 수 없었던 일종의 사회적 선사시대였습니다. 완전히 부적절한 지적이었지만 상대방의 입장에선 솔직히 내 꼴이 엉망이라는 걸 알려주려고 무심코 던진 말이었을 겁니다. 그리고 한편으론 집시 머리가 내 성공 가도를 막을 수 있다는 우회적 표현 방식이기도 했습니다.

당연히 이런 품평을 들었을 당시엔 크나큰 상처를 입었고, 특히 자기 비판적인 성향이 강한 사람에겐 이런 비판들이 마음속에 두고두고 남아 있게 됩니다. 그래도 올바른 방향으로 활용할 수만 있다면 아주 유용한 자극강화제가 될 수도 있습니다. 특정 피드백을 받았을 때, 또는 인신공격을 도저히 참을 수 없을 때면 가끔 뭔가를 때려 부수고 싶은 기분이 들기도 하죠. 하지만 진심으로 인정하건대 이런 힘든 순간들은 어떤 식으로든 내가 발전하는 데에 가속기 역할을 했습니다.

비록 상처는 입었지만 거울 속의 내 모습을 보면서 적어도 '엉망진창인 머리'에 대해선 그 사람 말이 맞았다는 걸 인정할 수밖에 없었습니다. 나는 괜히 홧김에 애먼 짓 저지를 뻔한 충동을 꾹꾹 누르고 더 이상 뚱해 있지 말자고 마음먹었죠. 결국 그의 말에 담긴 힌트를 받아들이고 즉시 머리에서 부적절한 거품을 없애버리고 괴상한 색깔도 지웠습니다. 그 이후 새로 바뀐 '헤이즐 브라운' 머리를 하고 회의실에 들어갔을 땐 더 이상 사람들이 나보다 내 머리를 먼저 알아보지 않더군요.

요즘엔 물론 '머리는 무조건 부풀려야 해. 지금은 볼륨감이 대세야'라고 생각하는 사람들도 있겠죠. 스타일이나 유행의 기준은 시대와 상황에 따라 변하니까요. 어쨌든 나는 시끄럽고 어지러운 내 빨강머리가 경력에 방해되는 꼴을 두고 볼 정도로 그 머리에 애착이 있었던 건 아닙니다. 출세하려면 여러분 자신을 바꿔야 한다는 말이 절대 아닙니다. 우리 인간이 처한 상황에 존재하는 짜증나는 현실을 직시하라는 말이죠. 가령 내가 나를 드러내는 방식이 항상 다른 사람들에게 어떤 식으로든 작용을 하게 될 거라는 현실 말입니다.

참고로 이런 사례는 심지어 실리콘밸리 같은 환경에서도 발생합니다. 최근에 한 여성 CEO는 벤처기업의 투자 자금을 모으면서 만만한 사람으로 보이고 싶지 않고 그렇게 보여서도 안 된다는 생각에, 자신을 좀 더 진중한 이미지로 보이기 위해 머리 색깔을 금발에서 짙은 갈색으로 바꿀 결심을 했다는 경험을 털어놓기도 했습니다. 그녀는 그 일로 맹비난을 받았지만 어쨌든 원하는 결과는 얻었다고 합니다.

누구한테 하는 말이에요?

자신의 브랜드를 놓고 생각할 때, 여러분이 말하는 대상이 어떤 사람들인지 고민해봐야 합니다. 그들이 나라는 브랜드를 어떻게 생각해주길 바랍니까? 그들에게 어떻게 보여야 할까요? 어떻게 해야 그들이 나를 '구매'하게 할 수 있을까요? 어떻게 하면 그들에게 영향을 끼칠 수 있을까요?

지금 있는 곳에서 시작해보세요. 예를 들면, 그 대상이 어떤 공식 기관에 속한 고위급 사람들이며 지금 그들이 당신을 그 기관의 경영진이나 이사진의 잠재적 협력자감으로 저울질하고 있다고 칩시다. 그렇다면 그들에게 당신이 큰 감동을 줄 인물이라거나 그들의 명성을 더 돋보이게 할 인물이라는 인상을 심어줘야겠죠.

창의적인 괴짜, 또는 개성 강한 보헤미안 스타일의 자유분방한 아웃사이더처럼 보여도 좋다고요? 네, 물론 그래도 괜찮습니다. 그런 이미지도 가끔은 유용하니까요. 단, 1) 여러분이 이사회 멤버가 되는 것에 아예 관심이 없거나, 2) 여러분이 이미 상당히 고위직이고 굉장히 잘 알려져 있고 또 '쏘 쿨'한 인물이라 당신 마음대로 안건을 정할 수 있고 다른 사람들 따위는 신경 쓰지 않아도 될 경우에만 그렇습니다. 그 예로는 칼 라거펠트(샤넬, 끌로에, 라거펠트, 펜디 등 여러 럭셔리 브랜드의 디자이너), 비비안 웨스트우드, 리처드 브랜슨 같은 인물들이 있습니다.

나의 경험에 따르면 우리가 일단 자신이나 삶과 일의 목표에 대해 옳은 결정을 내렸다면, 그것이 무엇이든 외적 수준도 그에 걸맞아야 합니다. 자기 자신과 목표를 능숙하게 관리하고 있는 사람처럼 보여야 한다는 말입니다.

머리는 스스로 돕는 자를 돕는다

물론 예외는 있습니다. 내게는 가슴 뜨끔한 기억인데 언젠가 내가 이사회에 한 여성 이사의 후임으로 들어갔던 적이 있습니다. 그때 이 사회의 한 멤버가 표현하기를 그 여성은 타의 추종을 불허할 정도로 막강하고 성공적인 투자은행가라고 말했습니다. 그 말 한마디만으로도 나는 내 자신이 하류처럼 느껴졌었죠. 그녀는 압도적인 남성 전유물이었던 그 비즈니스의 꼭대기까지 올라갔으니까요. 이사회 구성에 다양성이 중요하다는 현재의 쟁점들이 전혀 논의되지 않던 시절입니다. 그녀에게는 심지어 아이도 다섯이나 있었습니다. 나는 아이가 몇 명인지에서조차 뒤처져 있었고 내 두 아이는 명함도 못 내밀 정도로 초라하게 느껴졌습니다. 그때 누군가 찾아낸 이 여성 투자은행가의 유일한 단점은 '지저분한 머리 스타일'이었습니다. 그런 걸 단점으로 지적한다는 자체가 참 이상하고 우스꽝스럽지만, 참 이상하고도 우스꽝스럽게도 나는 안도감을 느꼈죠. 세상에 완벽한 사람은 없다는 사실을 또 한 번 깨닫게 해주는 좋은 예였습니다.

케임브리지 뉴넘 칼리지의 고전학 교수이자 친구인 메리 비어드처럼 정말 멋진 사람이라면 약간 별난 머리 스타일을 해도 일반적으로는 괜찮습니다(메리 비어드는 자신은 머리보단 신발 마니아라고 자백하긴 했습니다만). 독특한 영문학자 같은 외양도 그녀만의 고유한 퍼스널 브랜드이니까요. 메리 비어드는 세상에 다시 없을 인물입니다.

비즈니스에 몸담은 사람이라면, 무엇이든 전문적이고 효율적으로 경영할 능력이 있는 사람으로 보이고 싶다면, 자기 머리도 경영 못하는 사람으로 보이는 것만큼은 반드시 극복해야 합니다. 한 가지 더 고백하자면, 빨갛고 급진적이었던 그 시절을 제외하더라도 머리를 최고의 자산으로 활용하지 못했던 시기도 많았습니다. 특히 아이들이 아직 어렸을 때는 풀타임으로 근무하면서 완전히 지쳐 쓰러질 것 같았던 적이 정말 많았습니다. 시간만 부족했던 것이 아니라, 육아비, 주택대출, 생활비 등 경제적 문제 때문에도 나는 자기만족용 미용실 출입을 절제하는 삶으로 돌입했고 오로지 출근용 헤어컷만 간헐적으로 받을 수 있을 뿐이었습니다.

싸구려 염색약 때문에 두피에 발진이 일어나고 머리칼이 푸석푸석해지고 색깔은 점점 검게 변해갔던 이 시기를 나는 '모티시아 아담스'기라고 부르겠습니다(다크 시트콤 〈아담스 패밀리〉의 여성 캐릭터, 검고 긴 머리가 트레이드마크). 물론 스트레스도 한몫 했지만 유전적인 이유로 머리가 일찍부터 새기 시작했기 때문에 머리를 꼭 염색해야 했습니다. 30대에는 희끗희끗한 머리나 순백의 머리가 멋있어 보일 수 없다는 말이 아니라 그냥 그쪽은 내 취향이 아니었을 뿐입니다.

몇 년 뒤 나는 당시 손꼽히던 컬러리스트에게 집중적인 보정 컨설팅을 받은 후에야 머리 색깔이 사람을 얼마나 엄청나게 달라 보이게 할 수 있는지를 깨달았습니다. 그리고 어느 날 잡지에서 배우이자 모델이었던 엘리자베스 헐리의 사진을 보고는 나도 그녀처럼 허니 컬러로 몇 군데 하이라이트 염색을 해야겠다 결심하고 곧바로 잡지에 언급된 미용실에 예약 전화를 걸었습니다. 그렇게 알게 된 헤어디자이너와의 관계는 맑은 날이나 궂은 날이나 변함없이 이어지고 있습니다.

얼마 뒤 예전 직장 동료와 우연히 마주친 적이 있었는데, 그 사람이 나를 보더니 "와, 지난 번 봤을 때보다 훨씬 젊어지신 것 같아요"라고 말하더군요. 물론 좋은 뜻으로 한 말이라는 데는 의심의 여지가 없습니다. 그래도 어쩐지 말하는 투가 예전엔 당신 꼴이 엉망이었는데 아마 그 사이 어딘가 손을 좀 본 것이 틀림없다고 생각하는 기색이 역력했습니다. 손본 데는 없었지만 머리 색깔만으로도 사람이 훨씬 나아 보인다는 건 확실했습니다. 아마 그 시기쯤 아이들도 거의 인간의 완성 단계에 도달해서 내가 잠을 좀 더 잘 수 있게 되었던 것도 한몫 했을 것입니다.

확실히 젊을 때는 자연스러운 아름다움과 광채 덕분에 빠져나가기가 쉽죠. 헤어, 메이크업, 의상을 마련할 만큼 소득이 충분하지 않아도 눈부신 젊음으로 메꿀 수 있으니까요. 하지만 가끔 생각이라도 해보시길 바랍니다.

머리가 거꾸로 당신을 날려버리는 상황

요즘 들어 매주 받는 드라이가 사치라고 생각하면서도 중독이 되어버렸습니다. 뒷머리는 혼자서 하기가 특히 어렵더군요. 내가 해리 포터를 보면서 완전히 박장대소했던 적이 있었는데, 〈해리포터와 아즈카반의 죄수〉 편에서 헤르미온느가 과거의 자신을 보고 있던 장면이었습니다. 그때 헤르미온느는 해리, 론과 다른 차원의 시간대에 있었죠. 온갖 철학적이고 중요한 주제와 요소들로 이야기가 흘러가는 가운데, 이 세 명의 친구들이 싸움에서 이기기 위한 전략을 의논해야 하는 중요한 타이밍에 헤르미온느가 처음으로 한 말은 "내 머리가 뒤에서 보면 정말 저렇게 보여?"였습니다.

드라이 샴푸가 정말 다양한 종류로 내 삶에 다시 돌아와 준 것 역시 얼마나 고마운 일인지 모릅니다. 내가 십대였을 땐, 드라이 샴푸는 (거의 말 그대로) 다소 지저분한 땜빵용이었습니다. 반면 요즘엔 드라이 샴푸라고 하면 '스타일링 해결사', '향기로운 리프레셔', '현대 여성을 위한 헤어케어 필수품'의 대우를 받습니다. 이런 게 바로 완벽한 '브랜드 리뉴얼'이 아닐까요?

어디 하나 흠잡을 데 없어 보이는 여성들이 있습니다. 온몸의 털이 각 신체 부위에 어울리게 정돈되고 다듬어져 한결같이 매끄럽고 단정하게 관리되는 사람들을 보면 항상 부러움을 금할 수가 없습니다. 그런데 우리도 이길 수 있습니다. 그들의 절반도 안 되는 대가를 치르면서요. 우선 나만의 장점을 몇 가지 살리고 내가 할 수 있는 모든 방법을 다 써보는 겁니다(그래야 전혀 신경을 안 쓴다거나 아예 감당을 못하는 사람으로 보이지 않을 테니까요). 그런 다음 아무리 해도 안 되는 부분들에 대해선 약간의 자기 비하적 유머를 구사할 수 있는 감각만 있으면 됩니다.

헤어스타일에 대한 제안

- 여러분의 마음에 드는 헤어스타일을 한 사람이나 스타일을 발견하면 그대로 따라 하세요. 요즘엔 소셜미디어 덕분에 그렇게 하는 것이 훨씬 쉽습니다.

- 당연히 개인의 취향이 기본적인 선택 기준이 되겠죠. 하지만 꼭 한번 고민해 보세요. 내 외형적 모습을 통해 남들에게 어떤 사람으로 보였으면 좋겠는지, 그리고 나 자신은 어떤 기분을 느끼고 싶은 것인지.

- 맞춤복이나 맵시 있는 정장을 즐겨 입는 사람이라면 헤어스타일은 너무 틀에 박히지 않으면서도 단정하기만 하면 충분할 겁니다. 만약 캐주얼한 옷을 선호한다면 좀 더 정돈된 머리로 균형을 맞추는 것이 좋겠죠. 그냥 내 개인적인 의견입니다.

- 드라이 샴푸는 우리 모두의 특별한 친구입니다.

'머리털'이 쭈뼛 섰던 경험

직장생활을 하다 보면 완곡한 표현으로는 '뼈아픈 교훈의 순간'이라 부르는, 하지만 사실은 일을 완전히 망쳐버린 장본인이 되어 머리털이 쭈뼛 섰던 경험들이 다들 있을 것입니다. 일이 벌어진 그 순간엔 온통 굴욕감뿐이죠. 하지만 그것 때문에 죽지는 않을 겁니다. 그리고 그런 경험 덕분에 우리는 실제로 더 강한 사람이 됩니다.

처음 취직을 해서 일 년 남짓 정도는 이런 생각을 하며 보낼 겁니다. '와우, 이렇게 멋진 사람들이랑 같이 일하고 심지어 내가 저들이 하는 일에 도움이 될 수 있다니… 게다가 그걸로 돈까지 받고!' 그러다가 곧, 내가 맡은 일과 그에 대한 결과가 전적으로 내 책임이라는 사실을 깨닫는 순간이 옵니다. 예를 들어, 홍보자료에 조금이라도 실수가 있거나, 이메일에 철자를 틀려서 뜻하지 않게 내용이 달라졌거나, 또는 할 일을 깜빡해서 마감기간을 놓쳤다? 네, 그렇습니다. 이 모든 게 바로 여러분의 잘못이 된다는 뜻입니다. 그 결과로 회사는 금전적 손실을 입을 수도 있고, 고객을 잃거나 고객의 신뢰를 잃을 수도 있습니다. 또는 다행히 이런 손실은 피했다 해도 여러분 개인은 달갑지 않은 '피드백'을 받게 될 겁니다.

'이 일 제대로 해내야 하는데'라는 걱정은 절대 없어지지 않습니다. 어떤 일을 하고 있든 어떤 직책에 있든 몸담은 회사가 대기업이든 스타트업이든 어떤 산업 분야든 마찬가지입니다. 스트레스가 하나도 없는 직업은 이 세상에 존재하지 않습니다. 혹시라도 '그냥 그만둬버릴까' 아니면 '귀농이나 해서 일종의 자급자족형 농사를 지으며 문명과 단절된 삶을 살아볼까' 같은 생각을 하고 있을까 봐 충고하는데 그런 삶에도 스트레스와 한계는 있습니다. 날씨며 진흙탕이며 징그러운 벌레 같은 것들이 당장 생각나네요. 이보다 더 나쁠 수도 있습니다. 탁 까놓고 말하면 탈출구는 없습니다. 그러니 우리가 당장 생각해야 할 것은 스트레스에 어떻게 대처할 것인가 그리고 이미 저질러진 실수를 어떻게 만회할 것인가의 문제뿐입니다.

조금이라도 완벽하게 보이는 방법

실제로는 아니지만 기분만이라도 내가 다 알아서 컨트롤하고 있는 것처럼 느끼려면 이렇게 하세요.

- 스스로에게 자신감을 불어넣어 주는 옷을 골라 입으세요. 적어도 역할에 어울리게는 보일 것입니다.

- 괜찮은 노트를 하나 마련해서 여러 가지 메모나 떠오르는 생각을 한 곳에 정리하세요. 노타빌리티(iOS 전용 노트필기앱) 같은 애플리케이션도 좋습니다. 어떤 사람들은 리더가 메모나 필기를 너무 많이 하는 모습을 보여선 안 된다고 생각한다는 걸 알지만, 개인적으로 기억력이 심하게 없어서 나는 메모 도구가 필수입니다.

- 여유 있는 자세와 의식적인 호흡, 안정적인 시선 처리 등도 모두 잘 활용하면 여러분이 진중한 사람이라는 이미지를 살릴 수 있습니다. 이에 대한 자세한 이야기는 '6장 목소리 연기'에서 좀 더 다루겠습니다.

나도 회의에서 여러 번 망신스러운 실수를 저질렀던 구체적인 사례가 있는데 아직도 생각만 하면 얼굴이 화끈거리지만 그래도 몇 가지 확실한 교훈이 있습니다. 실수는 우리가 피할 수 없는 통과의례이자 인간을 아주 인간답게 만들어주는 요소라는 것입니다.

실망을 안겨주어 아찔했던 순간

경력 초기에 (사치 왕국의 신이었던 바로 그) 모리스 사치가 나에게 일을 하나 처리해달라고 부탁한 적이 있었습니다. 상당히 영향력 있었던 그의 비즈니스 지인을 위해 리서치를 해야 하는 일이었는데 그들의 전자문서 솔루션 사업의 실효성을 증명하는 것이 목적이었죠. 나는 그룹 내의 리서치 자회사에서 실력 있어 보이는 전문가를 찾아내고 그 고객에게 브리핑을 한 후 비용을 협의했고, 내가 모든 것을 제대로 하고 있다고 생각했습니다.

턱수염에 트위드 재킷과 두꺼운 안경까지 그 리서치 전문가는 정말 전형적인 학자처럼 보였습니다. 테크놀로지 업계 거물들과는 약간 동떨어져 보이는 것이 사실이었지만 그 자체는 당연히 문제될 게 없었죠. 테크놀로지 업계 사람들이 원했던 것은 오로지 명확하고 실용적인 정보와 인사이트였으니까요. 정석대로 현장조사를 마친 그 연구원은 약간의 어려움이 있긴 했지만 흥미로운 점도 몇 가지 발견했다고 지나가는 말로 나에게 이야기하기도 했습니다. 그때 바로 그 적신호를 알아차렸어야 했지만요.

나는 고객과 브리핑할 날짜를 정하고, 그 후로 며칠 동안 다른 프로젝트를 챙기느라 정신없이 보내다가 약속 날짜가 되어 회의에 참석했습니다. 그때까지도 연구원이 작성한 프레젠테이션 자료는 사실상 내 눈으로 확인하지도 않은 상태였습니다. 나는 내 역할을 회의를 소집하고 진행하는 주최자 정도로만 생각했지 그 과제의 총체적 책임자라고까지는 생각하지 않았던 겁니다.

고객이 유쾌하고 호의적인 어조로 이렇게 첫마디를 내뱉었습니다.

"자, 이 시간만 기다리고 있었습니다. 드디어 명확한 진단을 들을 수 있겠군요!"그 말에 연구원은 약간 당황한 것 같았습니다. 그는 자신이 준비해온 서류를 이리저리 뒤적이며 헛기침을 하더니 이렇게 말했죠. "글쎄요, 꼭 그렇지는 않습니다. 죄송하지만 활용할 만한 명확한 결론을 찾았다고는 말씀을 못 드리겠네요. 게다가 표본에도 문제가 좀 있었고…"고객이 분노한 듯 시뻘게진 표정으로 (그의 입장에선 당연히) 책임자인 내 쪽으로 얼굴을 돌리는 걸 보면서 나는 식은땀을 줄줄 흘렸습니다.

"명확한 결론을 못 찾았다니 그게 무슨 소립니까? 그러니까 돈은 돈대로 받아놓고 아무짝에도 쓸모없는 리서치를 했다는 겁니까?"하나님 맙소사, 머릿속에 오만가지 생각이 들었습니다. '모리스가 특별히 부탁한 일인데!', '아주 제대로 망했구나!', '이제 내 경력도 끝났다!' 등 여러 가지 웃지 못할 생각들이 뒤를 이었습니다. 거기서 미팅이 그냥 중단될 수도 있었지만 다행히 그 연구원은 초장에 폭탄 발언을 해놓고는 곧이어 흥미로운 점도 몇 가지 발견했다며 다시 이야기를 시작했습니다. 비록 고객이 애초에 요청했던 내용과는 전혀 관련이 없는 이야기였지만요.

미팅은 느릿느릿 진행되었고 겨우 다시 말을 주고받게는 되었지만 분위기는 숨 막힐 정도로 험악했습니다. 고객이 울화가 치미는 걸 가까스로 참고 있는 기색이 확연했습니다. 작별인사도 좋게 표현하면 다소 딱딱한 분위기로 마무리되었습니다.

그날 내가 해고통지를 받지 않은 걸 보면 다행히 그 고객이 화가 좀 풀렸던 것 같습니다. 하지만 모리스 사치는 좋은 성과를 낸 사람

지레짐작의 위험성

내가 터득한 교훈은 다음과 같습니다. 좀 더 보편적인 상황에서도 적용될 수 있을 것입니다.

- 절대로 지레짐작하지 마세요.

- 직접 눈으로 확인하기 전에는 내가 생각한 대로 또는 내가 원한 대로 '담당자가 그 일을 처리했겠지'라고 절대 넘겨짚지 마세요.

- 사전에 제대로 점검하지 않은 회의용 전자 기기들이 정상적으로 작동해줄 거라는 방심은 금물입니다.

- 갑작스러운 폭탄 발언 등으로 같은 팀 사람들을 놀라게 하지 마세요. 특히 외부인과 함께 있을 땐 더욱 더 주의하세요. 정상적인 상황이라면 같은 팀끼리는 미리 모든 정보가 공유되었어야 합니다.

- 실수를 했다면 때를 미루지 말고 인정하세요.

- 문제가 발생했을 경우 제시할 수 있는 해결책과 여러분이 그것을 어떤 식으로 처리해 나갈 것인지를 반드시 '미리' 생각해두세요. 가령, 비용을 청구하지 않는다거나 향후 추가 프로젝트를 진행할 때 우대 혜택을 준다거나 전체적으로 양질의 후속 관리를 제공하는 등의 방안이 포함될 수 있습니다. 상대의 기대 이상으로 보상을 제공하는 것은 앞으로 더욱 확고한 신뢰를 구축하게 해주는 탁월한 방법이 됩니다.

- 또한 상대방이 더 좋은 성과를 낼 수 있도록 돕고 싶다면, 그
들이 히스테리컬한 호통과 질책을 당하는 처지가 아니라 오히
려 자신들이 여러분을 실망시켰다고 느끼도록 하는 것이 훨씬
효과적입니다.

을 칭찬하는 솜씨도 뛰어났지만 성과를 내지 못한 사람에게는 반드
시 스스로의 실수를 깨우치게 하는 방식도 대단했죠. 나중에 그는
"리서치에 문제가 좀 있었다는 얘길 들었다"며 내게 대수롭지 않다는
듯 이야기를 했습니다. 호통을 당하는 것보다 모리스에게 조용한 책
망을 듣는 것이 내 실력 향상엔 훨씬 더 강력한 동력이 되었죠. 사람
들에게 요란스럽게 호통을 쳐봤자 그들은 겁먹고 허둥거리다 오히려
멍청한 짓을 하게 되거나 아니면 후일 복수의 기회를 노리는 적으로
돌아서기 십상입니다.

몇 년 후 나는 다른 상황에서 그 고객을 다시 만나게 되었습니다.
고객과 에이전시라는 갑을 관계가 아니라 이제는 동료 임원의 입장
이 되어 있었죠. 그제야 나는 예전의 그 불상사에 대해 내가 얼마나
노심초사했었는지 털어놓았는데, 그는 자신은 잘 기억도 나지 않는
일 가지고 내가 그렇게 속을 태웠다는 사실에 진심으로 놀라워했습
니다. 그러면서 자신은 원래 사람들에게 시도 때도 없이 화를 내곤
하는데 다른 일들에 비하면 나와의 불상사는 아주 귀여운 수준이었

다고 말해주었습니다.

점점 더 수렁으로…

하지만 누가 뭐라 해도 '세계 최악 수준'의 머리털이 곤두서는 끔찍한 경험은 당시 명성이 자자했던 어떤 억만장자 기업가와의 비즈니스 미팅이었습니다.

나는 가끔 간단한 비즈니스 연회에서 그 인물과 마주치곤 했는데 몇 번은 짧은 대화를 주고받기도 했습니다(아니 사실은, 나 혼자 소심하게 주절거렸죠). 그러면서도 항상 그 사람이 그 모임에 있는 훨씬 더 중요한 다른 사람들과 얘기를 나누고 싶어 하는 것 같은 인상을 받았었는데 아마 진짜로 그랬을 겁니다.

그가 비즈니스에서 몇 가지 문제에 직면해 있다는 소식을 읽고 나는 잠재적인 신규 비즈니스에 대해 짧게나마 이메일이라도 보내야겠다고 생각했습니다. 놀랍고도 기쁘게도 (적어도 그 순간엔 그랬습니다) 그는 다음날 내게 전화를 걸어 한번 만나보고 싶다고 했고 우리는 일정을 잡았습니다. 우리 팀은 그 미팅을 위해 엄청난 준비를 했고 몇 가지 아이디어도 개발했습니다.

하지만 나는 결국 그 사람에 대한 조사를 게을리 하는 실수를 저지르고 말았죠. 그가 비즈니스에서 정말로 해결하고 싶었던 것은 무엇인지 무엇을 얻고 싶었는지 어떤 대답을 기대하고 있는지에 대해서는 알아보지 않았습니다(여기서 다시 한번 '넘겨짚지 말라'는 규칙이 적용됩니다).

우리 팀이 안내를 받아 들어선 그의 사무실은 어김없이 거대했고,

나는 평소보다 더 위축되고 긴장했습니다. 게다가 아이고 맙소사 미팅을 하면서도 그렇게 말을 더듬거렸으니 고스란히 티가 났겠죠! 그가 계속해서 공격적으로 반박을 해대는 바람에 나는 버티지 못하고 완전히 정신줄을 놓아버렸습니다. 진작에 알고 있어야 했지만 그것이 원래 그의 스타일이었습니다. 무슨 말을 해야 할지 머리로는 알겠는데 생각한 대로 입 밖으로 나와 주지 않았습니다.

어느 순간 그는 자기 부하를 바라보더니 이렇게 말하더군요. "나는 이 분이 무슨 말을 하고 있는 건지 잘 모르겠는데, 자네는 알겠나?" 그 부하 직원도 눈치를 보며 부하답게 대답했습니다. "아니요, 글쎄요. 아뇨, 글쎄요, 잘…" 아마 나름 분위기를 잘 맞춰보려고 한 것 같지만, 정말 굴욕적이고 화가 치밀었습니다. 게다가 열심히 준비한 작업이 모두 헛된 노력이었다는 걸 생각하니 더더욱 그랬죠. 그렇다면 이 경험에서 나는 무엇을 배웠을까요?

- 고객에 대해 철저히 조사하세요. 그들이 비즈니스에서 당면한 걸림돌에 대한 해결책을 조사하고 준비하는 것뿐만 아니라 그들의 스타일과 비즈니스 성향에 대해서도 연구하세요.
- 예상 가능한 반발과 반대의견을 미리 생각해보고 예행연습을 해보세요.
- 너무 긴장한 모습이 드러나지 않게 하세요. 그 방법에 대한 좀 더 실용적인 팁은 '6장 목소리 연기'에서 다시 다루겠습니다.

그렇다면 까다로운 고객에게 내가 하고 싶었던 말은 무엇일까요?

- 상대방에게서 최고의 성과를 얻어내는 최고의 방법은 그들을 위협하지 않는 것입니다.
- 미팅을 굳이 남성적인 힘을 과시하는 자리로 만들 필요는 없습니다.
- 사람들에게 못되게 굴면 그들은 결국 당신에게 앙심을 품게 될 것입니다.

'누구시더라?' 그 밖의 사교적 실수들

한번은 꽤 대단한 비즈니스 연회에 참석해서 '톰'이라는 사람을 소개받은 적이 있었는데 그냥 어딘지 낯익은 데가 있는 사람이라고만 생각했었죠. 그와 나는 각자가 주최자와 어떻게 아는 사이인지, 어느 동네에 사는지 같은 이런저런 이야기를 나누다가 그의 직업에 대한 이야기까지 하게 되었습니다.

"아, 저는 글을 씁니다" 그가 대답했습니다. "어머, 특이하네요"라고 내가 대꾸했죠. 바로 그 순간 누군가가 우리 '대화'에 끼어들어 톰을 어디론가 데려갔고 나는 다른 사람들에게 '톰'이 누구냐고 물었습니다. 그러자 사람들은 마치 내가 다른 세계에서 온 사람인 것처럼 바라보더니 대답해줬습니다. "톰 스토파드잖아요"

그야말로 나만의 〈노팅힐〉 줄리아 로버츠' 순간이었다고 해야 할까요? 나는, 아주 고상한 파티에서 현재 생존해 있는 영국 최고의 극작가를 몰라본, 용서받지 못할 대죄를 저지르고 만 것이었습니다. 여러분도 어느 발달단계 또는 어느 연령대에 있든 스스로의 기억력을 끊임없이 갈고 닦아야 합니다. 그밖에 내가 땅속으로 그대로 꺼져버렸으면 하고 바랐던 경험을 몇 가지 더 나누겠습니다. 우리 회사는

듣보잡이 되어 버렸던 경험

삶이나 직업에서 여러분이 어떤 지위나 나이에 있든 스스로에 대한 지나친 긍지와 자부심은 금물이라는 점도 기억해두는 것이 좋을 겁니다. 마찬가지로 본인이 한동안 여기저기 얼굴을 비치고 활동을 좀 했다고 해서 사람들이 당연히 여러분을 알아볼 거라는 생각도 버리세요.

간소한 비즈니스 연회나 업계 지인들과의 파티나 저녁 만찬 같은 자리에서 딱 한 명 있을 법한 거물 사업가와 몇 번 마주친 적이 있었습니다. 사실은 그와 꽤 긴 대화를 나누기도 했었습니다. 함께 (겨우 세 사람끼리 하는) 좌담회 패널로 참석해 '새로운 소비층'에 대한 토론을 한 적도 있었습니다. 심지어 그 토론에서 그는 "저는 리타의 의견에 동의합니다"라는 말까지 했었습니다.

최근에 또 다른 행사에서 그를 두 번이나 마주쳤고 그때마다 인사를 건넸죠. 그런데 두 번째 만났을 땐 그의 얼굴에 '도대체 누구시더라'하는 표정이 역력했고 그래서 나는 도와준답시고 "어… 저예요, 리타 클리프튼…"이라고 약간 더듬거리듯 알려줘야 했습니다. 그런데도 여전히 나를 전혀 못 알아보는 눈치였습니다.

그분에게 내가 쓰는 '기억력 갈고닦기' 기술을 알려주고 싶은 마음이 굴뚝같았습니다. 하지만 때로는요, 나 자신이 '별 볼 일 없는 사람'이라는 것을 인정하고 넘어가야 할 때도 있는 겁니다. 일부러 그러진 않겠지만 남 탓을 한다고 나의 '별 볼 일 없는' 처지가 정당화되는 것은 아닙니다.

거물급 고객사와 거래를 트려고 한창 공을 들이고 있었습니다.

리셉션에 와 있던 고객을 데리고 회의실로 가면서 나는 우리 팀원들 간의 *끈끈한* 관계가 회사의 자랑이라는 둥 앞으로 좀 더 가족 같은 분위기를 만드는 것이 목표라는 둥 그런 얘기를 하고 있었습니다.

그렇게 회의실에 도착해서 나는 사람들을 차례로 소개하기 시작했고 드디어 디자인 감독을 소개하려는 순간 갑자기 공포로 완전히 얼어붙었습니다. 머릿속이 하얘져서 아무것도 떠오르지 않았습니다. 나는 어떻게 해서든지 머리를 쥐어짜서 팀원들의 조직 배치도를 떠올리려고 안간힘을 썼습니다. 노래 제목이 생각이 안 날 때 속으로 노래 가사를 흥얼거려보는 것처럼, 팀원들과 나눴던 대화를 재생해보려고 노력했죠. 제발 그의 이름이 번쩍 떠오르길 바라면서요.

하지만 때는 이미 늦은 뒤였습니다. 나는 심지어 "어머나, 나이가 드니 자꾸 깜빡깜빡해요"라며 자폭 개그까지 선보였지만 이미 엎질러진 물이었습니다. 이 일로 어떤 여파가 있었냐고요? 고객은 친밀한 조직 문화에 대한 내 이야기가 헛소리라고 생각했겠죠. 디자인 감독은 기분이 상했지만 태연하게 웃어넘기려고 애쓰고 있었죠. 정말 끔찍한 출발이었습니다. 결국 우리는 고객에게 의뢰를 받지 못했고 그 디자인 감독은 얼마 후 회사를 떠났습니다. 내가 할 수 있는 것이라곤 그들에게 용서를 구하고 그런 일이 재발하지 않도록 노력하는 것뿐이었습니다.

이 사건을 통해 터득했지만 지금까지 오랜 기간 비즈니스 경력을 쌓아오면서도 여전히 유효한 교훈은 바로 이것입니다. 아주 조금이라도 사람들의 이름을 기억하는 데 어려움을 느낀 적이 있다면 절대로 어떤 경우에도 공식석상에서 소개하는 역할은 맡지 마세요. 가급적이면 사람들이 각자 자신을 소개하도록 유도하세요. 설마 다들 자기가 누구인지는 기억하겠죠.

또한 스스로를 계속 채찍질해서 능력을 더 키우는 것도 좋습니다. 사람들의 이름을 더 잘 기억할 수 있는 요령과 조언도 많습니다. 예를 들면, 상대를 똑바로 쳐다보면서 그들의 이름을 반복해보거나 대화에서 그들의 이름을 몇 번 더 불러보는 식이죠. 또는 정신을 집중해서 그들의 이름을 자신에게 익숙한 사람이나 사물과 연관시키는 것도 한 방법입니다. 가령 조지라는 이름의 변호사를 만났다고 합시다. 그러면 마음속으로 조지 클루니와 아말 클루니 부부를 떠올려보는 겁니다. 사람들의 이름과 사연을 잊어버리는 것을 절대로 하찮은 일로 여기지 마세요. 이런 실수가 그들에게 상처를 줄 수 있고 또 그들의 가면증후군 심리를 촉발시킬 수 있습니다. 여러분 본인이 그런 일을 당했을 때 어떤 기분이었는지 생각해보세요.

왕실에서까지 그 놈의 실수

그밖에도 힘들었던 사연들이 아주 많지만 그중에 승자는 단연코 버킹엄 궁에서 있었던 일이었습니다. 당시 나는 환경보호 자선단체의 의장을 맡고 있었는데 정말 운 좋게도 에든버러 공작인 필립 전하가 우리의 후원자였습니다. 아니 운 좋다는 말로는 다 표현이 안 될 정도로 그분은 정말 굉장한 분이었습니다.

감사하게도 우리는 자원봉사자, 기부자, 후원자, 파트너들을 위한 환영 연회를 버킹엄 궁에서 개최해도 좋다는 제안을 받았습니다. 필립 전하의 참석 가능성은 큰 이목을 끌 수 있었고 나는 그 덕에 자선 단체가 더 많은 후원을 받을 수 있을 거라는 희망에 가득 차 있었습니다. 하지만 기쁨도 잠시 의장인 내가 필립 전하가 행사장에 도착하면 행사 내내 그분을 수행하면서 필요할 경우 빈틈없이 사람들을 소개하고 전체적으로 행사가 원활히 흘러가게 하는 등의 모든 일을 책임져야 한다는 깨달음이 머리를 강타했습니다.

확실히 필립 전하는 이런 종류의 행사 의례가 완전히 몸에 배어 있었습니다. 반면 나는 전혀 그렇지 못했죠. 내가 제대로 준비하지 않았다는 걸 곧바로 깨달을 수밖에 없었습니다. 행사장 안에 있는 사람들 중 절반은 모르는 사람들이었고, 그들이 어떤 사람들인지에 대한 배경 지식도 숙지하지 못한 데다가, 심지어 그들이 우리 단체와 어떤 관계인지(또는 우리가 그들에게 무엇을 얻고자 하는지)조차도 파악하지 못한 상태였습니다. 모든 것은 전적으로 내 잘못이었습니다.

결국 나는 필립 전하를 제대로 수행하기 위해, 행사기획 매니저를 수행인으로 달고 다녀야 했습니다. 매니저가 옆에서 속삭이는 말을 그대로 받아서 필립 전하에게 나지막이 전하는 동안에도 적절한 타이밍을 놓칠까 봐 애가 탔습니다. 이러다 심장 마비로 쓰러지는 게 아닌가 싶을 정도였습니다.

'도대체 누구시더라' 증후군에서 배우는
마지막 교훈

- 준비하고 또 준비하고 더 준비하세요. 마치 시험공부를 하듯 준비하세요.

- 다시 말하지만, 사람의 이름과 얼굴을 함께 (또는 기억하기 쉬운 이미지와 함께) 암기하고 이름이 입에 붙도록 큰소리로 반복해서 말해보세요.

- 아는 사람인 것 같은데 누군지 확실치 않을 경우, 특별히 애를 쓴답시고 "제가 혹시 아는 분인가요?" 같은 질문으로 스스로를 망신 주지 마세요.

- 어떤 외교관에게 배운 팁을 하나 나누자면, 사람을 대할 때는 항상 예전에 만난 적이 있는 것처럼 행동하는 것이 좋습니다(예를 들면, "처음 뵙게 되어 반갑습니다"라는 말보다는 그냥 "반갑습니다"라고만 말하는 겁니다). 그런 다음 "요즘엔 어떻게 지내십니까?" 같은 질문을 하면 힌트도 얻고 대화도 이어나갈 수 있습니다. 무슨 얘긴지 다들 알 거라 믿습니다.

일반적으로 등골이 오싹해지거나 하는 그런 기분은 우리 의지로 바꿀 수 있습니다. 머리털이 곤두서는 경험에서도 무엇을 배울 수 있는지만 생각하세요.

이것만은 기억해 두세요!

- 좋든 싫든, 머리 스타일에서 시작해서 우리의 전반적인 외모는 하나의 영향력을 행사합니다.

- 그러므로 내 외모가 어떤 영향력을 행사하게 할 것인지 스스로 신중하게 결정하는 것이 확률상 더 유용합니다.

- 직접 확인하지 않은 이상 그 어떤 것도 '괜찮을 거라고' 넘겨 짚지 마십시오.

- 사람들의 이름을 기억하는 방법을 익히십시오. 그리고 자기 무덤을 파지 않을 때를 알아차리는 방법도요.

- 의도했든 아니든 그 누구도 어떤 사람에게는 '무명인'일 수 있습니다.

- 웃는 법을 배우십시오. 심지어 이를 악물고도 웃을 수 있어야 합니다.

Chapter 4

마법의 숫자와
어렵기만 한 통계들

왜 숫자를 모르면 이사회에 들어갈 수 없는가?

• • •

샤쿤탈라 데비Shakuntala Devi('인간 컴퓨터'라 불린 인도의 천재 수학자이자 작가)는 그녀가 2006년에 출간한 저서 《숫자들의 책Book of Numbers》에서 이렇게 말합니다.

"많은 사람들이 평생 숫자를 두려워하고 숫자 때문에 마음고생을 합니다. 그들은 숫자와 친해지느니 차라리 숫자를 잘못 세고 계산을 틀리면서 전반적으로 주변의 세상만사를 허술하게 처리하고 속 편하게 사는 쪽을 택합니다."

마찬가지로 '거짓말, 새빨간 거짓말, 그리고 통계'와 같은 개념의 선봉대장 격인 마크 트웨인도 막중한 책임을 피할 수 없습니다(마크 트웨인이 자서전에서 "세상에는 세 종류의 거짓말이 있다. 거짓말, 새빨간 거짓말, 그리고 통계"라고 인용하면서 유명해진 말). 그가 이 인용구를 처음 사용한 사람이 아니라는 것은 알지만 어쨌든 "숫자가 자꾸만 나를 속여먹는다"라는 말을 직접 한 것은 틀림없으니까요. 위와 같은 의견들이 다 더해지면, 고매한 정신의 소유자에게는 숫자라는 것이 어쩐지 의심스러워 보이거나 예술 및 문학의 원흉이라는 인상을 주게 됩니다. 천박한 장사꾼들이나 정치꾼들이 사람들을 교묘하게 조종하고 기만하는 수단으로 치부되는 거죠.

저렇게 불신을 조장하는 말들 때문에 사람들이 숫자를 피하게 되는 걸 볼 때마다 너무 답답한 마음이 듭니다. 우리가 숫자와 친구가 되는 일은 실제로 가능합니다. 그리고 숫자는 우리를 완전히 다른 사람으로 변화시키거나 우리의 비즈니스와 조직을 성장시킬 수 있는 힘이 있습니다.

이 원리가 처음으로 내게 직접적이고 실질적으로 와 닿았던 때는 '모 브랜드의 비듬 샴푸를 사용하는 사람들'에 대한 소비자 리서치를 자세히 조사할 때였습니다(어찌나 고상한 업무의 연속이었는지요). 수많은 소비자들의 데이터를 조사해보니, 브랜드의 사용량과 선호도 측면에서 극적인 차이가 드러났습니다.

사람들이 이 비듬 샴푸에 대해 기본적으로 떠올리는 이미지는 다음 두 가지였습니다. 첫째는, 기분 나쁜 비듬을 머리에서 완전히 벗겨내기 위한 전해질 성분이 잔뜩 들어 있을 것이다. 둘째는, 비듬이 두피에서 떨어지지 않고 찰싹 붙어 있게 해줄 정도의 초강력 접착제가 함유되어 있을 것이다. 어느 쪽으로 생각하든 자신이 비듬 때문에 사회적으로 심각한 문제를 겪고 있다고 생각한 사람들만 그 브랜드를 정기적으로 챙겨서 구매했습니다. 비즈니스 측면에선 다소 불리한 점이었죠. 그 브랜드 담당자는 이런 내 의견에 의외로 감탄했습니다. 숫자 데이터를 근거 자료로 제시했으니 상사들도 귀를 기울일 가능성이 컸습니다.

이 발견으로 그 회사는 앞으로 어떤 식으로 광고를 해야 할지에 대해 전혀 색다른 관점으로 생각해보게 되었고, 새로운 헤어케어 제품을 개발할 때 제품 포장을 개선해서 욕실 청소에도 병용 가능할 것 같던 구닥다리 모습을 탈피했습니다. 나는 은근히 뿌듯함을 느꼈고 그 이후로는 숫자를 볼 때마다 뭔가 재미있는 사실이 들어 있지는 않은지 항상 눈여겨보게 되었습니다. 그리고 누가 뭐래도 비즈니스에서 가장 힘을 발휘하는 숫자는 역시 $나 £같은 통화 표시가 붙어 있는 숫자들이죠.

돈은 분명 중요한 것을 이야기한다

'대학 졸업 후 3년 정도는 재무회계 업무를 했더라면 좋았을 텐데'라고 생각할 때가 가끔 있습니다. 회계사가 되고 싶어서가 아니라, 이사회 멤버가 되고 사업을 경영하게 되면서 재무 용어를 원어민처럼 구사할 수만 있었다면 얼마나 유용했을까 하는 아쉬움 때문입니다. 나중에 배우려니 시간도 오래 걸렸고 특히 39살에 CEO가 되었을 때도 마찬가지였죠. 아마 나이 들어서 새로운 외국어를 배우는 것과 유사할 겁니다. 원래 익숙하던 억양이 어색하게 묻어나오고 이따금 이상한 소리가 튀어나오기도 하죠.

이런 얘기를 꺼내는 이유는, 좋든 싫든 이사회에서 통용되는 언어의 많은 부분은 돈 얘기이기 때문입니다. 따라서 여러분이 돈의 언어를 사용하지 않는다면, 이사회의 멤버가 되지 못하거나 되더라도 그 안에서의 이점을 최대한 활용하지 못할 것입니다.

어릴 땐 수학을 곧잘 했지만 고등학교 때는 나 역시 뭐가 뭔지 잘

남학생과 여학생, 그리고 숫자

영국의 한 연구에 따르면 최근 STEM(과학Science, 테크놀로지 Technology, 공학Engineering, 수학Maths) 과목의 인기가 상승하고 있음에도 불구하고 대학 전공 선택에 있어서는 여학생들의 이공계 선호도가 남학생들에 비해 여전히 낮아 보입니다.

남학생들에게 가장 인기 있는 과목 순위

1. 경제학
2. 법학
3. 의학
4. 컴퓨터 공학
5. 수학
6. 역사
7. 재무회계
8. 기계 공학
9. 심리학
10. 물리학

여학생들에게 가장 인기 있는 과목 순위

1. 심리학
2. 법학
3. 의학
4. 역사

5. 지리학

6. 범죄학

7. 영문학

8. 조산술

9. 건축학

10. 수학

다양한 국가 대상의 연구에서 밝혀진 또 하나의 흥미로운 사실은, 세계 각국의 여학생과 남학생이 이공계 과목에서 비슷한 점수를 받았음에도 불구하고, 역설적이게도 (세계 성 격차지수 기준) 양성 평등 지수가 더 높은 나라일수록 이공계 전공 및 직업을 선택하는 여학생 숫자가 더 적었다는 점입니다. 이 결과에 대한 다양한 이론들이 있지만 그중 하나는 불평등한 사회의 여성들일수록 STEM 관련 직업을 택하는 것이 경제적 자유를 얻을 수 있는 가장 확실한 방법이라고 생각하는 것이 아닐까 하는 가설입니다.

몰랐습니다. 이상하기만 한 문과와 이과의 구분이 힘들었습니다(레오나르도 다 빈치는 그 두 가지 재능을 조화롭게 타고났기에 과목 선택의 고통을 겪지 않았지요). 문과 대학에서는 당연히 특정 분야에만 집중하다 보니 점차 계산법이나 공식 같은 것은 전부 잊어버리게 되었고, 숫자에 관해서라면 오로지 어떻게 하면 돈을 싹싹 긁어모아 마이너스 잔고를 피할 수 있을지 따위만 궁리했죠. 물론 이게 그렇게 쓸모

없는 기술은 아니었지만요.

좋든 싫든 숫자를 다루는 기술이 부족하면 여러분의 영향력에 타격을 입을 수 있습니다. 혼자 힘으로는 데이터를 추출할 수 없어서 다른 사람의 도움이 필요하다면, 그리고(또는) 양적 측면에 대한 여러분의 무관심이나 혐오감으로 인해 질적 측면에 손해를 끼칠 사람이라는 인상을 주게 된다면, 자기 무덤을 스스로 파는 격입니다. 또는 하찮게 취급당해도 개의치 않겠다는 뜻이기도 하고요.

열정적인 자세, 뛰어난 창의력, 사람에 대한 통찰력, 인간미 등의 자질을 갖추는 것이 중요하지 않다는 말을 하려는 것은 당연히 아닙니다. 지금 세상엔 바로 이런 것들이 꼭 필요한 자질들이니까요. 이런 자질들 덕분에 오래 살아남을 수는 있을 겁니다. 하지만 아마 꼭대기까지 올라가진 못할 겁니다. 꼭대기에 올라가야 여러분이 실질적으로 조직을 통솔하고 본인의 운명을 좌지우지할 수 있습니다.

숫자를 알아야 뭐가 뭔지 알지

일례로 정말 멋지고 다재다능한 비즈니스 인재였던 한 동료 임원이 떠오릅니다. 아주 유명한 럭셔리 패션 그룹에서 CEO 영입 제안 건으로 이야기를 하자며 이 친구에게 접촉해온 적이 있었습니다.

이 동료는 관심이 있다고 대답은 했지만 당시 그 패션 회사가 큰 손실을 입고 있다는 사실을 알고 있었습니다. 따라서 먼저 그 패션 회사의 전설적인 창립자를 만나 만약 자신이 CEO가 되면 회사를 회생시키고 흑자로 전환하기 위해 어느 정도 조치까지 취하게 될 것인지에 대해 미리 협조를 구하고 싶다고 한 것도 전혀 불합리한 요구는 아니었습니다.

하지만 그 회사의 임원은 "아 그건 안 됩니다"라고 대답했죠. 자기네 창립자는 현재 회사가 처한 재정적 어려움에 대해 모르고 있으며 자신들도 자세히 알고 싶지는 않다고요. 자신들은 그저 '창조적 비전'에만 집중하고 싶다면서요.

그 창조적인 창립자가 몇 시즌째 입기 힘든 스타일만 만들어내며 감각을 잃었다는 사실은 입 밖으로 꺼낼 수 없는 주제였습니다. 그가 다락방 같은 데서라도 지내면서 예술적 고뇌에 시달려보겠다는 자세만 되어 있었더라도 다른 것은 다 이해해줄 수 있었을 것입니다. 하지만 그렇지 않았죠. 전용 비행기, 호텔의 전용 스위트룸, 온갖 과시적인 럭셔리 라이프 스타일을 다 누리고 싶어했습니다.

내 친구는 제안은 고맙지만 자신이 맡을 자리가 아닌 것 같다고 답을 했습니다. 창립자와 함께 협력해서 상호 신뢰를 구축하고 '창조'와 '비즈니스' 사이의 우선순위에 대해 이해해보려는 준비는 되어 있었지만 라라랜드에 살 생각은 없었죠. 창조적인 비전에 치중해서 그 분야를 집중적으로 챙기고 다른 사람에게 재정 문제를 믿고 맡기는 것과, 재정적 현실이 중요하다는 것을 아예 인정조차 안 하는 것은 완전히 다른 차원입니다. 숫자 때문에 '영혼'을 잃고 싶지 않다는 이유로 그 창립자는 아예 통제권을 잃고 말았습니다. 안 됐지만 본인들 손해였죠.

마지노선

자신은 '재능'을 활용해 열심히 음악과 창작 활동에 전념하고 그밖의 돈 문제나 계약을 처리하는 일은 모두 자신의 매니저에게 "믿고 맡긴" 아티스트나 밴드, 팝스타들의 이름을 열거하자면 끝이 없을 겁니다. 이들은 결국 '대체 그들에게는 무슨 일이' 같은 프로그램의 등장인물로 전락하고 맙니다. 이런 프로그램에 출연하는 연예인들은 본인이 세상의 모든 돈을 가지고 있는 양 돈을 펑펑 써놓고는, 어느 날 매니저가 (상당 부분은 매니저 본인이 빼돌리기도 했겠지만 어쨌든) 더 이상 한 푼도 남아 있지 않다고 말해주면 자신은 돈에 대해서는 아무것도 몰랐다고 변명을 늘어놓습니다. (돈에 대해서는 지독하게 인색하기로 소문난) 믹 재거나 (돈에 밝기로 악명 높은) 폴 매카트니 같은 사람들이 다른 모든 사람들보다 더 오래 살아남은 이유가 다 있지요. 여러분이 흥미를 느끼든 말든, 아무리 못해도 재무상태표는 읽을 줄 알고 손익 계산서와 관리회계를 이해할 수 있어야 합니다.

재무회계 비전문가들을 위한 책과 교육 과정들이 많이 있습니다. 여러분의 기호에 따라 초짜들을 위한 다양한 안내서 시리즈도 있고 아니면 좀 더 품위 있는 〈파이낸셜타임즈〉 발행의 비전공 매니저를 위한 재무회계 안내서 시리즈도 있습니다. 이런 자료들의 도움을 받아 EBT(세전이익), EBIT(이자 및 세금 차감 전 이익), EBITDA(법인세, 이자, 감가상각 차감 전 영업이익), EBITDAR(법인세, 이자, 감가상각, 임대비 차감 전 영업이익), 또는 OIBDA(감가상각 전 영업이익) 따위의 차이점도 익혀볼 수 있습니다. 돈과 재무를 이해하는 데에 시간과 노력을 투자하면 어느 단계에서든 경력에 큰 이득이 될 것이라는 점을

비즈니스의 기본

비즈니스를 경영하고 돈을 버는 핵심원칙과 실천법을 알려준다는 두꺼운 책들이 세상에 널려 있습니다. 나 개인적으로는 다음의 몇 가지 요약정리가 전반적으로 유용했습니다.

- 사람들에게 제품과 서비스를 팔 때는 그것을 만드는 데 든 비용보다 더 비싸게 팔 수 있어야 합니다(얼마나 더 비싸게 팔지를 결정하는 것은 여러분 자신과 비즈니스 모델과 여러분의 양심에 달려 있습니다).

- 매일매일의 비즈니스를 유지하기 위해 필요한 경비와 직원들 급여를 지불할 수 있을 정도로 충분한 현금을 은행에 보유하고 있어야 합니다. 현금 부족이야말로 비즈니스가 망하게 되는 주요 원인입니다.

- 여러분이 하는 일을 투명하게 기록해야 합니다.

꼭 강조하고 싶습니다. 결국 '돈'을 모르면 '이사회'는 물 건너간 셈입니다.

노골적인 부분을 그냥 노출하라

내가 처음으로 주요 브랜드 컨설팅 회사의 CEO가 되었을 때에야

불현듯 깨닫게 된 것이 있었습니다. 물론 비즈니스의 기본적인 사항들을 어느 정도는 이해하고 있었죠(앞서 말한 것처럼, 본질적으로는 최대한 많은 비즈니스 기회와 수익을 창출해야 하며 직원과 시스템을 희생시키지 않는 한에서 경비를 관리하고 고객에게 돈을 받아내야 한다는 것이죠). 하지만 재무 이사에게 회계 감사관들이 나를 만나자고 했다는 말을 처음 들었을 때는 '대체 왜 나를 만나자고 하는지' 묻고 싶은 걸 꾹 참아야 했습니다. 그리고 마침내 그들과 회의실에 마주 앉았는데 그들은 감사 결과에 문제가 없으며 재무팀에서도 긴밀하게 협조를 해주었고 긍정적으로 마무리할 수 있어서 기쁘다고 말했습니다. 나는 시간이 좀 지나고 나서야 그 감사 결과 리뷰 절차가 왜 그렇게 중요했는지 완전히 이해하게 되었습니다.

회사를 '경영'한다는 것은 당연히 좋은 비즈니스를 새롭게 창출해내서 계속 유지하는 것입니다. 하지만 또한 모든 절차를 적법하게 잘 지키고 있다는 것을 확실히 보여주고 증명하기도 해야 합니다. (경기 불황, 고객 정보 보호, 직원 의료 및 안전, 기타 등등) 어떤 종류의 위험이든 여러분이 책임지고 관리해야 하며, 회사 내에서 장부를 조작하거나 열정이 지나친 나머지 회사의 실적을 부풀리는 사람이 없도록 철저히 단속해야 합니다.

이런 일들이 여러분 개인적으론 가장 큰 관심거리가 아니겠지만, 비즈니스 리더로서 여러분은 직원 모두에게 전체 비즈니스에서 그들 각자가 맡은 역할이 얼마나 중요한지에 대해 확실한 신호를 줘야 합니다. 사실이 그러하니까요. 비즈니스를 계속 유지할 수 있는 충분한 돈과 좋은 평판을 얻으려면 직원 한 사람 한 사람의 역할과 자세가 중요합니다. 이 말은 투자자와 은행의 신뢰를 얻을 수 있는 재무 시스템과 제어장치를 갖춰야 한다는 뜻입니다. 어떤 일이든 잘못된다면, 다 여러분의 책임하에서 일어난 일이라는 것을 명심하세요.

실질적 숫자 관리의 중요성 문제는 내가 FTSEFinancial Times Stock Exchange (영국 주가지수 및 관련 데이터 서비스를 제공하는 곳으로 미국의 S&P500 지수와 비슷)의 비상임 이사가 되었을 때 다시 떠오르게 되었습니다. 이사회 의제의 기본이 되는 것도 숫자이고 비즈니스에 대한 법적 책임도 숫자를 기준으로 결정된다는 것을 알게 되자, 내가 이미 숫자 개념들에 익숙하다는 것이 다행스럽게 느껴졌습니다.

또, 나를 CEO로 처음 채용했던 회사의 그룹 CEO와 가졌던 미팅도 생각납니다. 미팅에서 그 분은 내가 그 전에 CEO 경력이 없다는 것을 알고 있지만 나에게 '다른 많은 자질들'도 있고 무엇보다 아주 훌륭한 최고재무책임자가 나를 도와줄 것이므로 내가 잘 해낼 수 있을 거라 믿는다고 말했습니다.

하지만 마지막 부분은 완전히 사실은 아니었습니다. 그 훌륭한 재무책임자는 쌍둥이를 임신 중이었고 예정일이 6주밖에 남지 않은 상황이었거든요. 나는 당연히 그녀를 격려하고 함께 기뻐했죠. 하지만 맙소사, 나 혼자 어떡하라고!

CEO를 맡은 지 한 달쯤 지나서 그룹 CEO와 다시 회의를 하게 되었는데, 나에게 예상 실적 숫자를 간단하게 훑고 넘어가자고 하더군요. 통상적으로 보던 당월 실적과 금년 누적 실적, 그리고 향후 몇 달의 실적 예상치를 나타내는 숫자들이 가득 적힌 종이 몇 장이었습니다. 시야의 저 끝에서 그가 나를 뚫어져라 쳐다보는 게 느껴졌습니다.

나는 잔뜩 긴장해서는 몇 가지 사항을 지적한 다음, 항목별로 제목만 주로 훑고, 이어서 신규 비즈니스 전망에 초점을 맞췄습니다. 그는 더할 나위 없이 정중하게 고개를 끄덕이더니 펜으로 이것저것 가리키며 지적하기 시작했습니다. "알아요, 그런데 이 비율을 좀 봐요, 이 프로젝트들이 착수되지 않거나 고객들이 대금을 지급하지 못한다거나 하는 등의 문제가 생기기라도 하면 지금 당장 마케팅 비용을 삭감해야 할 정도잖아요."

그는 이전에 재무관리 쪽에 몸담고 있었기 때문에 나는 죽었다 깨어나도 그의 홈그라운드 분야에서 상대가 될 리 없었죠. 그의 의도는 앞으로 닥칠 지주 회사의 맹공격에 내가 대비할 수 있도록 기술적이면서도 기술 외적인 방식으로 나를 훈련시키는 것이었습니다.

좋든 싫든 나는 그 과정을 감내하고 주의를 기울여야 한다는 것을 깨달았습니다. 훌륭한 재무책임자가 당장 내 옆에 있든 없든 모든 책임은 나에게 달려 있다는 것을 직감했죠. 그리고 그 순간 그곳에서 다짐했습니다. 앞으로는 제목뿐만 아니라 마지막 줄, 그리고 그 중간에 있는 모든 내용에 대해 항상 준비된 사람이 되겠다고, 그리고 다른 사람들도 그렇게 되도록 최선을 다해 돕겠다고요.

솔직히 말하면 그가 걱정을 하는 것이 어느 정도는 당연했습니다. 나는 브랜드 컨설팅 회사의 CEO가 하는 일 중 '실무 총책임자' 부분은 확실히 잘할 수 있었고 신규 비즈니스 확장과 피플 매니지먼트에도 소질이 있었습니다. 하지만 CEO라면 어떤 비즈니스 분야든 숫자에도 반드시 통달해 있어야 합니다.

사치 앤드 사치에 있었을 때 나는 내 분야에서의 업무능력만으로

부의장 겸 최고 전략책임자의 자리까지 올라갔습니다. 최고위급 경영진의 일원으로서 CEO, CFO와 아주 긴밀하게 일하면서 내가 맡은 역할은 장기적인 관점에서 고객의 직간접적 니즈와 비즈니스 전망을 파악하는 것이었습니다. 그땐 고상하게 앉아서 "장기적으로는 아무 의미가 없습니다", 또는 "○○에 투자를 해야죠" 등의 속 편한 소리를 하는 것이 별일도 아니었죠. 전략가라면 사람들이 돈이나 예산, 미수금 따위의 얘기를 시작하면 (물론 내 돈 얘기가 아닌 이상) 적당히 중간쯤 시선을 고정하고 품위 있게 앉아 있으면 됩니다. 하지만 CEO가 되면 자꾸 이런 말이 튀어나오려고 하죠. "장기적인 건 집어치우고 이 망할 놈의 이번 달 실적을 보란 말이야."

　단기 실적을 잘 관리하지 못하면 장기 실적까지 아예 가지 못할 수도 있습니다. 이와 마찬가지로, 장기적 전략목표가 없으면 단기적 활동은 방향을 잃게 되고 결국 지속적으로 가치를 창출하는 비즈니스를 만들지 못할 가능성이 높습니다. 머릿속에 이 두 가지 측면을 알맞은 비율로 잘 담아두는 것이 훌륭한 CEO 및 성공적인 비즈니스 리더의 기본 자질입니다.

　재무 전선에 임하면서 혹시라도 별도의 자극이나 응원이 필요하다면 세계 최고의 성공적 투자가이자 금융계의 현인인 워런 버핏에 관한 글이나 책을 읽어보세요. 버핏은 지금까지 그럭저럭 잘 해왔고, 알려진 바로는 그 자신도 하루의 80%는 뭔가를 읽으면서 보낸다고 하니 말입니다. 억만장자 투자자의 머릿속을 들여다보기 위해 우리가 선택할 수 있는 책이 무려 300권 이상입니다. 그중에서도 그가 쓴 《버크셔 해서웨이 주주 서한》에서 시작해보면 좋을 것 같네요.

분석력과 창의성, 둘 다 중요하다

여러분은 아마 뇌 이론에 대해 들어봤을 겁니다. 좌뇌는 논리적, 분석적 기능을 담당하고 우뇌는 감정적, 창의적 기능을 담당할 거라는 가설이죠. 현재 이 이론의 진위에는 의문의 여지가 있지만, 실제로 일을 할 때 논리적, 체계적인 방식으로 일하는 것을 더 편하게 느끼는 부류와 직감적, 질적으로 일하는 것을 선호하는 부류가 있다는 데는 의심의 여지가 없습니다.

분석 능력과 숫자가 가진 파워에 대해서라면, 맥킨지 같은 기업만큼 좋은 예가 없습니다. 숫자에 기반한 근거자료를 제시할 수 있고 '심각한' 표정으로 '전략'을 논할 수 있다면, 여러분은 세상도 지배할 수 있습니다. 실제 세계 곳곳의 수많은 기업들의 전면에 맥킨지 출신 인사들이 약진하고 있습니다.

이들이 가진 영향력의 가장 주요한 원천은 도표, 수치, 시나리오, 재정적 예측에 의한 철저하고 과학적인 분석력 덕분입니다. 그리고 (맥킨지 브랜드의 결정판이라 할 수 있는) 반드시 비밀을 지킬 것 같은 인상도 한몫합니다. 기업 버전의 애착 인형이라고 할까요.

대부분의 경우 논리적인 이사회에서는 무엇이든 논리적으로 분석하면 다 좋을 것 같지만, 그렇게 한다고 현재와 미래 시장의 움직임에 영향을 미치는 인간의 속성을 일일이 파헤칠 수 있는 것은 아니라는 점을 기억해야 합니다. 솔직히 말하면 인간들은 좀 뒤죽박죽이잖아요. 회사의 의사 결정에 인간적인 측면도 꼭 참작될 수 있도록 약간 '뒤죽박죽인' 사람들(예를 들면, 논리적인 것 말고 좀 더 인간적인 이야기도 거침없이 말하는 사람들)을 이사회나 경영진에 포함하는 것도 나

뻔 생각은 아닙니다. 이들은 아마 경영자까지는 되지 못하겠지만요.

열심히, 하지만 유연하게 일하라

소비자 시장 조사 초창기부터 온라인 데이터 수집 및 분석은 판세를 완전히 바꿔놓았습니다. 사람들이 실제로 어떻게 행동하는지 그리고 그렇게 행동하게 된 유인은 무엇인지를 사람들에게 직접 물어보지 않고도 '빅데이터'를 통해 더 쉽게 확인할 수 있게 되었으니까요. 그러니까 내가 하려는 말은, 위에서 계속 이야기한 숫자들도('이 결과는 컴퓨터에서 도출되었으니 당연히 맞겠지'라는 오해처럼) 결국은 딱 계산식에 대입되는 가설과 조건들만큼만 신뢰할 만하다는 것이죠.

내가 이렇게 양쪽을 모두 이야기하는 이유는 세상을 이끌어가기에, 그리고 좀 더 인간적인 세상을 만들자고 사람들을 설득하기에 가장 이상적인 최적의 타점은 실질적인 숫자와 소프트한 직관력 둘 다 있을 때 만들어진다는 겁니다.

아니, '소프트한 직관력'이라는 말은 다 취소하겠습니다. 직관력이 소프트하다니, 마치 무형 자산은 소프트하다는 말처럼 너무나 어리석은 말실수를 저지른 셈이죠. 무형 자산이야말로 수많은 기업들의 가장 큰 경제 동력이 되고 있는 시대에 말이죠. 소프트하다는 말은 왠지 무형적인 것이 덜 중요한 것처럼 여겨지게 만들죠. 오히려 가장 큰 결과를 만들어낼 수 있는데도요. 이렇게 비즈니스의 형식이나 문화가 사람들에게서 인간적, 직관적 요소를 말살시키는 경우가 종종 발생합니다.

이 딜레마에는 여러 가지 해답이 있지만, 그중에서도 내가 생각하기에 가장 쓸 만한 것은 이른바 '소프트적'이라 불리는 것에 우리가 실체적인 값을 매길 수 있다는 사실입니다. 일례로 브랜드라는 것만 하더라도 기업에 완전히 새로운 화폐가치를 부여해 사람들의 마음을 끌어당길 수 있죠.

여러분이 광고 에이전시, 특히 사치 앤드 사치처럼 수많은 비즈니스 리더들과 쉽게 접촉할 수 있는 에이전시의 전략가라면 소비자 행동 분석과 다양한 포커스 그룹 연구를 통해 소비자들이 특정 행동을 하고 특정 제품을 선택하는 이유가 무엇인지를 고민하게 됩니다. 그리고 사람들이 특정 상품이나 브랜드에 제안하고 싶은 의견 등을 알아내는 일을 주로 하게 됩니다. 사람들이 입으로 이야기하는 것이 그들이 머리나 마음속으로 생각하는 것과 반드시 일치하는 것은 아니라는 점만 기억하고 있으면 됩니다. 물론 그들의 솔직한 생각을 알아내려면 간접적인 방법과 약간의 심리학을 함께 활용해야 합니다.

이런 일을 할 때는 질적 통찰과 양적 연구 사이에서 균형을 잡아야 합니다. 특히 양적 연구를 통해서는 특정 방식으로 생각하거나 행동하는 소비자들의 수, 지리적 위치, 인구 통계적 특성, 사고방식 등을 들여다보고, 그 결과에 따라 여러분이 원하는 규모에 맞춰 브랜드와 마케팅 전략을 수립하게 됩니다.

전략가로서 소비자의 행태와 선호도를 '증명하는' 양적 데이터를 확보했다면, 이제 그것을 비즈니스 성과로 연결시키는 것 또한 여러분이 해야 할 일입니다. 특히 전통적으로 재무지표에 회사의 매출과 이익을 주도하는 항목들을 적나라하게 공표하는 회사일수록 수익화가 중요합니다. 뿐만 아니라 회사가 브랜드 전략 및 마케팅에 얼마를 투자할지 결정을 내리는 일도 여러분의 책임입니다.

높게 날아라

나는 투자라고 말은 했지만 정말 터무니없게도 마케팅 비용은 회계상 '투자'가 아니라 '경비'로 분류됩니다. 이 이슈를 심각하게 생각하게 된 것은 내가 1990년대 영국항공British Airways의 광고를 담당하고 있을 때였습니다. 당시 영국항공은 최고의 명성을 누리고 있었고 모든 항공사와 여행업계를 통틀어 가장 상상력 넘치는 광고를 내보내고 있었습니다. 그 기간 동안 수많은 크리에이티브 관련 상을 수상하기도 했죠. 또 당시 실시한 여러 소비자 리서치를 통해 사람들이 영국항공을 세계에서 가장 특별하고 흥미로운 항공사라고 여기게 된 이유가 광고의 역할이었다는 사실도 확인되었습니다.

하지만 단기매출 지표 측면에서 보면 브랜드의 '이미지' 광고는 대역죄인이나 마찬가지였습니다. 사람들이 광고를 봤다고 당장 다음 주, 또는 다음 달에 비행기를 타는 건 아니었으니까요. 그 이유는 당연히, 여행 계획을 짜거나 목적지를 결정하는 것은 매일 쓰는 치약을 새로 사는 것보다는 훨씬 오랜 시간이 걸리기 때문이었죠.

사람들이 기꺼이 프리미엄을 지불하면서까지 영국항공을 이용하고 싶게 만든 것도, 사람들의 호감이 입소문으로 연결되어 선순환을 창출해낸 것도 모두 광고의 힘이었다는 사실이 무참히 외면되었습니다. 결국 영국항공의 재무팀은 직접 판매와 프로모션을 지원하기 위해 마케팅 예산을 대폭 삭감해야 한다고 전해왔습니다. 직접 판매와 프로모션은 마케팅과는 달리 정확하게 수치로 측정할 수 있는 계정

값이었으니까요. 하지만 사실 이와 관련된 위대한 명언이 있습니다. 바로 존 메이너드 케인스John Maynard Keynes가 남긴 "정확하게 해서 틀리느니 차라리 대충해서 맞는 것이 낫다"는 말입니다. 안타깝게도 사람들은 이 말을 한 귀로 듣고 한 귀로 흘려버린 것 같죠.

이에 실망한 나는 '인터브랜드'라는 브랜드 컨설팅 회사를 접촉했는데, 당시 '브랜드 가치평가'라 불리는 신 분야를 선도하던 기업이었습니다. '브랜드 가치평가'라 함은 브랜드 자체를 하나의 비즈니스 자산으로 인정하고, 재무와 마케팅 양쪽을 융합하는 몇 가지 기발한 요소를 고려하여 그 브랜드라는 자산이 실질적인 금액으로 환산하면 얼마만큼의 가치가 있는지를 산출하는 것이었습니다.

인터브랜드에서 작성한 보고서는 이후로 2년 동안 영국항공 내부에서 회람되었고 그 회사가 브랜드 마케팅을 바라보는 관점을 바꿔놓았습니다. 그들은 이제 마케팅을 매년 손익계산서에 찍히는 '비용'이 아니라 (항공기나 부동산, 고객 데이터 등과 같이) 투자 필요성이 있는 자산에 연료를 대는 것으로 여기게 되었습니다. 이후 경영진이 새롭게 교체되었고 이런 깨달음은 다시 묻혀버렸습니다. 결국 그렇게 되긴 했지만 그래도 당시엔 획기적인 진전이었죠.

사실상 이 일은 나에게도 엄청난 돌파구로 작용했습니다. 나중에 인터브랜드에 합류했을 때 나는 브랜드를 '귀중한 금전적 자산'으로 받아들일 수 있었으니까요. 수많은 다른 조직과 기업 및 투자 결정을 내리는 이사회에선 브랜드를 '모호하고 감상적인 마케팅 홍보 따위'로 바라보던 때였죠. 지금도 많은 비즈니스 분야와 이사진들에게는 이런 브랜드 특성이 완전히 이해되지는 못한 것 같습니다. 여전히 진행 중이죠. 하지만 훌륭한 브랜딩을 실질적 금전 가치로 전환하여 비즈니스에 접목하자 이미 어마어마한 변화가 일어났습니다. 덕분에 올바른 브랜드 구축이 믿을 수 있고 지속 가능한 영향력과 가치를 창출하는 가장 좋은 방법임을 사람들이 이해할 수 있게 되었습니다. 이 개념은 여러분의 퍼스널 브랜딩에도 똑같이 적용이 됩니다.

잠시 이 경험에서 얻은 교훈을 짚고 넘어가자면, 혹시 여러분에게 열정과 활력을 뻗치게 해주는 어떤 문제나 명분, 회사를 발견하게 되면, 그 일을 하거나 그 회사에 합류하는 것을 꼭 진지하게 고려해보길 바랍니다.

이제 다시 숫자의 중요성으로 돌아가서, 숫자를 떠올릴 때마다 내 얼굴에 오만상을 짓게 만드는 놀라운 사례가 하나 더 있습니다. 이 경험 역시 나에게 특별한 영향을 끼쳤죠.

광고업계 괴짜들의 설욕전

내가 처음 일하기 시작했을 당시의 광고 에이전시는 비유하자면 풀패키지 여행사와 비슷한 역할을 했다고 할까요? 설명하자면 고객사가 광고 에이전시를 찾으면 에이전시는 그 고객사에게 광고와 관련된 모든 작업을 지원한다는 뜻입니다. 광고 기획, 창작, TV·언론·포스터 광고, 그리고 디자인과 기술혁신 관련 서비스까지 한꺼번에 다 받을 수 있다는 뜻이었죠. 그리고 따로 팀을 구성해서 미디어 바이어들이 TV 방송국이나 옥외 광고 회사, 신문사, 잡지사 같은 미디어 소유주들과 광고 계약을 조율하고 체결해주는 서비스까지 제공했습니다.

업계의 비밀이라고 할 것까진 없지만, 예전엔 에이전시 세계에 일종의 서열이 있었습니다. 기본적으로 창작팀이 가장 꼭대기에 있었고 (어쨌든 본인들 생각엔 그랬습니다) 그들 스스로도 그에 걸맞게 대우받아야 한다고 생각했습니다. 클라이언트 관리팀은 황송하게도 창작팀이 까탈스럽게 딴지를 걸지 않는 한, 전반적인 운영을 맡았습니다. (나 같은) 전략가들은 훌륭한 창작 작업에 영감을 줄 만한 똘똘한 리서치와 비즈니스 인사이트, 전략 따위를 제시하고 나중에 그런 요소들이 결과적으로 효과가 있었음을 입증해야 하는 임무를 맡은 사람들이었죠. 비록 우리 역할과 성과가 제대로 평가받지 못한다고 느낄 때가 많았지만요. 하지만 일말의 의심도 없이 가장 과소평가되고 웃음거리 취급을 받았던 팀은 바로 미디어팀이었습니다.

이들은 주머니에서 연필과 계산기 둘 다 흘리고 다니는 부류의 사람들이었습니다. 미디어 바이어(매체구매자, 광고 에이전시에 소속되어 TV, 신문지면 등의 광고매체의 공간·시간의 구입을 전문으로 하는 사람)들이 가장 좋은 광고 스페이스와 시간대를 따내기 위해 미디어 소유주들과 험악한 욕설을 주고받으며 마구 고함을 치는 와중에도 이들의 입에는 거의 항상 담배가 물려 있었습니다(그땐 아무 데서나 담배를 필 수 있었고 심지어 억지로라도 피워야 할 것 시절이었습니다). 그러고는 나중에 미디어 소유주들에게 술잔이 오가는 푸짐한 점심 식사를 대접하며 화해를 하곤 했습니다. 또 신규 사업 제안 발표회에서 미디어 파트는 대개 프레젠테이션의 가장 마지막 순서로 밀려나기 일쑤였습니다. 지금 당장 생각나는 사례만 해도 여러 번이 있었는데 에이전시가 전략 수립과 크리에이티브 작업에 대한 끝없는 논의로 발표시간을 다 써버리고는 별일 아니라는 듯 이렇게 말하곤 했습니다. "아이고 이런, 미디어 관련 내용은 발표 자료를 참고하시면 됩니다" 불쌍한 미디어 책임자도 전날 거의 밤을 지새우며 프레젠테이션 자료를 준비했을 텐데 말이죠.

그리고 20년 후 설욕의 기회가 왔습니다. 에이전시 소유주들은 비즈니스의 수익성을 높이기 위해 크리에이티브 파트와 미디어 기획 및 구매 파트를 별도 법인으로 분사시키기 시작했습니다. 이 새로운 힘의 저울에서 창작과 미디어 중 누가 우위를 차지했을까요? 미디어 팀은 숫자, 통계, 도표, 당장 입증 가능한 금전적 가치를 모두 갖추고 있었습니다. 창작팀은 머리, 작품, 화려함은 갖고 있었지만 예산 쟁탈전에서는 패배했고 결국 힘의 균형에서 밀려나고 말았습니다.

'옳은 것'이 항상 '상식적인 것'은 아니다

비즈니스에서는 (또는 대개 실제 삶에서도) 단지 옳다는 것만으로 점수를 받지는 못합니다. 믿거나 말거나 서로 다른 의견을 가진 수많은 사람들이 모두 자기 의견이 '옳다'고 생각하니까요. 여러분이 승점을 따려면, '대놓고' 설득해서든 '교묘하게' 설득해서든 상대방을 반드시 여러분의 의견 쪽으로 데리고 올 수 있어야만 합니다. 이럴 때 눈에 보이는 증거를 제시하면 설득하는 데 도움이 됩니다.

다들 평판이 손상되는 것이 두려워 점점 더 신경을 바짝 세우는 추세가 심해지면서, 어떤 일에 행동을 취하기 전에 자신들에게 용기를 불어넣어 줄 확실한 증거를 먼저 필요로 합니다. 시대가 시대이니만큼 여러분이 어떤 영리 단체나 비영리 단체를 운영하고 있다면, 좋든 싫든 조직이 하는 활동의 타당성을 입증해야 하고 자신의 결정을 변호할 수 있어야 합니다. 그런 것이 바로 사람들이 참고할 수 있는 확실한 증거죠. 오늘날과 같은 조직 세계에서는 여러분이 옳다고 믿는 것을 실천하는 것만으로는 충분치 않습니다. 그에 대한 확실한 근거까지 제시할 수 있어야 하고, 과태료 처분을 받거나 해고되거나 언론에서 두들겨 맞을 위험도 감수해야 합니다. 심지어 그 모든 일을 다 겪은 후에도 무사하리라는 보장이 없습니다.

자, 이제 여러분은 숫자만 보면 분노를 쏟아내며 그런 것 따위 개나 줘버리라고 계속 소리나 지르고 앉아 있을 수도 있고, 아니면 그 숫자를 자기 입맛에 맞게 잘 이용할 수도 있습니다. 이것은 '이러거나 저러거나'의 문제가 아니라 '이러거나, 하지만 반드시'의 문제입니다. 적어도 꼭대기에 도달할 때까지는 어떤 골칫거리든 일단 이겨내는 것이 가장 좋은 옵션입니다. 그런 다음 혹시 여러분이 세상을 바꿀 수 있는지 꼭대기에서 다시 살펴보세요.

여성과 남성 모두를 위한 지금

통계라는 것이 있죠. 그리고 말보다 숫자로 보여주는 것이 더 확실한 순간들이 있습니다. 여기에서부터 이야기할 것은 성에 대한 몇몇 통계 수치입니다. 그렇다고 섹시한 뭔가가 있는 것은 전혀 아닙니다.

술과 소비자의 음주 습관을 바꾸는 것에 대한 내용으로 컨퍼런스에서 강연을 해달라는 아주 가벼운 요청을 받은 것이 시초였습니다. 주최 측에서 내게 알려준 컨퍼런스 주제는 '여성, 과반을 차지하다'였고, 그들이 내게 요청한 연설 주제는 '여성을 대상으로 한 알코올음료 마케팅의 변천사와 앞으로의 전망'에 대한 것이었죠. 내 생각에 주최

측이 내게 바랐던 것은 여성들로 하여금 음주를 유발하는 요인들에 대한 몇 가지 리서치를 공유한 다음, 여성 대상의 주류 마케팅이 발전할 기회에 대해 아이디어를 조금 제시하고, 마지막으로 재미있는 광고캠페인 몇 가지를 보여주면서 마무리하는 것이었겠죠.

이런 기회가 나에게까지 왔던 것은 내가 한때 하베이스 브리스톨 크림 셰리와인의 광고와, 또 약간 대조적이지만 캐슬마인 포엑스(XXXX) 라거 맥주의 광고를 담당했었기 때문이었을 겁니다(기억하는 사람이 있을지 모르겠지만, 당시 "호주 사람은 포엑스로 통한다"라는 유명한 광고카피가 있었습니다). 그리고 내가 알코올 광고로 유명해지게 된 가장 큰 이유는 바로 그 유명한 베이비샴Babycham 광고 덕분이었습니다.

독자들 중엔 베이비샴이 반가운 사람도 있고 낯선 사람도 있을 겁니다. 내가 어렸을 땐 언젠가 어른이 되면 비행접시 모양의 특별한 잔에 담긴 페리주 한 잔을 받게 될 거라는 상상 속에 빠져 마치 크리스마스라도 된 것처럼 들뜨곤 했습니다. 베이비샴은 새끼 사슴이 뛰어 오르는 모양의 그 유명한 로고가 박힌 세련되고 달콤한 모양의 작은 병에 담겨 있었는데, 실제로 달콤한 정도가 아니라 너무 달아서 이빨이 다 빠져버리는 느낌이 들 정도였습니다. 당시 광고에서는 바에서 멋진 남자가 술을 사겠다고 하면 매력적이 여성이 살짝 바보 같은 미소를 지으며 "베이비샴이라면 당연히 좋아요"라는 전설적 캐치프레이즈로 대답하고, 그러면 곧 마법 같은 일이 벌어지면서 만화 그림이었던 새끼 사슴이 깡충깡충 뛰어다니며 활기를 불어넣는 내용이었죠. 그 뒤로 수년 동안 매출이 감소하자 1980년대 중반에 그들은 우리 에이전시에 새로운 요구를 해왔습니다. 브랜드 이미지를 바꾸고 기존보다 약간 높은 연령대의 좀 더 높은 수준의 소비자를 대상으로 하고 싶다는 내용이었습니다.

그 결과로 만들어진 광고는 오늘날의 기준으로 보면 굉장히 촌스럽습니다. 사람들로 붐비는 '멋진' 바에 진주 목걸이를 한 단정한 차림의 여성이 나타나 "베이비샴으로 주세요"라고 주문을 하죠. 그 순간 바 전체가 그대로 멈춰버리고, 어떻게 대놓고 그런 시대에 뒤떨어진 술을 주문할 수 있냐는 듯 엄청난 사회적 충격을 받은 사람들은 말문이 막히고 분위기는 썰렁해집니다. 하지만 곧 선글라스를 낀 쿨해 보이는 남자가 나타나 손가락을 튕기며 이렇게 말합니다. "헤이! 베이비샴으로 줘요" 그러자 갑자기 쿨하고 세련된 사람들이 다들 바로 몰려가 배로 만든 황금색의 거품 음료를 주문하느라 한바탕 소란이 일어나죠. 어떤 그림인지 대충 상상이 될 겁니다. 광고의 인기는 불꽃처럼 치솟았고 판매량 역시 솟구쳐 올랐죠. 그리고 나는 컨퍼런스에서 연설을 해달라는 요청을 받게 되었고요.

그런데 그 음료 컨퍼런스에서 발표할 자료를 준비하면서 나는 '여성, 과반을 차지하다'라는 주제를 떠올리고 내 발표내용과 주제를 어떻게 조화시킬지 고민해보게 되었습니다. 뼛속까지 전략가이다 보니 주제를 자세히 살펴보고 실제로 전체 인구 중 여성의 비율에 대해 구체적으로 조사를 했습니다. 영국을 비롯해서 산업적으로 발전한 모든 나라에서 여성의 수가 과반이라는 점은 사실이었습니다. 사실 그 이유는 여성들이 더 오래 살기 때문이지요. 사별하고 혼자 남은 노년의 여성들, 선택에 의해 비혼으로 남은 여성들, 혼기를 놓쳤거나 또래의 젊은 남성 세대가 전쟁에서 희생되는 바람에 어쩔 수 없이 혼자 사는 여성들과 같은 수많은 사례들이 있었습니다. 반면 낮은 연령대에서는 성별 간 비율이 거의 동등했습니다.

그리고 다른 데이터를 들여다보다가 통계가 얼마나 무서운 것인지 온몸으로 깨닫게 되었죠. 중동 지역 국가와 중국, 인도 같은 나라에서는 남성의 비율이 두드러지게 높았습니다. 여러 가지 이유가 있지만 주요한 요인으로는 성별에 따른 조기 낙태, 여자 영아 살해, 출산 중 산모의 사망, 여성에 대한 적절한 의료 지원 부족 등이 있습니다.

과거에도 그랬고 지금도 여전히 일부 사회에서는 아들에 대한 문화적, 사회적, 경제적 선호도가 뚜렷하게 나타나고 있습니다. 중국의 경우 여아 100명당 남아 출생 비율이 119명입니다(그리고 인도의 경우 여아 100명당 남아 출생 비율이 115명입니다. 경제학자들은 중국과 인도, 두 나라에서 2020년 기준 결혼 적령기에 이르는 남성의 수가 여성보다 최대 3천만 명에서 4천만 명 이상 더 많을 것으로 예상합니다). 심지어 중국의 몇몇 마을에는 여성이 한 명도 없는 곳도 있습니다. 이렇게 극도로 심각한 성비 불균형 때문에 일자리나 배우자 선택에서 희망을 잃은 젊은 남성들이 절박한 목소리를 높이게 되면 엄청난 사회적 불안이 발생할 위험이 있습니다. 물론 러시아의 경우는 남녀의 성비가 그 반대가 되고 있다는 것을 잘 알고 있습니다. 러시아에서는 술과 관련된 질병으로 남성들이 젊은 나이에 사망하는 일이 비일비재하거든요.

따라서 나는 이 컨퍼런스에서 평소의 유머 감각을 발휘할 수 없었습니다. 최대한 노력은 했지만 어쩐지 '베이비샴이라면 무조건 좋은' 정도로는 만족스럽지 않았습니다. 나는 더 이상 성 평등 문제를 가볍고 재미있는 주제로 보지 않게 되었고 마음속에서 분노가 일기 시작했습니다. 그리고 그 이후로도 내 의지와는 상관없이 계속 그러고 있습니다. 비록 일상적인 삶을 사느라 본능적 분노는 최대한 억누른 상태였지만요.

선진국 세계에서 남성과 여성 사이의 힘의 균형, 임금 균형, 사회적 균형 문제를 제기하려는 과정에서 우리가 도를 넘었다고 생각하는 모든 사람들에게 말하고 싶습니다. 저 외부의 전혀 다른 세상에 지금 당장 긴박한 도움이 필요한 사람들이 있습니다. 진정으로 동등하고 균형 잡히고 의식이 깬 사회는 무엇을 할 수 있는지를 몸소 보여주는 것이 우리가 나아가는 방향이 되어야 합니다.

작게는 소위 깨어 있다는 산업에서조차 여전히 남성들이 고위직을 꿰차고 있다는 사실이 실망스럽습니다. 아이러니하게도 가정용품 구매에 주된 영향을 미치거나 직접 구매하는 사람의 80퍼센트는 여성들인데, 그와는 정반대로 광고 에이전시 창작팀의 80퍼센트를 오랫동안 남성들이 차지해 왔습니다.

아직도 이 세상엔 폭군들이 날뛰고 있죠. 세상은 바뀌어야 하고 바뀌고 있습니다. 다행히 지금은 남성과 여성 모두가 변화를 만들어내기 위해 함께 노력하고 있습니다. 특히 최근의 마케팅과 커뮤니케이션 분야에서 다양성의 가치에 대한 수많은 컨퍼런스, 논문, 기사들이 넘쳐나 당분간은 폭군들이 쉽게 날뛰지 못할 것 같습니다.

이렇게 돈은 많은 이야기를 합니다. 좋든 싫든 돈은 권력을 얻을 수 있는 가장 좋은 수단입니다. 그리고 여러 연구에서 증명하듯 고위직에 진입하는 여성들일수록 더 많은 여성을 채용하고 지원하며 그

남성의, 남성에 의한, 남성을 위한 세상인가?

- 여성 평등을 증진하면 2025년까지 글로벌 GDP에 12조 달러를 기여할 수 있습니다.

- 2018년 미국 내 기업의 성별, 인종별 직무(C레벨 또는 CEO 직속 보고자) 점유율은 백인 남성 68%, 유색인 남성 9%, 백인 여성 19%, 유색인 여성 4%입니다.

- 관리자로 승진하는 성별 비율은 남성 100명당 여성 79명, 관리자 직급의 성별 분포는 남성 62%, 여성 38%입니다.

- 1,300만 명의 직원들이 일하고 있는 279개 기업에서 여성들의 비중은 C레벨이나 상임 부사장급에서 고작 23%, 부사장급에서 29%, 고위 임원급이나 이사급에서 34% 정도입니다.

- 만약 여성이 남성과 동등하게 직장 내 역할을 맡을 수 있다면 28조 달러의 성장을 일으킬 수 있습니다. 이 액수는 미국과 중국을 합친 경제 규모입니다. 또한, 모든 나라가 각자의 위치에서 직장 내 성평등 실현을 위해 전속력으로 전진한다면 글로벌 평균 GDP를 11% 증가시킬 수 있습니다.

- 2017년 콘 페리 연구소는 여성 기업 리더들의 특성 및 역량을 파악하기 위해 57명의 여성 CEO를 인터뷰했습니다. 이들 중 41명은 포천Fortune 선정 1,000대 기업을, 16명은 굴지의 비상장 기업을 이끌고 있었습니다. 여성 CEO들이 갖고 있는 공통된 특징은 리스크 테이킹, 회복력, 민첩성, 불확실성 관리 능력이

었습니다. 또한 이들은 직원들 간의 팀워크를 적극적으로 장려하고, '원하는 결과를 얻기 위해 다른 사람들의 능력을 잘 활용하는' 성향이 두드러졌습니다.

- MIT는 가장 효과적인 리더십 팀들이 지닌 특성이 무엇인지 알아내기 위해 조사를 했고 그 결과가 사람을 읽는 능력이라는 사실을 발견했습니다. 그리고 그런 팀은 여성의 비율이 높았습니다.

- 잭 젱거와 조셉 포크만이 2012년 〈하버드 비즈니스 리뷰〉에 기고한 내용에 따르면, 7,000건 이상의 성과 리뷰를 조사해본 결과 16가지의 리더 역량 중 거의 모든 분야에서 여성 리더들이 남성들보다 상위를 차지했습니다. 특히 남성의 전형적 강점이라고 여겨지는 주도권 선점과 목표달성을 위한 추진력 등의 역량에서도 마찬가지였습니다.

- 피터슨 국제경제 연구소도 91개국의 21,980개 기업을 대상으로 진행한 설문을 통해, C레벨에 여성을 임명한 결과 회사의 순이익이 크게 증가했다는 결과를 얻었습니다.

- 플레시먼힐러드 사에 따르면, 향후 10년 동안 미국 내 모든 소비자 경제력의 3분의 2 이상을 여성들이 움직일 것으로 예측합니다.

결과 선순환이 일어나게 됩니다. 직장에서의 이런 균형을 남성들도 좋아한다는 점 또한 고무적입니다. 이런 걸 누이 좋고 매부 좋다고 하죠. 이런 통계야말로 모두가 함께 윈윈하는 진정한 마법의 숫자입니다.

Chapter 5

잘할 수 있을 때까지
잘하는 척이라도 하라고?

있는 모습 그대로 내가 할 수 있는 최고 버전이 되라

• • •

영국 TV 프로그램 중에 2000년부터 방영했던 〈가짜를 찾아라Faking it〉라는 프로그램이 있었습니다. 사람을 완전히 개조시키는 내용이었는데 긴장감 있으면서도 감동적이어서 채널 고정 프로그램 중 하나였죠. 일반인들이 출연해서 원래의 자기 정체나 직업과는 전혀 다른 사람이 되도록 훈련을 받고 4주 후에 전문 심사위원단이 실제 그 직업에 종사하는 사람들 사이에서 이 '가짜'를 가려내는 것이었는데 출연자들 대부분이 용케도 전문가들을 잘 속여 넘겼습니다.

어떤 첼리스트 출연자는 클럽 DJ가 되기 위해 디제잉 컨트롤러 사용법부터 의상, 몸짓, 퍼포먼스 등 모든 것을 '훈련'했고, 변변찮은 햄버거 푸드 트럭 주인이었던 한 출연자는 고든 램지 스타일의 괴팍한 잔소리꾼 셰프로 완전히 탈바꿈하는 데 성공했습니다. 뻣뻣하기 그지없던 해군 장교 출연자가 누가 봐도 그럴싸한 드래그퀸(남성이 여장을 한 것)으로 변신하는가 하면 어떤 젊은 서민층 여성은 상류층(요즘에야 별 의미 없는 개념이지만)의 예법을 교육받기도 했죠. 사실 이 프로그램의 모티브는 〈피그말리온〉이 그 기원입니다. 〈피그말리온〉(조지 버나드 쇼의 1913년 희곡, 이후 1964년 〈마이 페어 레이디〉라는 제목으로 영화와 뮤지컬로 제작되어 흥행에 성공한다)에서도 다들 알다시피 꽃 파는 아가씨 일라이자 둘리틀이 괴팍한 교수한테 교육을 받고 귀족 아가씨의 모습으로 변모하게 되잖아요. 하지만 이 방송 프로그램에 대해 사람들이 잘 눈여겨보지 않았던 몇 가지 측면에 대해서도 짚고 넘어갈 필요가 있습니다.

- 참가자들은 자신들이 맡게 될 '새로운' 역할에 대해 특정 기간에 걸쳐 전문가들에게 강도 높은 코칭을 받았다는 것
- 그러면서 시도 때도 없이 울음을 터뜨리고, 좌절하고, 못하겠다고 징징대고, 방송에 출연하는 내내 불안하고 긴장된 모습을 보였다는 것
- 방송이 나간 이후에 그들이 다시 어떻게 되었는지는 아무도 모른다는 것

생긴 모습 그대로 최대한 활용하기

여기까지 말하고 보니, 우리에게는 이미 어마어마한 잠재력이 있어서 언제든 삶의 제약을 극복하고 더 배우고 성장하고 변화하고 더 잘 해낼 수 있다는 뻔한 훈계만 늘어놓은 것 같습니다. 물론 나도 전적으로 동의합니다. 하지만 우리가 주당 80시간 일해야 하는 스케줄에 더해 모든 것을 무사히 돌아가게 하느라 빡빡한 일상을 보내고 있다면 취미로 미국항공우주국의 우주비행사가 되는 훈련을 받거나 세르보·크로아트어를 배워 볼 시간이나 여력 따위 있을 턱이 없죠.

경력 초기에 일하는 엄마였던 나는 회사에서 졸지 않고 일에 집중하는 척 하는 것만으로도 진이 빠지곤 했습니다. 그 와중에도 밤늦게까지 쓸데없는 TV프로그램을 많이 보긴 했지만 (여러분도 나름의 방식이 있듯이) 나에게는 TV가 세상 모든 일에서 신경을 끄는 나만의 방식이었습니다. 가끔 일이 엄청 힘든 직장에 다니면서도 자기 아이들을 테니스 훈련이며 댄스 학원, 바이올린 교습, 친구들 생일파티에 실어 나르고, 거기에다 어떻게든 '짬'을 내어 (보나 마나 새벽 3시에서 6시 사이일 텐데) MBA 공부까지 하는 사람들의 이야기를 들을 때면 나는 심경이 복잡해집니다.

실제로 대단하기도 하고 그 사람들이 아주 잘 하고 있는 것도 맞긴 한데 나는 그런 사람들보다는 인간계에 있는 평범한 사람들, 자신이 할 수 있는 만큼 최선을 다하면서도 여전히 잠도 잘 자고 가끔 쉬기도 해야 하는 사람들에 주목하려고 합니다.

약간 거슬리는 말인데 "잘할 수 있을 때까지 잘하는 척이라도 하라"는 말을 다들 들어봤을 겁니다. 마찬가지로 설교조인 "이미 된 것처럼 행동하라"는 말 역시 그렇습니다! 여기서 잠깐 내가 예전에 배운 고전 지식을 조금만 활용해서 설명하자면 이런 개념은 인간이 특정 방식으로 계속 행동하다 보면 그에 걸맞은 특정 자질을 갖추게 된다는 아리스토텔레스의 철학을 반영한 것입니다.

물론 인지행동치료CBT, Cognitive Behavioral Therapy 나 신경언어프로그래밍NLP, Neuro-Linguistic Programming 요법에 수많은 연구와 과학이 활용되었다는 것은 분명한 사실이죠. 우리를 도와주는 이 모든 자기계발을 통해 우리는 기존에 가지고 있던 신념이나 마음가짐, 행동의 틀에서 벗어나 좀 더 긍정적이고 새로운 습관을 개발할 수 있게 됩니다.

미국의 자기계발 전문가인 토니 로빈스(또는 영국의 폴 맥케나) 같은 사람들은 우리 안에 잠든 거인을 깨워주고 우리가 '나는 날씬해', '나는 행복해', '나는 부자야', '나는 훌륭해'라고 믿게 할 뿐만 아니라 심지어 (개인적으로 폴 맥케나의 주제 중 내가 가장 좋아하는 부분인데) 잠도 잘 수 있게 우리를 도와주는 일을 하면서 동시에 대규모의 강연 투어, 책, TV 쇼를 통해 어마어마한 돈을 벌기도 했습니다. 특히 바쁜 사람들을 위해서 폴 맥케나는 7일 만에도 우리의 삶을 변화시킬 수 있다고 하죠.

자기계발의 특별한 힘

고백하건대 나는 일종의 자기계발 중독자입니다. 지금까지 내가 한 활동을 조금만 열거해보자면, 심리치료사를 찾아가 소파에 누워 마음속에 쌓인 감정을 쏟아내기도 했고, 돌아가신 아버지에게 이상하게도 마음이 치유되는 분노의 편지를 쓰기도 했습니다. '창의성 기르기' 강좌에서 고래고래 소리도 질러보고, 경력 개발 교육에서 내가 꿈꾸는 '미래의 내 모습'을 그림으로 그린 적도 있습니다. 물론 그 마지막 활동은 우리 집 다락방에 처박아 둔《도리언 그레이의 초상》(오스카 와일드의 1891년 소설, 현실의 도리언 그레이가 영원한 젊음과 아름다움을 유지할 수 있게 되는 대신 초상화 속 그의 그림이 늙어가며 추악하고 이기적인 모습으로 변해간다는 이야기)의 거꾸로 버전이 되어 내 그림은 그대로인데 현실의 나만 점점 추하게 늙어가고 있죠. 그리고 런던에서 열린 토니 로빈스의 세미나에 참석해 주차장에서 뜨거운 석

탄을 밟으며 걷기도 했습니다. 그러고 보면 토니 로빈스의 사람을 행동하게 하는 능력은 정말 대단하죠!

또한 자아 발견이나 자기계발 분야에서 인기 있다는 책들은 대부분 찾아 읽곤 하는데, 수많은 심오한 저서들 중에서도 특히 《아직도 가야 할 길》, 《자신감 수업》, 《천상의 예언》 등이 있습니다. 심지어 수많은 유명인들의 영적 구루인 디팩 초프라의 캘리포니아 수련 센터까지 찾아가서 그가 말하는 '성공을 부르는 7가지 영적 법칙'을 실천해보기도 했습니다. 사실 그곳에서는 이마 위로 따뜻한 오일을 계속 부어내리는 시로다라 요법과 두 사람이 동시에 해주는 성스러운 아유르베다 판차카르마 마사지가 훨씬 좋았지만 대놓고 티는 내지 않았죠. 혼자 간 걸로도 모자라 나중에는 회사 사람들에게 이 요법을 '브랜드 안내 및 숙지'를 위한 필수 과정으로 추천하기까지 했는데, 당시 나와 함께 일하던 크리에이티브 총책임자는 내 앞 순서에 들어가서 이 요법을 받고 나오더니 완전히 넋이 나가서는 말문을 열지 못할 정도였죠. 아무튼 이 두 가지 정도는 확실히 마스터했다고 말할 수 있습니다.

아주 강도 높은 방법들이 아니긴 해도 지금까지 열거한 목록이 좀 많은 게 아닌가 싶을 겁니다. 그래도 일반적인 관점에서 보자면, 삶을 살아가면서 그리고 일을 하면서 수시로 어느 정도는 자기계발 노력을 하는 것이 실제로 유용할 수 있습니다. 개인 생활과 직장 모두에서 자신의 행동과 마인드셋을 바꿀 수 있는 새로운 기술과 방법을 배운다는 이점은 말할 것도 없고, 혼자서 자기계발을 하든 아니면 아주 새로운 모임을 통해 여러 사람들과 함께 하든 오롯이 나만을 위한 시간을 가질 수 있는 딱 좋은 방법입니다. 내가 자기계발 노력을 통해 도움을 받은 점은 다음과 같습니다.

첫째, 심리치료적 기능입니다. 까다로운 개인적 문제들로 주변 사람들을 마구 못살게 굴기 전에, 그 문제들을 좀 더 긍정적으로 통제할 수만 있다면 정말 좋겠죠. 나는 일찍부터 심리치료를 꽤 많이 접했습니다. 심리치료의 좋은 점은 자기 인격 형성기의 경험을 좋은 것이든 나쁜 것이든 끔찍한 것이든 통째로 다 꺼내놓고 샅샅이 분석해볼 수 있다는 것입니다. 그동안 여러분이 완전히 잊고 있었던 것들까지 전부 다 말이죠. 일단 인지할 수 있게 되면 그런 것들이 본인의 삶을 주도하게 놔둘 것인지, 또는 어떤 영향을 끼치게 할 것인지를 이제는 좀 더 의식적으로 결정해보려고 노력하게 됩니다. 물론 모든 사람들에게 똑같이 효과가 있는 것은 아니겠죠. 하지만 나한테는 정말 큰 도움이 되었습니다. 어떤 사람들에게는 심리치료가 변죽만 울리다 끝날 수도 있습니다. 결국 우리는 이 골칫거리들을 어떻게 처리할지와 인생에 도움이 안 되는 습관들을 어떻게 바꿀지를 파헤치는 좀 더 실용적인 단계로 넘어갈 수밖에 없습니다.

둘째, 기본적으로는 사는 게 그럭저럭 괜찮은 것 같지만 어쩐지 주변을 좀 더 정돈하고 싶다는 욕구가 느껴진다면, '랜드마크 포럼'(글로벌 자기개발 교육 프로그램)이나 그와 비슷한 여러 파생 프로그램처럼 다양한 종류의 이벤트들도 도움이 될 수 있습니다. 이런 프로그램의 효능을 확신하고 프로그램이 끝날 때쯤이면 완전히 정화되어 결의에 가득 찬 기분을 느끼는 사람들이 있는 반면, 이런 걸 질색하고 혐오하는 사람들도 있습니다. 이런 다양한 프로그램들은 모두 자기만의 버전으로 '자신이 삶에서 더 나은 사람이 될 수 있다는 것을 인정하고, 새로운 미래를 시각화하고, 그곳에 도달하기 위해 전력을 다해 행동하라'라는 실천 강령을 전달합니다. 나는 특히 '자기 비판하기' 과정에서는 아무런 도움도 필요치 않았습니다. 우리 불쌍한 엄마는 내가 밤늦게 전화해서 용서를 구할 때마다 당황해서는 어쩔 줄 몰라 하기도 했죠. 가끔 그렇게 하라고 시키는 교육 과정도 있답니다. 이 모든 게 약간은 이상하고 '사이비'처럼 느껴질 수 있습니다. 하지만 이런 것도 자신을 (가짜에서 진짜로) 변화시킬 수 있다는 믿음에 마음을 여는 여러 방식 중 하나일 뿐입니다. 한 가지 경고를 하자면, 어떤 사람들은 이런 프로그램에 참여한 후 불쑥 직장을 떠나겠다는 결정을 내리기도 한다는 점입니다. 자, 나는 분명히 경고했습니다.

셋째, 구루와 함께하는 프로그램은 아주 재미있으면서도 정말로 귀중한 경험이 될 수 있습니다. 예를 들면, 토니 로빈스는 뛰어난 사람이지만 다소 무서운 면도 있죠. 그는 말 그대로 거인 같은 체격을 가졌을 뿐 아니라, 여러분 '안에 잠든 거인'도 깨워 커피향만으로 무한한 파워를 얻을 수 있게 해주겠다고 제안하죠. 알고 보니 오프라 윈프리, 빌 클린턴, 레오나르도 디카프리오, 그리고 수많은 비즈니스 리더들이 토니 로빈스의 프로그램 덕을 봤더군요. 그의 강연에 참석해보면, (나도 호기심이 생긴 데다가 특별할인을 해준다기에 참가해봤습니다) 토니가 거대한 강연장을 가득 채운 청중들 사이를 걸어 다니며 거대한 바위 신처럼 사람들 사이에 우뚝 솟아올라 사람들과 악수를 하고 청중들 가운데서 특히 적극적인 사람들을 끌어냅니다.

그의 강연에 참여한 사람들은 그가 자신을 다르게 행동하게 만들고 다른 마인드셋으로 생각하게 만듦으로써 자신의 부정적인 감정에 즉각적인 변화를 일으킬 수 있다고 믿게 됩니다. 그가 무대에서 강연을 하는 내내 록 음악이 계속 쿵쾅거리고 청중석에서는 박수가 끊임없이 쏟아지죠. 모든 게 약간 초현실적으로 느껴집니다. 그의 강연을 직접 보고 난 후 내가 찾고 있던 것에 상관없이 나는 완전히 압도당하고 말았습니다.

지금까지 그의 강연에 대한 온갖 이야기를 했지만, 그의 저서를 통해서도 실제 행동으로 옮기고 긍정적인 시각화에 도움이 되는 몇 가지 이론과 전문가, 사례에 관한 정보를 얻을 수 있습니다. 그리고 의외로 놀랍게도 그는 상당히 웃기기까지 했습니다. 정말 다행이었죠. 이제 막 맨발로 뜨거운 석탄 위를 밟고 지나가려는 상황에서 어쩌면 화상으로 물집 잡힌 발바닥 때문에 병원에 가게 될지도 모른다는 걱정이 가득했으니, 누가 웃겨주기만 한다면 더 바랄 것이 없었죠(물론 실제로 병원에 갈 일은 생기지 않았습니다).

여러분은 이런 프로그램에 (토니 로빈스 강좌의 경우 매우 높은 액수의) 돈을 지불하고, 혹시 있을지 모를 가능성에 기대를 걸어볼 수 있습니다. 토니의 순자산이 5억 달러 정도(한화 약 5,500억 원) 되는 걸 보면 꽤 많은 사람들이 실제로 '기대를 걸어보고 있는' 것이 분명합니다.

넷째, 자기계발 프로그램은 사람들을 확 끌어당길 만큼 다른 진지한 강연들에 비해 확실히 재미있습니다. 폴 맥케나는 상대적으로 덜 비싸고 (그래도 그의 자산 가치가 대략 6,500만 파운드에 달하니 당연히 먹고 살 걱정은 안 하겠지만요), 약간 덜 무섭고, 확실히 토니 로빈스보

토니 로빈스의 프로그램을 통해 내가 얻은 세 가지

• 몸(자세)을 바꾸면 그 안에 있는 에너지와 마인드셋도 완전히 바꿀 수 있습니다. 이 말이 '시선을 높게 해라, '어깨를 활짝 펴라', '가슴을 뛰게 하라'는 오래된 조언과 비슷하게 들린다면, 네 맞습니다. 이것을 현대식으로 다시 포장한 것이 이 개념이지요.

• 여러분이 특별히 존경하는 사람이 있다면 그들이 어떤 특별한 행동을 하는지를 연구하고 그런 행동들을 본보기로 삼거나 조금 따라 해보세요. 성공으로 가는 지름길이 될 수도 있습니다 (하지만 너무 지나치게 따라해서 이상해 보이지 않도록 주의하세요).

• 사람들은 누구나 쾌락과는 가까워지고 고통과는 멀어지고 싶어합니다. 따라서 여러분이 하고 싶은 일이 무엇이든(또는 남들에게 시키고 싶은 일이 무엇이든), 쾌락과 고통의 개념을 이용해 여러분의 요구를 표현하는 것이 합리적입니다. 다른 말로 하면, 행동의 변화가 여러분이나 그들에게 가져다줄 쾌락 또는 고통이 무엇일지를 인식시키는 겁니다. 이 방식은 중독적 행동을 바꾸는 데에 특히 효과적인 것으로 보입니다.

다는 키가 작습니다. 몇 년 전 맥케나가 우리 회사에서 강연을 한 적이 있었습니다. 당시 그는 한창 사람들의 삶을 일주일 안에 바꾸는 일을 하고 있었습니다. 그리고 아직은 그의 비즈니스를 다양하게 확장하기 전이었고 지금처럼 전문 분야별로 세분화해서 우리에게 '날씬해지고, 부자가 되고, 행복해지고, 그밖에 다른 것도 이루게' 해줄 수 있다는 약속을 하지는 않았습니다. 그래도 실제 만나본 그는 굉장히 재미있고 활기 있는 사람이었습니다. 몇몇 사람에게는 최면을 걸기도 했고, 아주 특이한 활동으로 강연실을 가득 채운 사람들 모두가 나쁜 기억과 경험을 잊어버릴 수 있게 도왔죠. 사실 그 프로그램은 전체 입석으로만 진행했는데도, 진지하기만 한 비즈니스 강사들의 강연보다 훨씬 많은 사람들이 참여했습니다. 사람들이 인정하고 싶어 하진 않아도 자기계발 관련 프로그램이 성황이었던 건 분명했습니다.

다섯째, 나에게는 특히 긍정적 시각화 방법을 익힐 수 있는 교육들이 꽤 유용했습니다. 이런 시각화 트레이닝에는 내가 원하는 미래의 삶을 그림으로 그리거나 미래의 삶에서 내가 성취하고 싶은 것들의 이미지를 조합하는 활동이 포함될 수도 있고, 아니면 어떻게 하면 최상의 프레젠테이션을 할 수 있을지 머릿속으로 '이미지트레이닝' 하는 기술을 배우는 것일 수도 있습니다(이에 대해서는 뒤에서 더 이야기하겠습니다). 또는 소리를 지르고 싶거나 울고 싶을 때, 이러다 사람 하나 죽이겠구나 싶을 때, 호흡에 집중하며 '순백의 밝은 빛'이 서서히 나를 감싸는 상상을 하는 것도 시각화 훈련의 하나입니다. 솔직히 말하면 요긴하게 써먹을 수 있는 순간들이 꽤 자주 발생하죠.

하지만 성공을 위해 나 자신에게 어떤 식으로 투자하든 반드시 일정 수준의 실현 가능성 및 진짜 실력, 그리고 노력이라는 전제가 밑바탕에 깔려 있어야 합니다. 신체적으로 타고난 자질이 없다면, 그리고 오직 훈련에만 전념할 준비가 되어 있지 않다면 아무리 시각화를 열심히 해도 올림픽 선수가 되지는 못하겠죠.

여러분은 하키 선수입니까? 철인 3종 경기 선수입니까?

예전에 2016년 리우데자네이루 올림픽에서 메달을 딴 영국팀 선수들이 자신들의 성공 요인에 대해 이야기하는 것을 들은 적이 있습니다. 영국 사람이라면 아마 다들, 당시 여자 하키팀이 승부차기까지 간 끝에 네덜란드 팀에 승리하고 금메달을 따던 순간의 흥분과 전율을 기억할 겁니다. 선수들은 나라의 영웅이 되었죠. 하키 팀 선수들은 그들의 팀 심리전문가가 매우 중요한 역할을 했다고 말했습니다. 불안이나 문제점, 동기부여, 미래에 대한 공통의 비전 등을 해결하거나 성취하기 위해 팀원 개별적으로 그리고 팀 전체적으로 얼마나 많은 노력을 기울였는지, 자신들이 어떻게 승리를 시각화하고 승리 마인드셋을 갖추게 되었는지에 대해 이야기했죠. 그 과정에서 감정적으로 힘들기도 했고 정신적인 면에 많은 투자를 해야 했지만, 그들은 모두 자신들에게는 심리적 도움이 엄청난 효과를 발휘했다고 생각했습니다.

곧이어 질문자는 브라운리 형제 쪽을 바라봤습니다. 철인 3종 경기에서 각각 금메달과 은메달을 획득한 형제 선수였죠. 두 사람이 그동안 훈련을 하고 경기를 준비하면서 하키팀처럼 심리전문가의 도움을 받았는지 질문을 받았을 때 형제는 삐져나오는 웃음을 참을 정도의 예의는 지켰습니다. 결국 대답은 알리스타가 했죠. "아니요, 내가 주로 쓰는 심리학은 스스로에게 이렇게 말하는 겁니다. 지금까지 그 많은 훈련을 하느라 겁나 빡세게 노력했으니 절대 망치지만 마."

나도 요크셔 남자와 결혼을 해서 잘 압니다(이들 형제는 요크셔 출신으로 이 지역 사람들은 영국 내에서도 가장 지역 정체성과 자부심이 강하기로 유명함). 자, 이제 알겠죠? 자신이 하키팀 성향인지 철인 3종 성향인지는 오로지 자신만이 알 겁니다. 하지만 어느 쪽이든 공통적인 것은 성공을 향한 열망, 훈련에 대한 집념, 그리고 일정 기간 동안 꾸준히 모든 면에서 온몸이 부서져라 노력한다는 것입니다. 훈련과 노력은 절대 가짜로 만들어낼 수 없죠.

사실을 조금 확장한 것일 뿐

내가 어떤 사람인지, 무엇을 잘하는지, 원래 내 활동무대가 어디인지 등 이미 정해진 현실을 완전히 바꾸는 것은 당연히 어렵습니다. 하지만 온갖 다양한 방식으로 스스로를 '넓게' 바라보면 '현실'에 좀 더 많은 가능성을 더해줄 수 있고 진짜든 가짜든 양쪽 모두에게 더 정직할 수 있습니다. 그러면 그 모든 스트레스와 압박을 받으면서 잘하는 척 '꾸며야 할' 필요도 없어지죠.

나 역시 내가 '가짜 행세'를 하고 있다는 사실을 알아차렸던 적이 여러 번 있었습니다. 사치 앤드 사치에서 떠나기 직전 내 후임을 맡을 후보를 인터뷰하던 일이 생각납니다. 회사의 창립자들이 어쩔 수 없이 물러난 뒤였는데 말하자면 길고도 슬픈 이야기입니다. 마음은 이미 비즈니스에서 떠난 뒤였고 생각은 이미 다른 곳을 향하고 있었지만, 그럼에도 불구하고 이 회사가 어째서 정말 좋은 회사인지에 대해 한바탕 풍월을 읊어야 할 것 같은 의무감이 들었습니다. 나는 내 입에서 나오는 말에 화가 나기 시작했습니다. 목소리는 분명 내 목소리인데 내가 하는 말처럼 들리지 않는 것이 이상하면서도 독특한 기분이 들었죠. 게다가 내 내면의 목소리는 내가 가짜처럼 말하고 있다고 계속 우기고 있었습니다. 바로 이때가 우리가 다르게 행동해야 할 타이밍이라는 것을 알게 됩니다.

내가 전략 총책임자 자리를 떠나 다른 회사에 CEO로 와 달라는 제안에 대해 심사숙고하고 있을 때, 한 비즈니스 동료가 내게 했던 말이 생각납니다. 그녀는 내가 CEO를 하고 싶어 하지 않는 줄 알았다고 이야기했죠. CEO가 된다는 건 내가 좋아하고 잘하는 실무적인 일들을 하지 않게 된다는 뜻이었습니다. 대신 앞으로 고객들의 끝없는 컴플레인, 재무회계, 경영시스템, 불평과 앓는 소리를 일삼는 직원 등의 문제를 상대해야 한다는 뜻이었죠. 물론 어떤 면에선 그 친구의 생각이 옳았습니다. 사실 그녀가 그렇게 말한 데는 약간은 숨은 의도가 있었지만요.

그녀와 나는 함께 새로운 사업을 시작할 준비를 하고 있었고 몇 달 동안 은밀히 만나 함께 비즈니스를 구상했습니다. 정말 신나는 시간이었고 그 친구는 재능이 뛰어나고 전반적으로 멋진 사람이었습니다. 하지만 그녀와 내가 전문분야 측면에서 엄밀히 상호보완적이지는 않았다는 것이 한 가지 걸림돌이었고, 정말 중요한 몇 가지 결정을 내려야 했을 때 우리는 둘 다 비슷한 일을 좋아한다는 사실을 솔직하게 인정하고 받아들였습니다. 당시 우리 둘 다 사업의 영리적, 경영적 측면에는 경험도 없고 관심도 없었습니다. 둘 중 하나라도 그랬다면 정말 완벽했을 텐데 말이죠. 그래서 우리는 다른 사람들을 영입하기로 결정했습니다.

아주 길고도 심적으로 힘든 이야기를 짧게 요약하자면, 더 많은 사람들과 함께 비즈니스 아이디어를 추진하려고 노력했지만 그런 과정이 나에게는 더 이상 맞지 않았습니다. 혹시 이 사업을 계속하게 된다면 그 이유는 내가 진심으로 하고 싶어서가 아니라 이 친구를 실망시키지 않기 위해서일 것이 뻔했습니다. 장기적으로 훌륭한 계획도 아니고, 나중에 양쪽 모두에게 악감정을 불러일으킬 씨앗이 될 수도 있었습니다. 그래서 엄청난 심적 고통의 시간을 보낸 뒤 나는 손을 뗐습니다. 끔찍한 결정이었죠.

그 대신 나는 그 친구 말에 따르면 내가 싫어했을 그 CEO 자리를 수락했습니다. 솔직히 말하면 대부분의 시간은 정말 싫었습니다. 신이 내게 내리는 벌이 아닐까 싶었죠. 최소한 여섯 달 정도는 매일매일 CEO 자리를 박차고 나가는 상상에 빠지곤 했습니다.

기본적인 CEO 업무를 처리하고 당장 매일매일 회사에서 벌어지는 일들을 책임지고 새로운 비즈니스에 곧바로 적응하는 법을 배우는 것 외에도 나는 상당히 난해한 경영상의 현안들을 몇 가지 처리해야 했습니다. 나라면 하지 않았을 합병에서 불거진 후유증, 내가 관여하지 않았던 회사 이미지 실추 사건의 파장, 게다가 서로 배척하는 직원들의 파벌 싸움까지, 이 모든 일의 뒤처리가 나에게 떠넘겨져 있었습니다. 회사의 소유주는 까다로운 미국의 상장그룹 지주회사였고,

확실한 분기별 수익만 보고 싶어 할 뿐 변명 따위는 듣지 않는 사람들이었죠.

잘하는 척의 후유증과 그 후유증 치료의 후유증

나는 불면에 신경쇠약 지경까지 갔지만 그런 속사정을 필사적으로 숨기고, 유능하고 단호하고 (제발 좋은 쪽으로) 거침없는 CEO의 역할을 연기했습니다. 덕분에 그 시기에 바흐 박사님과 진지하게 우정을 쌓았고 그 이후로도 계속 아주 친하게 지내고 있습니다. 실은 바흐의 레스큐 레머디Bach's Rescue Remedy에 대한 이야기인데, 이 제품들은 꽃을 이용한 자연 요법으로 진정 효과가 있다고 알려져 있습니다(라벨에는 '위로와 평안'이라고 적혀 있죠). 그리고 상당히 의외였지만 이 요법은 약간 희한하면서도 경이로운 방식으로 실질적인 도움이 되었습니다.

하지만 실제로 이 제품들의 성분을 자세히 살펴보니 그렇게 이상한 일도 아니었습니다. 시스투스, 봉선화, 클레마티스, 중의무릇, 자엽자두나무꽃(아, 생각만 해도 좋네요)과 같은 사랑스러운 꽃 추출물 이외에도 알코올 성분이 27%나 들어 있었으니까요. 이 요법의 효능은 아마 그 성분에서 나온 것이겠죠. 언젠가 뉴욕에서 출발한 비행기 안에 앉아 있는데 비행기가 이륙하자마자 승무원이 소화기를 들고 빠르게 움직이는 것을 봤을 때 그 '꽃들'이 얼마나 고마웠는지 모릅니다. 심장이 계속 쿵쾅거리며 갈비뼈 밖으로 터져 나오려고 하는 동안한 병을 거의 다 비워버렸으니까요.

나는 요즘에도 여전히 이 레스큐 레머디의 효과를 전적으로 신뢰

하고 있습니다. 불안감을 일으킬 수 있는 수많은 상황들, 특히 중요한 미팅이나 연설, 비행기 여행 전에는 항상 (물론 깊은 요가 호흡법과 함께) 이 제품을 사용합니다.

우리는 여러 가지 다양한 수단과 방법으로 스스로를 진정시키고 집중력을 잃지 않을 수 있습니다. 그런 방법들을 일종의 '의식'을 치르듯 이용하는 것이 도움이 되더군요. 예를 들면, 어떤 테니스 선수들은 자기만의 고유한 순서로 공을 튕깁니다. 악력볼을 이용하는 사람들도 있고 항상 똑같은 행동을 하는 사람들도 있죠. 여러분도 자신만의 '의식'을 만들어보세요.

점점 더 꼭대기로…

다시 일상의 업무 이야기로 돌아오면, 나는 능수능란한 CEO처럼 보이고 말하고 행동하려고 용을 쓰고 있었습니다. 까다로운 합병 문제를 해결하고 새로운 비즈니스를 배우고 재무와 경영관리 업무들을 처리해나가고 회사의 비전 어쩌고 하는 문제들뿐만 아니라 회사 화장실 상태까지도 신경 써야 했습니다. 그리고 남편과 아이들과도 할 수 있는 한 최대한 많은 시간을 함께 보내려고 노력했죠. 심지어 한술 더 떠서 책을 써야겠다는 생각까지 했습니다. 곧 밀레니엄이 다가오고 있었고 지금이야말로 '브랜드와 브랜딩'의 과거를 되돌아보고 앞으로의 미래를 내다보기에 딱 맞는 시기라는 생각이 들었거든요. 솔직히 말하면 머리가 어떻게 된 게 아닌지 검사를 먼저 받았어야 했지만 여간 귀찮고 신경이 많이 쓰이는 일이어야지요. 어쨌든《브랜드의 미래The Future of Brands》는 세상에 나왔고 성공을 거두었고, 결과적으로는 백 번 잘한 일이 되었죠.

전반적으로는 거의 한계에 다다라 스트레스에 치이던 날들이었습니다. 하지만 시간이 좀 지나자 어떤 일들은 나하고 잘 맞는다는 걸 깨달았습니다. 처음 이 CEO 자리의 후보감들이 물색되고 있을 때 헤드헌터가 내가 이 일을 잘해낼 수 있다고 나보다 더 확신했던 것처럼요. 오히려 나는 반신반의한 데다가 특별히 관심도 없었던 것에 비하면 말이지요. 하지만 어느 정도는 자리에 맞게 점점 성장했고, 비로소 내가 중요하게 생각했던 수많은 일들을 실제 실행으로 옮길 수 있게 되었습니다.

- 다양한 참여와 합작
- 남녀 성비의 균형을 이루는 경영팀 구성
- 학비보조금, 요가, 심지어 노래 동아리까지, 다양한 복지를 제공하는 직장 문화

그리고 몇 년 동안은 사업도 성장하고 회사는 좋은 실적을 거두었습니다. 우리가 꼭 붙잡아 놓고 싶은 사람들 중에 회사를 떠난 사람도 거의 없었죠. 빡빡하든 느슨하든 수많은 책임과 업무 속에서도 어떻게든 잘 살아나갈 수 있을 것 같았습니다.

그리고 바닥으로 곤두박질

하지만 그 후 비즈니스에 치명타를 안기는 몇 건의 사건이 상당히 짧은 시간차를 두고 발생했습니다. 첫 번째는 1990년대에서 2000년

대 초반 사이에 부풀어 오른 닷컴버블이 결국 폭탄이 되어 터져버렸고 금융시장은 신뢰를 잃고 말았습니다. 그리고 같은 해 후반에 훨씬 더 충격적인 일이 곧바로 벌어졌습니다. 바로 9월 11일에 두 대의 비행기가 뉴욕의 세계무역센터 쌍둥이 빌딩에 충돌한 사건이었죠. 그 순간 내가 어디에서 뭘 하고 있었는지가 생생한 기억으로 각인되는 그런 종류의 사건 말입니다.

닷컴 버블로 인한 시장 붕괴 뒤에 바로 이어진 911 테러는 그 자체만으로도 전 인류에게 충격적이고 끔찍한 사건이었고, 경제적 피해도 심각해서 특정 분야에 종사하는 사람들의 일자리에 끔찍한 영향을 미쳤습니다. 내가 속한 분야도 마찬가지였죠. 우리는 갑자기 시장에서 살아남기 위해 (우리가 한창 잘나가고 있었던) 이른바 '인재 탈환 전투' 모드에서 '최단기 비용 절감 전투' 모드로 재빨리 전환해야 했습니다(비용 절감은 그 누가 한다 해도 잘 해낼 수 없는 분야죠).

심지어 지금도 직원의 25% 이상을 정리해고 해야 한다는 생각에 머리를 쥐어뜯으며 사무실을 서성이는 동안 넬리 퍼타도의 노래 〈아임 라이크 어 버드I'm Like a Bird〉가 흘러나오던 것이 생생히 기억납니다. 대부분 내가 채용하고 육성하고 사랑했던 직원들이었습니다.

그동안은 항상 CEO라는 역할이 심리치료사와 운전사를 절묘하게 조합해놓은 것 같다고 생각했었는데 이제는 추가로 (미움받는) 사형집행인의 역할까지 떠맡아야 했습니다. 그때 그 일을 하는 것은 나한테는 정말로 가면을 쓰는 일이었습니다. 게다가 미국에 있는 소유주들의 기대에 부응하느라 사력을 다하고 있었죠. 당연하지만 그분들은 회사에서 수많은 사람들이 사라지는 것과 함께 비용도 사라지는 걸 보고 싶어 했습니다.

어느 밤늦은 시각 퇴근하는 차 안에서 글로벌 그룹 이사에게 한 통의 전화를 받은 날 드디어 나에게 결정의 순간이 찾아왔습니다. 나는 그에게 우리 회사가 직원들의 희생을 최소화하려고 노력하고 있으며 (가끔 미국 회사들이 치를 떠는) 유럽의 노동법을 감안해서 꽤 합리적인 수준으로 비용을 절감하고 있다고 항변해봤지만 그는 언성을 높이며 이렇게 대답했죠. "리타, 이 회사를 미래에도 보고 싶다면, 다른 생각 말고 무조건 이익 낼 생각만 하세요!"라고요. 뭐라고 대꾸해야 하나 생각하는 동안 잠깐의 침묵이 흘렀죠. 하지만 절대 욕 같은 건 떠올리지 않았습니다.

탈출한다고 다 좋은 걸까?

다음과 같은 이유로 이 이야기에 대해서는 처음 의도했던 것보다 좀 더 자세히 이야기하려고 합니다.

- 첫째, 내 역할이 허용구역의 한계선을 넘어 출입금지구역(예를 들면, 완전히 가짜처럼 행동해야 하는)으로 진입하는 순간을 알아차리기 위해서입니다.
- 둘째, 자기 자신을 이해하고, 자신이 할 수 있는 것과 못 하는 것, 때에 따라 할 수도 있거나 어떤 상황에서도 절대 하지 않을 일이 무엇인지를 파악하는 것이 중요합니다. 좋아서든 이성적으로든 쿨하게든 어떤 경우라도요.

무슨 일이든 때려치우기 전에 먼저 여러 가지 상황을 꼼꼼하게 제대로 따져보는 것이 아주 큰 도움이 됩니다. "뭐, 당신 생각이 정 그렇다면, 혼자 잘 먹고 잘 살아보시던가요"라고 말하며 문을 쾅 닫고 떠나버리는 내 모습을 머릿속으로는 자주 상상해볼 수 있지만 현실에선 좋은 방법은 아닙니다. 든든한 재정적 대비책이 있거나 이미 불멸의 명성을 쌓았다면 모르겠지만, 그게 아니라면 모든 것을 다 던져버리기 전에 앞날에 대한 계획을 먼저 생각해봐야 합니다.

그 후로 6주 동안 나는 차라리 내가 직접 내 사업을 시작해야겠다는 생각을 하며 두 번이나 사표를 냈습니다. 내 사업을 하면 더 이상 덩치 크고 근육 달린 소유주라는 사람들 앞에서 찌그러져 있지 않아도 되고 내 재량껏 경영을 해볼 수 있을 테니까요. 심지어 어떤 비즈니스를 할 것인지까지도 다 계획해 둔 상태였습니다. 그런데 그들은 계속 나와 함께 하고 싶다면서 CEO 대신 이사회 의장 자리를 맡아보는 게 어떻겠냐고 제안을 했고 덕분에 문제는 아주 실리적으로 해결이 되었습니다. 도끼를 휘두르는 장본인 역할을 그만두고 내가 좋아하는 일을 더 많이 할 수 있게 된다는 뜻이었죠. 나를 필요로 하는 누군가가 있다는 사실에 마냥 혹해서, 그리고 집 대출금을 갚고 가족을 부양하는 데 필요한 안전한 월급을 너무 사랑한 나머지, 나는 제안을 바로 받아들였습니다. 너무 쉽게 결정한 게 아닌가 싶을 정도로 큰 고민 없이 결정을 내렸습니다. 그런데 의장 일은 의외로 나에게 아주 잘 맞았고 그 과정에서 어마어마하게 많은 기회를 접했고 대부분 좋은 결과로 이어졌습니다. 너무 서두르지 않고 일단 심호흡을 하는 훈련이 가져다준 또 한 번의 간접적 혜택이었다고 할 수 있죠. 솔직히 고백하자면 이 자리에 있는 동안엔 자신이 없으면 자신 있는 척이라도 해야겠다고 결심했었습니다.

물론 TV 프로그램에 나와서 4주 동안만 가면을 쓰고 가짜 행세를 하는 것은 쉽게 해피엔딩으로 끝날 수 있습니다. 하지만 오랜 기간을 그렇게 가짜 삶을 살려고 하면 장담하건대 스스로 아주 비참한 기분을 느끼게 되거나 심지어 병이 날 수도 있습니다. 물론 잘만 된다면 여러분은 지금의 자신을 다른 방향으로 바꿀 수 있을지도 모릅니다. 그전까지는 자신이 할 수 있으리라 생각지도 못했던 완전히 새롭고 특별한 모습으로요.

이를 악물어야 할 때

이 이야기의 교훈이요? 가끔은 자신에게 불편한 역할을 맡겨보는 것도 괜찮다는 겁니다. 왜냐하면 그런 일들이 나에게 매일 성취감을 가져다주는지와는 상관없이, 일단 많이 배우고 엄청나게 성장하고 내가 무엇을 할 수 있고 뭘 하고 싶은지를 깨닫게 해주거든요. 다들 이야기하는 그 뻔한 소리가 지루하지만 다 사실입니다. 게다가 이 '불편한 역할'은 내가 다른 곳으로 옮겨갈 수 있는 디딤돌이 되어주기도 합니다.

내 남편은 툭하면 내가 원래는 약간 형편없는 주니어급 프로젝트 매니저였는데 점점 고위 직책을 맡더니 너무 많이 발전했다고 농담을 하곤 합니다. 아마 내 성향 자체가 사람들과 함께 일하는 것을 좋아하고 그들을 잘 이해하고 그들의 발전을 도울 수 있는 방법을 잘 찾기 때문일 거라고 우리는 결론을 내렸습니다. 남편이 나를 깎아내리는 거라고 오해할까 봐 덧붙이자면, 그는 본인이 나와 정반대의 성향인 것 같다고 말했죠. 하지만 현실적인 교훈은 모든 직장이 다 여러분이 간절히 원하던 자리는 아닐 거라는 점입니다. 그보다는 오히려 (여러분을 이동시켜주는) 컨베이어 벨트에 가까울 수 있죠.

몇 년 후 주기적으로 찾아오는 자기계발 발동이 걸려서 또 어떤 코칭 프로그램에 참여하고 있을 때 '커리어 앵커'라는 검사를 받았습니다. 8개 주제에 대한 개인의 선호도를 측정하는 비교적 간단한 검사였는데, 아주 간단히 요약하자면 내가 왜 그렇게 CEO 일을 싫어했는지 정말 뼈저리게 느끼게 해주었습니다. 이 검사는 내가 진정으로 나답고 행복하려면 어떤 '일'을 하는 게 가장 이상적인지를 알려줍니다. 예를 들면, 어떤 사람들은 창의성에 주력하는 업무를 해야 하고 어떤 사람들은 전문 분야에서 실무를 할 때 편안함을 느끼죠. 그밖에도 뭐든 경영하는 것을 너무 지독하게 좋아해서 경영만 할 수 있다면 별의별 더러운 일을 다 참아낼 수 있는 사람들도 있습니다.

나는 절대 그런 사람은 아니었습니다. 그런데도 결국은… 용케 비즈니스를 운영하게 되었습니다. 진짜 대장처럼 보이기 위해 간신히 위신이 설 정도의 모양새를 갖춰야 했던 것은 말할 것도 없지만, 다행히 내가 잘하는 실무적인 일도 할 수 있는 그런 종류의 비즈니스였죠. 이상적인 조합은 아니었지만 그래도 할 만했습니다. 어떤 면에선 내 안의 '나'와 얼핏 비슷한 것 같기도 했죠. 비록 그 '나'가 이를 악물고 있었을지라도요.

여러분이 내 얘기를 듣고, "부디 좀 더 많은 여성을 대장으로!"라는 주장에 열심히 봉사하면서 평생 불쌍하고 우울한 직장생활을 해야

자기 목소리를 들어 보세요!

'진짜 나'는 전략업무와 코칭, 멘토링, 훌륭한 비즈니스를 전파하는 일들을 정말 좋아했습니다. CEO였던 '가짜 나'는 거침없는 대장인 척 행동했습니다. 회사의 의장이 되자 이제는 다른 사람들을 거침없는 '좋은' 대장으로 만들 수 있는 방법을 알게 되었습니다. 내가 발견한 아주 유용한 실험 중에, 다른 사람들에게 이야기를 하는 동안 내 스스로 내 목소리를 주의 깊게 들어보는 방법이 있습니다. 내가 거짓으로 행동할 땐 정말로 내 목소리에서 거짓의 뉘앙스를 들을 수 있습니다. 한번 해 보십시오. 사람들에게 어려운 이야기나 안 좋은 일을 해야 하는 상황에서 '나는 그렇게 강한 사람이 아니야'라고 느껴질 때, 진짜 자신의 목소리로 말할 수 있는 방법을 최대한 찾아보세요. 가령 "어떻게든 회사의 비용을 절감하려면 어쩔 수 없이 약간의 인원 감축이 필요하다는 사실을 저도 알고 있습니다. 그렇다 해도 이 일은 감축 대상이 되는 직원들뿐만 아니라 우리 회사의 평판에도 정말 고통스러운 일입니다. 그러므로 최대한 솔직하고 만족스럽게 진행하려고 합니다"와 같은 방식으로요.

한다는 결론을 얻게 된다면 정말 참을 수 없을 겁니다. 그렇게 하는 대신 리더의 자리를 나한테 더 잘 맞는 모양으로 바꿔버리면 됩니다.

내가 되고 싶은 만큼(그리고 세상이 나에게 기대하는 만큼) 영향력 있는 사람이 되는 것은 생각보다 꽤 가능한 일입니다. 자기 자신만의 방식으로 하세요. 그렇게 노력해나가는 과정 중에 심지어 자신의 다양한 버전을 몸에 걸쳐볼 수도 있습니다. 이런 훌륭한 문구가 하나 있습니다. "있는 모습 그대로의 자신이 되어라. 아무리 다른 사람이 되려고 해봤자 '나'로 행동하는 것보다 더 잘하게 될 수는 없으므로" 정말 맞는 말이죠. 하지만 우리는 태어났을 때의 모습 그대로 고정된 존재들이 아닙니다. 우리는 성장하고 적응하죠. 계속 성장하고 적응할 수 있습니다. 가급적 긍정적인 방향으로라면 더 좋겠죠.

물론 우리는 지킬박사와 미스 하이드 둘 다 될 수는 없습니다. 나는 지금 여러분 모두가 세상 모든 일이 훌륭하게 잘 돌아가길 바라는 반듯한 사람들이라는 가정하에 글을 쓰고 있습니다. 이 개방적이고 투명한 디지털 세계에서 진실이 결국 드러나리라는 것은 두말 할 나위도 없죠. 그러니 '진짜 나'를 최대한 좋은 모습으로 갈고 닦는 것이 가장 최선입니다.

이런 친구들만 있다면

이 장은 짧은 시간 가짜 행세를 하며 겪은 우여곡절에 대한 실제 사례로 마무리하겠습니다. 장황한 상황 설명까지는 할 것도 없이 간략하게 말하자면, 내가 CEO가 되고 얼마 지나지 않았을 때 〈데일리 텔레그래프〉에서 여성 임원들이 스트레스에 대처하는 방법에 대한 특집 기사를 만들고 있었습니다. 그들은 내 사진도 함께 싣고 싶다며 집에 방문해서 인터뷰도 하고 내 사진도 찍어갔습니다. 기사에 실린 내 사진을 보고 얼굴 박피 시술과 수면 테라피와 전신 지방흡입을 받고 싶었다는 것만 빼고는(그리고 나에게 메이크업을 컨설팅해준 오래된 친구인 컬러리스트에게 환불받고 싶었던 것도 포함됩니다), 나는 당시 내가 한 말 중에 어떤 부분은 정말 사실이라고 믿었던 것 같습니다. 실제 나와 함께 살아야 했던 내 남편은 약간 다른 관점을 갖고 있었죠. 그는 기사를 읽고 이번에도 그 수수께끼 같은 자기만의 우수에 찬 미소를 짓더니, 그의 버전으로 특별히 나만을 위한 기사를 만들어줬습니다. 그리고 오랜 세월이 지난 지금 다시 그 기사들을 끄집어내어 두 기사의 비교 버전을 여러분과 나누고 싶다는 생각이 들었습니다. 첫 번째는 나를 인터뷰한 〈데일리 텔레그래프〉의 버전입니다.

역경에 부닥치면 더 힘이 솟는다

활발하고 지칠 줄 모르는 리타 클리프튼은 인터브랜드의 CEO다. 인터브랜드는 브랜드 이름 등을 컨설팅하는 마케팅 기업으로, 스트레스의 의료해독제 이름인 프로작$_{Prozac}$이 대표적인 인터브랜드의 작품이다. 압박감과 역경은 그녀에게 에너지가 된다. 이런 점은 재무와 크리에이티브 분야의 유능한 인재 270명이 그녀를 따르고 있는 상황에서 특히 더 다행이라고 할 수 있다. 그녀가 버거움을 느끼는 경우는 아주 드물다. "물론 어떤 날엔 집에 도착하면 완전히 지쳐서 손 하나 까딱 할 수 없는 상태가 될 때도 있어요. 하지만 그런 상태가 오래가지는 않습니다. 저는 일하면서 느끼는 스트레스가 좋아요. 굉장히 중독성이 있습니다."

그럼에도 42세의 클리프튼은 자신이 특혜를 받고 있다는 점을 적극적으로 인정한다. "돈 없이 아이를 돌보고 양육해야 하는 처지에 놓이지 않아도 되니까요" 안정적이었던 그녀 자신의 어린 시절과 현재 가족과의 행복한 삶은 (리타에게는 두 딸이 있다) 그녀가 삶에서 균형을 잡을 수 있게 해주는 요인들이다. 사치 앤드 사치에서 일하면서 만나게 된 그녀의 현재 남편도 그녀의 일을 존중해준다. "게다가 정말 훌륭한 분들이 아이들과 집안일을 도와주고 있어요"라고 그녀는 이야기한다.

클리프튼은 자신을 '지금 바로 행동하는 사람'으로 묘사한다. "일을 하나씩 처리해서 치워버리면 스트레스가 줄어들죠. 누군가 전화를 걸어 자기 커리어 문제를 상의하자며 약속을 잡자고 하면 저는 대부분의 경우 그 사람들에게 지금 당장 여기로 와 얘기를 하자고 대답해요."

기억력 감퇴가 점점 가속화된다는 점은 그녀도 인정한다. "그래서 항상 소형 녹음기를 들고 다니면서 새로운 생각이 떠오를 때마다 그때그때 녹음을 합니다." 그녀는 "정리정돈은 나중에야 배웠어요"라며 어릴 때도 특별히 정리정돈을 잘 하는 아이는 아니었다고 한다. 하지만 그녀의 어머니와 마찬가지로 클리프튼 역시 항상 '삶을 긍정적으로' 바라본다.

완전히 지칠 때면 눈을 감고 심호흡을 한다. 바흐의 레스큐 레머디는 비행기 연착 때마다 이용하는 아주 유용한 도구다. 충분한 숙면은 당연히 필수 조건이고, 운동, 특히 빠른 도보 산책은 '걱정거리가 있을 때마다 도움을 받는 정말 기막히게 효과적인 방법'이라고 말한다. 퍼스널 트레이너와 하비 니콜스 백화점이 그나마 그녀가 사치를 부리는 항목들이다.

그리고 이제 나와 함께 살아 온 남편 버전의 기사입니다.

역경에 부닥치면 만신창이가 된다

활발한 리타 클리프튼은 인터브랜드의 CEO이다. 인터브랜드는 브랜드 이름 등을 컨설팅하는 마케팅 기업으로, 스트레스의 의료 해독제 이름인 프로작Prozac이 대표적인 인터브랜드의 작품이다. "압박감과 역경이 나한테 에너지가 된다고 말할 수 있었으면 좋겠어요. 하지만 현실은 정반대랍니다"라고 클리프튼은 말한다. 재무와 크리에이티브 분야의 유능한 인재 270명이 그녀를 따르고 있는 상황을 생각하면 다소 우려스러운 일이다. 그녀 본인의 말에 따르면 버거움을 느끼지 않는 날이 거의 없다고 한다. "물론 어떤 날엔 기분도 좋고 활력이 넘칠 때도 있어요. 하지만 그런 상태가 오래가지는 않습니다. 심지어 그럴 때에도 그저 할 수 있는 일이라곤 토스트 세 조각을 해치우고 잠들기 직전까지 소파에 파묻혀 있는 겁니다. 전부 다 때려치우고 싶을 때가 많아요. 하지만 이 자리가 가져다주는 돈과 명예는 굉장히 중독성이 있습니다."

피곤해 보이는 42세의 클리프튼은 거의 항상 아무것도 이루지 못한 것 같은 불행한 기분을 느낀다고 인정한다. 불안정했던 그녀 자신의 어린 시절과 현재 가족과의 불만족스러운 삶도 (리타에게는 얼굴을 거의 보지 못하는 두 딸이 있다) 그녀의 깊은 불안감을 악화시키는 요인들이다. 또한 그녀의 남편은 그녀가 처한 어려움을 거의 공감하지 못한다. 그럼에도 불구하고 그녀는 자신이 특혜를 받고 있다고 간신히 인정한다. "적어도 맨날 애들 뒤치다꺼리나 하고 있어야 하는 처지는 아니니까요. 심적 보상도 거의 안 되고 돈 문제는 더 말할 것도 없지만요."

그녀는 자신을 '할 일을 일단 카펫 아래로 다 쓸어놓았다가 덩어리가 산처럼 커질 때까지 방치하는 사람'으로 묘사한다. "일을 하나씩 처리해서 치워버리는 건 제 강점이 아니에요"라고 클리프튼은 주장한다. "누군가 전화를 걸어 자기 커리어 문제를 상의하자며 약속을 잡자고 하면 저는 대부분의 경우, 그들이 우는소리를 해도 제발 딴 데 가서 해결하길 바라면서 최대한 그들을 피해 다닙니다"

기억력 감퇴가 점점 가속화된다는 점도 인정한다. "아무래도 초기 치매에 걸린 게 확실해요. 내 어머니도 그걸로 고생했는데, 내가 어머니처럼 되는 것도 단지 시간문제인 것 같아요" 그녀는 소형 녹음기를 들고 다니며 머릿속에 원래 있던 게 다시 기억나면 녹음을 한다고 말한다.

"녹음기가 없으면 매일 남편에게 시켜야 할 집안일의 절반은 기억도 못 할 거예요" 그녀는 어릴 때도 특별히 정리정돈을 잘 하는 아이는 아니었으며 그 성향은 나이가 들어서도 바뀌지 않았다. "나는 내 삶을 정돈하고 일을 완수하기 위해 다른 사람들의 도움을 받는 법을 배웠답니다."

그녀는 완전히 지칠 때면 샴페인 몇 잔과 감자칩에서 위안을 얻는다. '실제 경험해보니 걱정거리가 있을 땐 알코올과 기름진 음식이 정말 기막히게 효과적인 방법'이라고 그녀는 말한다. 거기에 더해 모든 종류의 운동에 대한 극도의 거부감은 그녀에게 끊임없는 불면의 밤을 야기한다.

"내가 정말 행복한 유일한 시간은 하비 니콜스에서 돈을 펑펑 쓸 때 뿐이에요. 풍족하지 않더라도 반드시 시간을 내서 퍼스널 쇼퍼의 도움을 받아 스타일을 확 바꿔야 기분이 풀려요"라고 그녀는 말을 맺는다.

아, 정말 얼마나 웃었는지 모릅니다. 결국 우리는 모두 인간이죠.

이것만은 기억해 두세요!

• 도움을 받으세요. 직업적 개발이든 개인적 삶의 개선이든 자기계발이든 전문가를 찾아가 방법을 구하는 겁니다. 멘토 또는 공감을 잘해주는 친구도 괜찮습니다. 배움이나 교훈은 신기하면서도 예기치 못한 방식으로 얻어지기도 합니다(그리고 중간중간 마음에 안 드는 것들은 삭제해버릴 수 있습니다).

• 꾸민다기보다는 자신을 넓힌다고 생각하세요. 모든 직장, 모든 업무가 다 즐겁지는 않습니다. 하지만 그것을 견딜 만한 정당한 이유는 반드시 있어야 합니다.

• 결국 나 자신을 제대로 알아야 합니다. 우리는 원하기만 한다면 어떤 종류의 리더도 될 수 있습니다.

Chapter 6

목소리 연기

누구나 훌륭한 말잘러가 될 수 있다

...

공개 스피치에서 자신 있는 자세가 얼마나 중요한지 지금 당장 속성으로 배워야 한다면, 일단 여러 공인들의 어색하고 긴장된 인터뷰와 연설을 몇 개 찾아보는 걸 추천합니다. 내가 말하는 자신 있는 자세는 낭독 능력이나 큰소리로 읽을 수 있는 능력을 말하는 것이 아닙니다.

모두가 마틴 루터 킹이나 존 F.케네디 같은 웅변가가 되어야 한다는 뜻도 아니죠. 해리 왕자와 메건 마클의 결혼식에서 굉장히 열정적으로 설교를 한 주교님처럼 되라는 소리는 더더욱 아닙니다. 샘플로 테레사 메이 전 영국 총리가 연설하는 것도 꼭 보기 바랍니다. 정치 성향과는 무관하게 그녀가 연설하는 모습을 몇 분만 보고 있으면 보는 사람까지 긴장하게 됩니다. 게다가 개성 없이 단조로운 어조의 전형적인 모습에 짜증이 나기도 할 겁니다.

버락 오바마 전 미국 대통령은 확실히 기품이 있습니다(심지어 양옆에 서 있는 프롬프터마저도 진지해 보일 정도입니다). 테레사 메이 총리의 전임자였던 데이비드 캐머런 총리는 메모 없이 훌륭한 스피치를 할 수 있었던 능력으로 자기 당원들에게 지도력을 인정받았던 것으로 보입니다. 이와 비슷하게 프랑스의 에마뉘엘 마크롱 대통령도 훌륭한 연설 실력 덕분에 사람들을 열광시켜 많은 표를 얻었습니다.

정치인들 중 필요할 때마다 딱 맞는 단어와 어조를 구사하는 능력에서는 단연 토니 블레어 전 영국 총리가 승자입니다. 한 가지 예를 들자면 1997년 다이애나 왕세자비가 비극적인 사고로 숨진 사건을 수습하는 과정에서 블레어 총리는 '민중의 왕세자비'라는 불멸의 문구를 만들어냈습니다. 블레어 총리의 행보를 탐탁지 않게 생각하는 사람들도 있겠지만, 당시 그의 설득력과 호소력 있는 연설에 사람들이 그의 결정을 지지했습니다. 게다가 총선에서 세 번이나 연속으로 승리했다는 '사소한' 성과는 물론 말할 것도 없고요.

'목소리 연기'의 작은 실패 사례로, 토니 블레어가 '민중들'을 상대로 이야기하면서 런던 토박이 서민 말투를 흉내 내려고 했을 때 그 역시 엄청난 비웃음을 샀습니다. 몇몇 사람들은 그의 이런 모습이 그가 자기만의 정체성이 없다는 것을 보여주는 예라고 했습니다. 어찌됐건 에든버러(스코틀랜드 수도)의 고급 사립학교 출신 상류층인 사람이 왜 갑자기 친한 척이냐는 거죠.

나는 이 상황에 대해서 약간 다른 관점을 갖고 있습니다. 염치없지만 편파적 입장에서 자유로울 수 없기 때문이기도 합니다. 나는 업무의 일환으로 시장 조사를 위한 포커스 그룹 인터뷰를 운영하곤 했습니다. 이 인터뷰에서는 나의 '타깃 소비자층'으로 선택된 약 여덟 명의 사람들이 한 공간에 모여 앉아 세탁세제부터 은행계좌, 심지어 정당에 대한 주제까지 다양한 이야기를 주고받습니다.

내가 런던 동부 외곽지역에서 이런 포커스 그룹 인터뷰를 진행하고 있을 때였습니다. 토론 막바지에 미러룸으로 건너갔는데 그곳에서는 내 팀원들이 유리창 너머로 그룹의 토의과정을 관찰하며 소비자들의 일차적인 의견을 취합하고 있었죠. 노파심에서 강조하자면 이런 관찰은 항상 동의하에 진행되며, 사악한 수를 써서 사람들을 은연중에 설득하거나 하는 일은 절대 없습니다. 아무튼 미러룸에 들어갔더니 팀원들이 다들 미친 듯이 키득거리고 있었습니다. 불쌍한 저 사람들에게 머리 비듬에 대한 질문을 하는 게 뭐가 그렇게 재밌냐고 묻자 그들이 대답했죠. "아니 그게 아니라, 매니저 님 말투가 뒤로 갈수록 점점 이상해져서요"

솔직히 말하면 처량하게도 좀 상처를 받았죠. 나는 내가 그러고 있었다는 것을 전혀 의식하지 못했었죠. 물론 '말투를 일부러 꾸미려고' 했던 것은 더더욱 아니었습니다. 그저 인터뷰룸의 분위기와 사람들의 말투에 나도 모르게 너무 몰두한 나머지 그렇게 하는 것이 더 편안하게 느껴졌기 때문이었을 겁니다.

나중에야 나는 이것이 신경언어프로그래밍NLP에서 배우는 것과 완전히 똑같은 행동반응이라는 것을 알게 되었습니다. 예를 들면, 특정 인물의 보디랭귀지와 목소리의 억양을 똑같이 따라해보는 훈련처럼요. 사람들은 비싼 돈까지 내면서 그런 걸 배우는데 나는 일상생활에서 자연스럽게 실천하고 있었던 겁니다. 솔직히 내가 평소에 쓰는 이른바 '상류층' 억양이 어디서 온 건지 나 역시도 전혀 감이 안 잡히지만, 우여곡절 많았던 유아기와 청소년기의 경험들이 나에게 일종의

'생활의 지혜 창고' 같은 것을 만들어 주지 않았을까 싶습니다. 토니 블레어의 억양 저장소의 출처가 어디인지는 모르겠지만, 어쨌든 나는 그의 스펀지 같은 흡수 능력에 진심으로 동정심을 느꼈습니다.

내가 상대를 공감하고 이해하고 있다는 걸 표현하는 것은 절대 잘못이 아닙니다. 또한, 나와 한 공간 안에 있는 사람들에게 내 의견을 제대로 전달하기 위해 최선을 다하는 것보다 더 중요한 일도 없죠. 평범하게 말하는 능력(그러면서도 자기가 무슨 말을 하는지를 제대로 알고 말하는 능력)은 리더들뿐만 아니라 영향력 있고 유능해지고 싶은 사람이라면 누구나 갖춰야 할 핵심 자질입니다.

한 가지 예로 아주 슬프고 심각했던 사건 하나가 떠오릅니다. 2006년 그리스 코르푸섬의 한 호텔에서 두 어린이가 보일러 결함 때문에 일산화탄소 중독으로 사망한 사건이었습니다. 한 사람의 인간으로서 정말 끔찍한 일이었고 한 사람의 부모로서 도저히 눈 뜨고 볼 수 없는 사건이었죠. 스위스 출신의 CEO는 사건 규명을 위해 기자회견장에 나섰습니다. 기자회견장 밖에는 사망한 아이들의 가족들이 완전히 비탄에 빠져 있는 동안, 그것과는 대조적으로 CEO는 회사 로고가 박힌 차가운 파란색 벽을 등지고 서서 준비해온 보도자료 내용을 프롬프터에 나오는 대로 형식적으로 그냥 읽기만 했습니다. 대본에 적힌 대로만 읽으라고 변호사한테 신신당부를 듣고 나왔을 겁니다. 그 자리에서 필요한 사람은 진짜 인간적인 사람이었는데, 그 인간적인 사람은 결국 모습을 드러내지 않았죠. 하지만 한참 후 그가 사건 당시 기자회견에서 사실은 인간적인 조의를 표하고 싶었다는 고백을 하며 가족들을 직접 만나 개인적으로 충분한 사과를 한 것은 인정해

페리클레스에게서 배우는 교훈

현대 민주주의의 발상지인 고대 그리스의 시민들은 직접 민주주의와 투표 체계를 고안해냈습니다. 바로 1인 1표제인데 안타깝게도 그 당시엔 남성에게만 투표권이 주어졌고, 돌조각을 투표용지용도로 사용했습니다. 당시 장군들은 이웃 도시국가나 침략국을 대상으로 전쟁을 해야 하는지 같은 문제를 놓고 군중들에게 연설을 함으로써 그들의 표를 얻으려고 했습니다. 고대 역사가인 투키디데스는 '이론적으로는 민주주의였지만 실질적으로는 모든 권력이 가장 위대한 시민 한 사람의 손에 쥐어져 있었다'라고 말했는데, 그 위대한 시민이 바로 페리클레스였습니다. 그가 사실상모든 권력을 쥘 수 있었던 이유는 사람들을 자기 뜻대로 선동하거나 설득할 수 있는 위대한 웅변가였기 때문입니다.

이런 것이 원조 포퓰리즘이라고 할 수 있습니다. 매우 강력하면서도, 당연하지만 큰 위험도 잠재되어 있었죠. 나쁜 놈들이 제일 좋은 걸 다 차지하는 일이 현실에서 충분히 벌어질 수 있습니다. 그리고 이제는 디지털 세계에서 더 거대한 규모의 민중 선동이 가능해졌습니다.

만약 여러분이 훌륭한 연설가라면 또는 연설가가 될 수 있다면, 그 힘을 부디 좋은 곳에 사용하길 바랍니다. 강요하는 것은 아닙니다. 그리고 인간적인 연설가가 되길.

줄 만합니다. 그도 결국은 한 인간이었던 것이죠.

비교적 가벼운 사례도 하나 있습니다. 마음속으로는 자기 회사 제품이 형편없다거나 고객들이 멍청하다고 생각하면서 겉으로는 인간적인 면모를 보여주려고 지나치게 노력하는 것 역시 진심으로 비즈니스를 성장시키고자 하는 CEO가 보여줄 만한 좋은 모습은 아닙니다. 제럴드 래트너Gerald Ratner(영국의 보석회사 래트너스 그룹의 전 CEO)는 1991년 런던에서 열린 기업인 연례회의에서 했던 악명 높은 연설 도중 자기 회사 제품을 '쓰레기'같다고 묘사했습니다. 그로 인해 그의 회사가 그리고 그 자신이 추락한 것을 보면 대중 연설에서 '격의 없는 행세를 하느라 지나치게 애쓰는' 스타일이 오히려 사람들을 멀어지게 한다는 걸 바로 인지할 수 있습니다. 하지만 제품 자체가 정말 쓰레기라면 사람들을 아예 문 밖으로 밀어낼 겁니다. 절대 재밌을 수 있는 일이 아니죠. 중요한 건 그때가 아날로그 식으로 보도하던 시대였다는 겁니다. 래트너는 심지어 리허설까지 했었습니다. 우리는 내면에 스스로 비판적인 능력을 갖추거나, 그게 어렵다면 적어도 다른 사람들이 솔직한 조언을 하지도 못할 정도로 거만하고 두려운 존재가 되지 않도록 노력해야 합니다.

발표하는 머리통

나에겐 다양한 종류의 대중연설 이력이 있습니다. 수년 전 런던 의회 의사당에서 TEDx 연설을 해달라는 요청을 받았을 땐 위에서 이야기한 고대 그리스의 페리클레스 이야기를 내용에 포함하기도 했었습니다. 그때 나는 대본이나 쪽지 없이 움직이면서 연설을 해야 한다는 것에 약간 겁이 났었습니다. 알다시피 TED 강연에서는 모두 헤드마이크를 끼고 무대 위를 왔다 갔다 하면서 연설을 하는 것이 대세잖아요. 참고로 TED 강연을 잘하는 방법에 대한 이 패러디 영상을 꼭 시청해보길 바랍니다(digg.com/video/ted-talk-parody). 이 영상 덕분에 나는 기분이 좀 나아졌습니다.

이런저런 사정으로 강연 날짜가 되기 전 몇 달 동안은 비즈니스가 가장 바쁘게 돌아가고 있을 때였습니다(네, 사실 형편없는 변명처럼 들린다는 것도 압니다. 사실이기도 하고요). 리허설할 시간이 거의 없었고 강연 주제도 나에게는 생소한 주제였습니다. '민주주의를 다시 브랜딩하라'는 내용이었죠. 바보같이 메모 카드를 사용하면 될 거라 생각했습니다. 어떤 사람들에게는 이 방법이 잘 먹힐지 모르겠지만, 텔레비전으로 공개되는 행사에서 다수의 대중을 상대로 처음 연설을 하게 되었을 때는 안 쓰는 것이 최선입니다.

결론적으로 메모 카드는 뒤죽박죽 섞여버리고 이야기의 흐름을 잊어버리고 아무튼 별로 잘하지는 못했다는 정도로만 말하겠습니다. 슬프게도 그 영상은 구글에서 나를 검색하면 가장 먼저 뜨는 영상입니다. 정말 마음 같아서는 그 영상을 다 삭제해버리고 처음부터 다시 찍고 싶습니다. 왜냐하면 이제는 헤드 마이크를 정말 좋아하거든요. 무대 위를 왔다 갔다 하는 것도요. 그동안 (웬만하면 대부분의 자리에서) 메모 없이도 연설을 할 수 있도록 나 자신을 훈련시켰죠.

보다시피 핵심은… 연습입니다. 아니, 수정할게요. 꼭 그렇게 연습을 하지 않고도 타고난 자신감이든, 부모님이나 친구들에게 배워서 얻은 자신감이든, 또는 유명한 교육기관에서 비싼 돈을 내고 배운 자신감이든, 정말 많은 사람들이 자신감 있게 연설하는 요령을 터득해낸 것 같으니까요. 그렇다면 이제 뭔가 남들에게 이야기할 만한 흥미로운 주제를 찾아내고 반짝반짝 광택을 내기만 하면 되겠군요.

아니, '뭔가 남들에게 이야기할 만한 흥미로운 주제'여야 한다는 것도 수정하겠습니다. 좋든 싫든, 대중 연설만 놓고 보자면 '전달력'이 '내용'을 이길 수 있거든요. 연구마다 다르지만, 들리는 바에 의하면 약 93%의 사람들이 연사의 보디랭귀지나 목소리 톤으로 강연이나 연설에 대한 인상을 평가하고, 겨우 7% 정도만 실제 연사가 이야기한 내용으로 강연을 평가한다고 합니다. 기운 빠지기도 하고 너무 피상적인 이야기처럼 들릴 수도 있지만 그게 인간의 본성입니다. 그러니 차라리 그것을 잘 활용해보는 것도 좋은 방법일 수 있겠죠.

이런 원리들을 머리로 이해하는 데에 나는 정말 오랜 시간이 걸렸습니다. 어린 시절에 댄스 공연과 가끔 연극도 하면서 무대경험을 조금 하긴 했지만 사춘기가 되면서는 갑자기 극도로 남의 시선을 신경 쓰게 되면서 연극이든 남들 앞에서 말을 하는 것이든 어마어마한 무대 공포증을 느끼게 되었습니다. 이 증상은 대학교를 거쳐 초기 직장 생활까지도 이어졌고 직장에서 프레젠테이션이라도 해야 하는 날이면 목소리는 갈라지고 손은 남들이 알아차릴 정도로 덜덜 떨렸습니다. 만약 여러분도 나와 비슷하다면, 손에 종이를 들고 있거나 차트를 손으로 가리키거나 하는 행동은 나쁜 선택입니다. 긴장이라는 놈에게 죽음의 먹이를 주는 셈이죠.

이 문제를 극복하겠다며 나는 내가 하고 싶은 말을 전부 글로 적었고, 어이없게도 그렇게 글로 작성한 것을 실제 프레젠테이션에서 그대로 읽었습니다. 가끔 글을 재밌게 쓸 수 있었을지는 몰라도, 내가 고개를 계속 숙인 채 우물거리며 머리를 흔드는 동안 청중들은 아마 자기들 머릿속으로 할 일 목록을 떠올리거나 낙서를 하거나 그 비슷한 다른 재밌는 일을 하고 있었을 겁니다. 빨리 그 시간이 끝나길 바라면서요. 물론 스마트폰 같은 물건도 없었으니 정보를 검색해보는 척하거나 트위터는 할 수 없던 그런 시절이었죠. 여러 해가 지나면서 나는 마침내 발표 중간 중간 종이에서 눈을 떼고 잠깐씩 고개를 들어 사람들을 볼 수 있게 되었고 이따금 미소를 짓는 것도 잊지 않게 되었습니다.

내가 좀 더 비약적으로 발전할 수 있었던 계기는 한 고위직 여성 임원의 혹독한 가르침 덕분이었습니다. 나는 그 분에게 아직도 고마움을 느낍니다. 그 당시에는 그녀가 여성으로서 그렇게 높은 위치까지 올라갔다는 것이 얼마나 특별한 일인지 완전히 이해하지 못했습니다. 그 시절 그 분은 그 자리까지 올라가기 위해 자신도 남성 임원들처럼 행동하고 아이를 낳지 말아야 한다고 결심해야 했죠. 우리 회사는 정말 중요하고 지명도 있는 사업 분야에서 거래를 성사시키기 위해 피치를 올리고 있었고 나는 전략 부문에 대한 프레젠테이션을 하기로 되어 있었습니다. 예상하다시피 나는 발표할 내용을 다 글로 작성했죠.

우리가 프레젠테이션 리허설을 하는 동안 그분은 나를 지켜보더니 약간 뜨악한 듯 이렇게 말했습니다. "잠시 후 발표할 때도 설마 그걸 그대로 읽으려는 건 아니죠?" 나는 얼굴이 시뻘게져서는 너무 중요한 발표라 단어 하나하나 제대로 준비해야겠다고 생각했다는 둥 웅얼거리며 대답했습니다. 그분은 내 쪽으로 몸을 뻗더니 종이를 낚아채며 말했습니다. "리타, 본인이 준비한 내용이 훌륭하다는 건 스스로도 잘 알잖아요. 이런 메모는 굳이 필요 없어요."

그리고 어떻게 되었을까요? 정말 필요가 없더라고요. 처음엔 내가 썼던 것을 다 외우지 못했다는 걱정 때문에 당황하기도 하고 약간 두서없이 주절거리기는 했지만, 결국 내가 알고 있던 내용을 대충이나마 끄집어내어 발표할 수 있었습니다.

그리고 그 전처럼 종이에 머리를 처박고 있는 대신 이야기를 하면서 실제로 사람들의 얼굴을 바라볼 수도 있었죠. 내가 배운 (그리고 여러 번 반복해서 배워야 했던) 교훈은 연설이나 프레젠테이션을 암기력 테스트의 무대로 이용할 필요까진 없다는 것입니다. 어차피 내가 하고 싶었던 이야기의 세부사항이나 뉘앙스까지 전부 정확하게 기억할 수는 없을 테니까요. 여러분이 이야기의 큰 줄기에 대해 시간을 들여 진심으로 고민을 해봤다면 발표를 할 때 몇 가지 요점이나 몇몇 문구를 기억하고 자신감 있는 자세로 청중들을 바라볼 수 있을 테고 거기에 괜찮은 시각자료를 좀 준비한다면 대부분의 경우엔 무사히 발표를 마칠 수 있을 겁니다.

그 뒤로도 수년 동안 여러 가지 교육 프로그램을 수강하고 몹쓸 연설을 몇 번 더 한 다음에야 나는 좀 나아졌고, 내가 배운 가장 유용한 방법 몇 가지를 여러분과 공유해야겠다는 생각이 들었습니다. 두말 할 필요 없이 내 방법이 '스피치를 잘 하는 법'에 대한 수많은 훌륭한 저서와 전문가들의 교육 프로그램을 대신하지는 못할 겁니다. 어쨌든 이 세상에서 성공하려면, 그리고 여러분이 아끼고 중요하게 생각하는 일들에 영향력을 행사할 수 있으려면 사람들 앞에서 말할 수 있는 능력을 길러야 합니다.

내 말을 듣는 상대가 누구인가?

한번은 상당히 인지도 있는 기업의 이사회 의장의 요청을 받아 고위급 경영진들이 모인 저녁 만찬에 연사로 나선 적이 있습니다. 그는 내게 당시 브랜딩 업계가 어떻게 돌아가고 있는지, 브랜딩 계의 흐름이 그곳에 모인 기업가들에게 어떤 시사점을 줄 수 있는지에 대해 알려주면 좋겠다고 부탁했습니다. 그들은 국제여행 및 무역협회의 이사회를 대표하는 사람들이었습니다. 이제는 독자들도 귀에 못이 박혔을 변명을 다시 하자면 당시는 특히 더 정신없이 바쁜 시절이었고 행사장에 도착하는 그 순간까지도 고객들의 전화를 받고 있었던 터라 참석자들의 배경을 확인할 시간이 없었습니다.

식후 연설을 시작하면서 본 주제로 들어가기 위한 워밍업으로 나는 노키아에 대해 약간 비판적인 논평을 간략히 말하기 시작했습니다. 노키아는 그때 전화기 휴대폰 사업부를 마이크로소프트에 (비유적으로 말하자면) 헐값에 매각했었죠. 불과 몇 년 전까지만 해도 세계를 선도하는 브랜드 중 하나로 평가받았다는 사실을 고려해보면 상당한 몰락이었죠. 내가 직접 노키아와 일해본 적은 없었지만, 몰락의 원인에 대한 내 논평은 훌륭한 학자들이 진행한 견실한 연구를 참고한 것이었습니다. 미처 확인하지 못했던 것은 참석자 중 한 사람이 노키아에서 직접 일한 정도가 아니라 브랜드 관련 업무를 전적으로 담당하고 있었다는 점이었죠. 내 '논평'은 무사통과되지 못했습니다. 그럴 수밖에 없었겠지만 그는 방어적이면서 동시에 공격적이었고, 그와 내가 말을 주고받는 동안 다른 참석자들은 당황스러웠을 겁니다. 노키아 관련 인물이 있다는 것

을 미리 알았더라면, 그래도 노키아 이야기를 했겠지만 내 개인적
인 코멘트는 좀 더 정제되었을 것입니다.

분명히 말하지만 훌륭한 연사가 되려면 엄청난 연기를 해야 한다
거나 분위기를 띄우는 아티스트가 되어야 한다고 주장하는 것이 절
대 아닙니다. 심지어 외향적일 필요도 없습니다. 가장 호소력 있는 연
사들 대다수는 침묵의 힘을 깨달은 조용한 사람들이니까요. 우리는
먼저 '난 남들 앞에서 말 못해. 그러니 대신 다른 걸 해'라고 말하는
우리 내면의 목소리는 반드시 제압해야 합니다.

무슨 말을 하냐고?

지금까지 사는 동안 몇천 번의 프레젠테이션을 하면서, 고통스러
운 방식, 평범한 방식을 포함해 아주 훌륭한 방식까지, 다양한 경로를
통해 내가 얻은 전반적인 규칙이나 가이드라인, 고진감래의 교훈이
조금이라도 있다면 바로 다음과 같습니다.

준비

- 발표의 시작, 중간, 마지막에 자신의 논점을 명확히 밝혀야 합니다.
- 내가 한 최악의 연설과 발표는 명확한 요점 없이 글에 적힌 대로 그
  냥 읽기만 했던 것들이었습니다. 설사 이런 걸 구렁이 담 넘어가듯,

또는 눈 가리고 아웅 하듯, 또는 꾸며낸 자신감으로 그 순간은 잘 했다고 해도 청중들은 속지 않을 것입니다.

- 청중에 대해 조사하고 그들의 심기를 건드릴 만한 내용이 없는지 미리 파악하세요.

- 발표의 짜임새가 중요합니다. 좋은 짜임새는 여러분이 집중력을 잃지 않게 해줄 것입니다.

- 이야기를 듣는 상대가 누구인지, 그들이 좋아하고 관심 있는 분야는 무엇인지를 파악한 뒤 목록을 작성하고, 작성한 목록을 세 개의 큰 주제로 분류하세요.

- 위의 목록 외에도 여러분만이 독창적으로 전달해줄 수 있는 유용하고 흥미로운 내용이 무엇인지 생각해서 함께 정리하세요.

- 샤워라도 하면서, 발표의 처음을 어떻게 시작해야 사람들에게 뭔가 유용한 이야기를 듣게 될 거라는 기대감을 줄 수 있을지 고민해보세요(예를 들면, "오늘 저는 여러분에게 x와 y와 z를 성취할 수 있는 방법을 알려드리고 싶습니다", 또는 "오늘 발표 내용에는 모든 걱정을 떨쳐버리고 엄청난 부를 거머쥐고 평생 싫어하는 일을 다시는 하지 않아도 되는 방법에 대한 가장 따끈따끈한 조언들이 가득 담겨 있습니다" 등). 나는 뭐든 3가지로 나누는 것을 좋아합니다. 3은 좋은 숫자죠. 마법의 숫자입니다. 그리고 무엇보다 중요한 것은, 어떤 것이든 3개까지는 내가 기억할 수 있다는 점입니다.

발표자료 작성하기
- 도입부는 여러분이 앞으로 어떤 이야기를 하고 싶은지 그리고 삶과 직

접 연관시켜 사람들의 관심을 끌 수 있는 내용으로 시작해야 합니다.

- 근거와 예시를 세 부분으로 정리해서 자신의 이야기를 뒷받침하고 진전시키세요. 이야기를 생생하게 묘사하고 상황에 맞는 요점 전달 타이밍을 놓치지 않도록 시각자료와 인용문, 재미있는 이야기를 사용해보세요.

- 프레젠테이션 도표에는 요점정리 같은 장문의 설명을 넣어선 안 됩니다(참고로 프레젠테이션 도표를 최대 몇 장까지 하라는 정해진 규칙은 없습니다. 어떤 차트는 살짝살짝 참고만 하는 용도로 사용할 수도 있고 어떤 것은 그냥 재미있는 배경화면으로 쓸 수도 있습니다. 하지만 언제나 주인공은 발표자인 여러분 자신이어야 합니다. 도표나 차트가 주인공이어서는 안 됩니다).

- '직접 겪은 비즈니스 경험담'이나 에피소드를 가능한 한 많이 사용하십시오.

- 함께 일해보지 않았거나 충분히 조사하지 않은 회사를 사례로 사용할 때는 주의하십시오. 또는 청중 가운데 누군가가 그 회사에 대해 속속들이 알고 있어서 참지 못하고 자기 의견을 발언하고 싶어 할 위험에 대해서도 조심해야 합니다.

- 직접 작성하든 착한 디자이너가 도와주든 프레젠테이션 도표는 반드시 잘 만들어야 합니다. 절대 어떤 오류도 있어서는 안 됩니다. 맞춤법 실수가 보이면 자료의 다른 부분 역시 제대로 확인되지 않았거나 부정확할지도 모른다는 인상을 풍깁니다.

- 스토리가 어떻게 전개되고 어떤 논리로 연결되는지를 반드시 숙지하고 있어야 합니다.

- 핵심 사상을 함축적으로 보여주면서도 사람들이 쉽게 기억할 수 있을 만한 상징적인 이미지나 어구를 최소한 한두 개 정도는 반드시 준비해야 합니다.

연습하기 그리고 실전

- 도입부는 최대한 암기하세요. 첫 시작부터 청중들에게 여러분이 훌륭하고 자신 있는 연사라는 확신을 주어야 합니다. 또, 청중들이 재미있어 하고 나중에도 써먹을 수 있는 주제에 대해 여러분이 충분한 시간을 들여 고민했다는 믿음도 줘야 합니다.

- 서서 전달하세요(또는 필요하다면 의도적으로 서성거려도 좋습니다). 일방적인 발표라기보다는 일종의 대화처럼 느껴지게 하세요.

- 분위기가 지루해진다 싶으면 청중들이 손을 들 수 있도록 질문을 던져보세요(예를 들면, 애플이 5년 뒤에도 여전히 대표적인 브랜드의 지위를 유지하리라 생각하는 분? 반대하는 분?). 가끔은 이런 질문으로 사람들을 잠에서 깨울 수도 있습니다.

- 마지막은 "따라서 제가 여러분에게 전달하고 싶었던 것은 결론적으로 이 세 가지의 주장·질문·메시지입니다"와 같은 문장으로 마무리하세요.

- 자, 이제 우레와 같은 박수를 기다립니다.

- Q&A 세션이 있다면 편안하고 간결하게 대답하려고 노력하세요. 나는 질문만 받으면 끝없이 주절거리며 대답을 늘어놓아 사람들이 결국 집중력을 잃고 질문한 것을 후회하게 만든 적이 많습니다.

- 감사 인사를 합니다. 자, 이제 끝났습니다.

- 이제 나가서 인맥을 쌓으세요. 여러분이 언젠가는 발을 담그게 될지 도 모를 그 모든 미래의 비즈니스를 위해 열심히 명함을 받다 보면 저절로 인맥관리가 되는 거죠.

연설하지 말고 쇼를 보여 주세요!

강연자가 충분히 자신이 있고, 청중이 적절한 대상이라면 전통적 발표 방식을 깨는 것이 더 좋은 효과를 낼 수도 있습니다. 기억나는 강연 중 하나는 당시 사치 앤드 사치의 크리에이티브 총책임 자였던 폴 아덴Paul Arden의 강연이었습니다. 폴은 영국 광고 역사에서 가장 기념비적인 광고 캠페인을 여럿 만들었던 장본인이었습니다. 나는 천재라는 단어를 그렇게 자주 사용하지는 않는데 폴은 정말 천재였습니다. 호기심이 많고 신념이 확고하고 괴짜인 데다 늙지도 않는 사람이었죠.

그때 그는 사치의 전 직원을 대상으로 강연을 하고 있었고 사람들에게 용기와 창의성의 중요성을 강조하고자 했습니다. 폴은 말하는 것을 좀 어려워하는 사람이었습니다. 사실은 굉장히 내성적이었고 말보다는 시각적 발상을 자주 이용했죠. 그의 주옥같은 저서 《당신이 얼마나 잘하는지가 문제가 아니라 얼마나 잘하고 싶어 하는지가 문제다》, 《생각을 뒤집어라》를 읽어보면 알 수 있습니다. 적게 말하고 많이 보여주는 것은 그의 퍼스널 브랜드가 되었습니다. 그런데 그날 폴은 갑자기 자신의 어색한 스타일로 좀 더 전통적인 방식의 연설처럼 책을 읽듯 말하기 시작했습니다. 그러더니 멈추고는 다시 처음부터 읽기 시작했죠. 처음엔 다들 폴이 실수를 했다고 생각했습니다. 하지만 '그게 바로 그가 말하려는 요점이었다'는 것이 곧 드러났습니다. 이 비즈니스에서 용기와 창의성은 너무 중요해서 여러 번 반복해서 언급되어야 한다는 뜻이었죠. 요즘처럼 냉소적인 시대에는 그의 방식이 다소 억지로 꾸민 것처럼 보일 수도 있겠지만, 우리는 그가 두 번째로 말할 때는 실제로 더 집중해서 들었고 그의 말을 기억했습니다. 폴이 하는 강연의 특징 몇 가지를 더 얘기하자면 한번은 벌거벗은 남자를 강연 중인 자기 옆에 서 있게 했던 적도 있었고 어떤 강연에서는 첼리스트와 함께 나와 첼리스트가 연주를 하는 동안 자신은 그냥 무대 위에 서 있기만 한 적도 있었습니다. 마치 그가 이렇게 말하는 것 같았죠. "연설하지 말고 쇼를 보여줘라"

이런 방식은 분명 크리에이티브한 비즈니스에서는 통합니다. 하지만 은행과 같이 보수적인 비즈니스에서도 똑같이 환영받을 리는 없겠지요.

보디랭귀지

디즈니 애니메이션 중 다들 가장 좋아하는 영화가 하나씩은 있을 거라 생각합니다. 내가 제일 좋아하는 작품은 〈인어공주〉입니다. 특히 바다 마녀 우슬라가 나오는 장면을 좋아했죠. 물론 배경이 되는 이야기가 잔혹하고 슬프고 문제적이라는 것은 잘 알고 있습니다. 에리얼이라는 인어공주가 한 남자의 사랑을 얻기 위해 자신의 목소리, 가족, 인어 꼬리, 이 모든 것을 다 기꺼이 포기하려고 하는 것이 여자

아이나 젊은 여성들에게 훌륭한 롤 모델 감은 아니니까요.

하지만 내게 가장 큰 웃음을 줬던 순간은 마녀 우슬라가 에리얼이 다리를 얻는 대가로 아름다운 목소리를 포기하도록 꼬드기는 장면이었습니다. 어느 시점에 우슬라는 말을 못하는 것이 꼭 그렇게 큰 문제는 아니라는 점을 설파하죠. 그러고는 뒤돌아 걸어가면서 이렇게 말합니다. "아, 그리고 보디랭귀지의 힘을 과소평가하지 마" 동시에 자신의 어마어마한 뒤태를 흔들어대면서요.

우슬라가 틀린 말을 한 것은 아닙니다. 특히 남들 앞에서 나를 보여줘야 할 때는 더더욱 그렇습니다. 앞에서도 언급했듯이 절반 이상의 사람들이 연사의 보디랭귀지를 보고 강의나 연설에 대한 인상을 결정하니까요. 의식적으로 보디랭귀지를 조절하는 것은 아주 유용할 뿐만 아니라 실제로 자신감을 키워주기도 합니다. 연사를 '강인하게' 보이도록 해준다는 그 터무니없는 '다리 벌리고 선 자세'나 '자신감 있게' 보이도록 해준다는 '형식적인 손 동작' 같은 보디랭귀지에 대해 말하려는 게 아닙니다. 솔직히 말해서 그런 동작들을 하면 마치 다단계 판매 컨퍼런스에서 연설하는 것처럼 보일 수도 있습니다.

자신만의 방법을 찾는 것이 좋습니다. 초창기에 나는 무대 위에서 말을 할 때 내가 종종 다리를 꼬고 손은 정신없이 흔들거나 아니면 앞뒤로 펄럭거리는 습관이 있다는 것을 알게 됐습니다. 다리를 꼰 자세는 폐쇄적이고 어색해하는 인상을 줍니다. 마치 나는 정말 그 자리에 있고 싶지 않다는 것처럼요(대부분은 사실이었지만요. 정말 그 자리에 있고 싶지 않았어요). 손을 펄럭거리는 동작은 긴장한 듯한 인상을 주죠. 짜증스럽기도 하고 정신을 산만하게 하기도 하고요. 스피치 관런 교육 프로그램에서 처음 나의 연설 모습을 영상으로 찍어 직접 확인하고는 완전히 경악했습니다. 물론 한편으로 천만다행이다 싶기도 했지만요.

수많은 자기계발 관련 책들을 읽으면서 연설이나 강연을 시작하기 전에 먼저 내가 사람들에게 어떻게 보이고 싶은지를 시각화해보는 것이 상당히 유용하다는 사실을 배웠습니다. 마음속의 눈으로 자신의 모습을 재생해보세요. 사람들 앞에서 이야기를 할 때 어떻게 보이고 어떻게 들리고 싶은지를 마음속 이미지로 떠올려보는 겁니다(여러 저서에서 이야기하는 바로는, 그 이미지를 마음속에 고정시키기 위해 허리 등 몸의 특정 부위를 이따금 눌러주는 게 좋다고 합니다. 그러면 나중에도 그 느낌을 다시 기억해낼 수 있다고 하는데 이 방법이 통하는 사람들이 꽤 있습니다). 좀 이상하게 들릴 수도 있지만 내게는 정말 많은 도움이 되었습니다. 이 이미지 트레이닝은 실제로 육상선수들이 결승선에서 우승하는 이미지를 시각화하는 방법으로 많이 사용합니다.

물론 모든 사람에게 다 효과적이진 않겠지만, 내 말이 무슨 뜻인지 알 거라 생각합니다. 나는 이 기법을 사용해서 마치 미안해하는 사람처럼 한쪽으로 기울어져 있던 내 머리를 정중앙에 똑바로 세우고 좀 더 자신감 있어 보이는 자세로 고칠 수 있었습니다. 그리고 긴장해서 움츠려 있던 어깨도 꼿꼿한 자세로 바꿀 수 있었죠. 이 방법은 목소리에도 적용할 수 있습니다. 나는 이제 안정적인 손동작을 구사하며, 양쪽 다리의 균형을 똑같이 맞춰 서 있을 수 있게 되었습니다. 연설을 할 때 자신의 얼굴이 어떤 표정을 짓고 있으면 좋을지, 말의 억양이나 빠르기는 어느 정도였으면 가장 좋을지에 대해서도 고민해보는 것이 좋습니다.

호흡

호흡 역시 상당히 도움이 됩니다. 그냥 일반적인 숨쉬기와 깊고 의식적인 호흡 둘 다 유용합니다. 여러분이 요가를 좋아하는지는 잘 모르겠지만, 나는 요가를 통해 여러 가지 일반적인 자세뿐만 아니라 깊은 복식호흡을 하는 법도 배울 수 있었습니다. 처음에는 배로 천천히 호흡을 들이쉬고 그다음엔 가슴을 부풀립니다. 그리고 그 반대 순서로 숨을 내쉽니다. 일단 익숙해지면 말로 듣는 것보다는 쉽습니다. 수많은 수행자들과 강사들이 이야기하는 '복식호흡 vs. 일반적인 흉식호흡'과 기본적으로는 비슷한 내용입니다.

내 개인적인 경험을 한 가지 더 나누자면, 이 호흡법은 스트레스가 심할 때 쉽게 잠드는 데도 꽤 도움이 되었습니다. 여러분이 이 호흡을 하면서 동시에 의식적으로 머릿속의 생각을 비울 수 있다면 특히 더 효과가 좋습니다.

깊은 호흡의 장점은 (중요한 프레젠테이션이나 작은 회의든) '무대 위'에 올라가기 전에 여러분을 진정시켜주는 기능만 있는 것이 아니라 '말하기'의 기본적인 요소인 목소리를 잘 내는 데도 도움이 된다는 사실입니다.

목소리

사실 나는 유명한 (또는 한때 유명했던) 가수들이 나와 목소리를 바꿔서 노래하는 리얼리티 TV 프로그램을 좋아합니다. 팝스타들이 오페라 가수 흉내를 내기도 하고 일반 가수들이 뮤지컬 가수로 변신하기도 하죠. 그런 프로그램을 보면 목소리가 탄력적으로 변할 수 있으며 우리가 목소리를 의식적으로 조절하거나 관리할 수 있다는 사실을 알게 됩니다. 물론 우리 몸에 고정값으로 저장된 원래의 목소리 범위에서 벗어날 순 없겠지만, 타고난 목소리라도 약간의 노력과 훈련으로 음색이나 굵기를 바꿀 수는 있습니다. 배우들은 당연히 이런 연습이 몸에 배어 있겠죠. 맡은 배역이 바뀔 때마다 다른 캐릭터로 시청자들에게 어필해야 하니까요.

구식 웅변술 훈련이나 표준어 발음교정 훈련 따위를 뜻하는 것이 절대 아닙니다. 계속 변화하는 우리 사회에서 더 좋아진 점 중 하나가 바로 억양, 배경, 말투의 다양성을 인정하고 심지어 장려하는 것이니까요.

공인들 중 가장 유명하고 가장 두드러진 '목소리 변신'의 주인공은 바로 마거릿 대처 전 영국 총리였습니다. 그녀의 정치 신인 시기와 '철의 여인' 시기의 목소리를 비교해서 들어보면 그 차이가 정말 놀라울 정도입니다. 1970년대 온통 남자들 판인 세계에서 '강력한 지도자'가 되고자 한다면 (그녀의 조언자들의 논리에 따르면) 그에 걸맞은 강력한 목소리를 가질 필요가 있었습니다.

그 시절의 여성에게 강력한 목소리란 자신감 있고 권위 있게 들릴 수 있도록 깊고 힘차고 울림이 깊은 목소리 톤을 가져야 한다는 뜻이었습니다. 결과적으로 그녀의 목소리 변신은 엄청난 정치적 풍자의 소재거리가 되었지만 그녀의 입장에서 보면 얻은 것이 더 많았습니다. "아줌마스러운 위협조의 말투가 사라지고 금세 부드러운 어조로 대체되었다. 극심한 도발을 당하는 상황만 아니라면 그 부드러운 목소리가 갈라지는 경우는 거의 없었다"라고 그녀의 전기 작가 찰스 무어는 쓰고 있습니다. 네, 당연히 이 글에 분노했고 여성 비하적인 표현이라고 생각했습니다.

　연구에 따르면 사람들은 저음의 목소리를 가진 리더들을 선호하며 그 영향력이 너무 막강해서 선거 결과도 바꿀 정도라고 합니다. 여성이든 남성이든 '목소리를 낮게 까는 것'이 언제나 정답이라고 주장하려는 것은 아닙니다. 하지만 여성들은 종종 현실적인 장벽을 느낀다고 말합니다. 타고난 목소리가 부드럽고 고음인 사람에게는 남들에게 큰 목소리로 말을 하는 것, 목소리로 자신감을 드러내는 것이 어렵습니다. 나는 엄청난 가능성을 가진 젊은 여성들을 수도 없이 많이 봐왔는데, 그들은 강한 목소리를 내는 것이 힘들까 봐 또는 매력 없게 들릴까 봐 걱정된다는 말을 많이 했습니다. 그런 목소리가 아니더라도 여러 가지 다른 방법으로 권력과 영향력을 얻을 수 있다는 것을 사회가 먼저 받아들였으면 좋겠습니다. 하지만 사회과학자들의 연구에 따르면 아직 갈 길은 멀어 보입니다.

　나는 발표 때마다 '고음의 거슬리는 목소리' 증상으로 고생을 하곤 했습니다. 일단 높은 톤의 목소리로 이야기를 시작하면 저음으로 내려오는 것이 어렵습니다. 그러면 꼼짝없이 그 단조로운 고음으로 계속 이야기를 해야 하죠. 사람이 긴장을 하면 목 근육이 뻣뻣해지고 목소리 톤이 높아집니다. 결국 나는 전문가에게 보이스 코칭을 받았습니다. 그녀는 가수이자 배우로서 훈련을 쌓은 사람이었지만 법조계에 종사하는 사람들을 위해 보이스 코칭을 하기도 했습니다(변호사라면 당연히 거슬리는 목소리보다는 설득력 있는 목소리가 필요할 테니까요). 코치는 나에게 심호흡법과 같은 훈련(가슴에서 나오는 목소리 vs. 머리에서 나오는 목소리)과 목소리 음역과 음량을 조절하는 연습을 시켰습니다. 이렇게 훈련을 받은 덕분에 나는 발표를 할 때마다 항상 처음 시작하는 목소리 톤에 대해 의식적으로 생각하게 되었습니다.

눈동자로 말하기

자신감 넘치는 연사는 안정적인 시선을 갖고 있습니다. 시선 처리가 훌륭하죠. 얼마나 많은 사람들이 원래 시선 처리를 잘할 수 있었는지는 모르겠지만, 나는 정식 트레이닝 과정에서 시선 처리에 대한 지적을 받은 이후로는 회의에서든 강연장에서든 시선 처리가 얼마나 큰 차이를 만들어낼 수 있는지를 깨닫게 되었습니다. 어떤 연사들은 말을 하는 동안 객석을 둘러보면서 청중들의 얼굴에서 얼굴로 빠르게 시선을 움직이는 모습을 보게 됩니다. 잘 신경 쓰지 않으면 그런 모습은 불안해 보일 뿐만 아니라 연사가 청중들 한 사람 한 사람에게 허락을 구하려는 것처럼 보일 수도 있습니다. 설사 정말 그런 의도라 하더라도 보기에는 좋지 않습니다.

내가 받은 프레젠테이션 교육 과정에서 가장 유용했던 팁 중 하나는 한 사람에게서 다른 사람에게 시선을 옮기기 전에 4까지 숫자를 세라는 조언이었습니다. 이 방법은 좀 부자연스럽고 이상하게 들릴 수도 있습니다. 게다가 숫자는 혼자 조용히 세야 하죠. 하지만 덕분에 자신감 있는 리듬에 맞춰 말할 수 있게 도와줍니다. 또한 발표를 하면서 한 번에 한사람에게 집중하면 청중과 더 연결된 기분을 느낄 수

발표할 때의 시선 처리

시선을 위로 향하는 것은 특별히 의도했을 경우에만 사용합니다. 예를 들어, 약간 과장된 방식으로 주장을 펼치려고 할 때, 아니면 창의적인 괴짜 천재나 공상적인 캐릭터의 이미지를 풍기고 싶을 때죠.

옆을 바라보는 것은 대부분은 안 좋은 방법입니다. 집중력을 잃었거나 거짓을 말하는 사람처럼 뭔가 찔리는 데가 있어 보이게 만들거든요. 이것은 극적 효과를 가지고 있는 '노려봄'과도 전혀 다릅니다.

질문에 답하기 전에 생각하느라 아래쪽으로 시선을 향하는 것은 권위 있어 보이는 데도 효과가 있고 생각을 정리하거나 몰래 노트나 대본을 훔쳐보기에도 아주 유용한 방법입니다.

있을 것이고, 그러면 불특정 다수의 수많은 머리 위에서 혼자 열변을 토하는 것이 아닌 청중 한 사람 한 사람과 대화하는 듯한 인상을 줄 수 있습니다.

침묵으로 말하기

내가 훌륭한 연사들에 대해 깨달은 또 하나의 특성은 그들이 '침묵'의 소리를 활용하는 데 능하다는 점이었습니다. 그들은 침묵을 두 가지 방식으로 활용합니다. 첫째는, 단어와 단어 사이에 (그리고 연사 자신에게도) 숨 쉴 틈을 주기 위해서입니다. 긴장을 하면 말을 빨리해서 어떻게든 빨리 상황을 끝내버리고 싶은 마음이 들게 됩니다. 둘째는, 재밌으려는 의도로 방금 뭔가를 말했다면, 그리고 사람들이 웃어주길 바란다면 잠깐 멈춰서 기다려주세요. 청중의 규모가 클수록 반응시간도 느려집니다. 내가 발표자라면 청중이 자신의 유머를 이해하고 웃을 시간을 갖기도 전에 다시 이야기를 시작하는 실수는 절대 저지르지 않을 것입니다.

청중이 웃을 수 있도록 기다려주는 것은 일종의 긴장감 테스트이기도 합니다. 코미디언들이 큰 무대에서 웃음거리가 되기 전에 먼저 소규모 관객을 대상으로 자신의 공연을 시험해보고 싶어 하는 데는 다 이유가 있습니다. 무슨 말을 하고 사람들이 웃길 기다리는데, 돌아오는 건 정적뿐이라면 너무 슬프고 외롭겠죠.

나 역시 이런 아슬아슬한 경험을 한 적이 있습니다. 그 생각만 하면 아직도 자다가 벌떡 깹니다. 어떤 비즈니스 만찬에서 그날의 주요 연사인 굉장히 유명한 CEO에 대한 감사의 말을 맡아 달라는 요청을 받았습니다. 그의 연설은 프로페셔널하면서도 아주 재미있었고 자기 회사 '브랜드'의 강점과 의미에 대해 많은 이야기를 했습니다.

그는 회사의 브랜드가 대표하는 것이 무엇인지를 이해하고 상징적으로 표현하기 위해 자체적으로 수행한 리서치 작업에 대해 설명하면서 긴장감의 효과를 주기 위해 잠시 멈췄다가 이렇게 말했습니다. "… Red(빨강), Rock-solid(단단함), Restless(부단함), 이 세 가지에 우리 브랜드의 모든 것이 담겨 있습니다" 바로 그 3R이었습니다(3R는 영국의 다국적 이동통신기업 보더폰Vodafone의 기업 모토로 Red는 보더폰의 상징 컬러이자 열정을 상징, Rock-solid는 공감과 신뢰를, Restless는 도전과 유쾌함을 상징). 나는 침을 삼켰습니다. 드디어 내 감사의 말 차례가 왔을 때 당연히 나는 그의 아주 훌륭한 연설에 감사를 표했죠. 무엇보다 브랜드에 대한 이야기는 우리 모두 아주 인상 깊게 들었다고 말하며 이렇게 덧붙였습니다. "특히 빨갛고 단단하고 부단히 움직이는 것은 저한테도 항상 효과가 좋습니다" 여러분도 그 자리에 있었어야 했는데. 그 외설적인 단어들이 내 입 밖으로 나오자마자 청중석은 쥐죽은 듯 조용해졌습니다. 심지어 한 여성은 깜짝 놀라 숨 넘어가는 소리까지 냈죠. 나는 속으로 생각했습니다. "이번엔 내가 너무 나갔구나" 아마 실제로는 겨우 1초 정도였겠지만 기분상으로는 몇 분 뒤, 드디어 청중들이 폭소를 터뜨리며 박수갈채를 보냈습니다. 정말 과장 하나도 안 보태고 내가 느낀 감정은 안도감뿐이었습니다.

그러니 바람에 너무 가까이 붙어서 항해하는 것은 권하지 않겠습니다. 다음날 행사 주최자가 '기억에 남는' 감사의 말을 해준 데 대해 내게 감사편지를 보내왔을 때 내가 얼마나 벼랑 끝까지 갔었는지 깨달았습니다. 편지에는 "위태위태했지만 아주 멋진 연설이었습니다"라고 쓰여 있었죠. 다른 말로 하면, 내가 선을 넘은 것이 거의 확실하다는 뜻이었습니다. 수년이 지난 후에도 아직도 그때 이야기를 하며 좋아하는 사람들이 간혹 있긴 하지만, 그래도 코뿔소 가죽 같은 두꺼운 얼굴, 총알에도 끄떡없는 정신력, 편리에 따른 기억상실 능력, 이 세 가지 자질이 없다면 도를 넘는 시도는 권하고 싶지 않습니다.

나는 이 세 가지 중 아무것도 가진 것이 없습니다. 하지만 이런 부작용 때문에 연설 중간 중간 필요한 시점에 잠시 멈출 필요가 없어지는 것은 아닙니다. 뭐라고 말할지 리허설을 해보는 것이 가장 최선입니다. 최대한 객관적인 친구를 구해서 전혀 호응을 얻지 못할 것 같거나 해고당할 수도 있겠다 싶은 표현들이 있는지 경고해달라고 부탁할 수도 있겠죠. 결국 모든 것은 타이밍입니다. 시간을 좀 가지세요.

엄마! 나 TV에 나왔어요

혹시 여러분이 방송에 자주 나오는 해설자나 전문가 같은 직업에 끌리거나, 아니면 그냥 TV에 출연해달라는 (또는 그냥 화면에 나오는 무언가를 해달라는) 요청을 받았다면, 내 조언은 다음과 같습니다.

- 일단 무조건 하겠다고 대답한 뒤 그다음에 질문하세요.
- 자신만의 콘텐츠, 아이디어, 연구, 예시, 관점 등을 멋지게 연출해내세요.

여러분의 직업이 무엇이든, 방송 출연 경력은 여러분의 '퍼스널 브랜드 가치'를 높일 수 있는 아주 좋은 방법입니다. 일단 무조건 하겠다고 대답해야 하는 이유는, 주요 방송사들은 대부분 마감기간이 너무 촉박하기 때문에 여러분이 과연 이야깃거리가 있는지, 감히 뭐라도 말할 자격이 되는지, 과연 그렇게 새벽부터 일어날 수 있을지, 친구들과 만나기로 한 술 약속을 다른 날로 바꿀 수 있을지 따위를 고민하고 있는 사이 기회는 이미 다른 사람에게 넘어가버리기 때문입니다.

이런 종류의 기회가 오면 무조건 잡아야 합니다. 그리고 내 말을 믿어보세요. 그 주제가 무엇이든 자신이 아는 것과 아주 조금이라도 관련이 있다면 그것을 자신의 세계관, 비즈니스관 기타 등등의 관점과 연관 지을 방법은 어떻게든 찾아낼 수 있습니다.

- 무슨 일이 벌어지든 이것만 생각하세요. 시청자들은 나에게서 무엇을 보고 무엇을 들을 것인가? 그들은 나에게서 어떤 인상을 받을 것인가? 다시 말하지만 그들도 실재하는 청중입니다.
- 주제와도 광범위하게 관련이 있으면서 여러분(또는 조직)의 의제에도 도움이 될 만한 간단한 문구나 재미있고 상징적인 표제어 등을 생각해보고 써보고 연습해보세요.
- 질문자 개인이나 개별적 질문에 너무 연연하지 마세요. 이렇게 말해도 될지 모르겠지만, 정치인들의 인터뷰 기술을 쓰는 것이 꽤 좋은 방법일 수 있습니다. 예를 들면, 그들이 (대답하기 싫은 질문을 받았을 때나 어떤 희생을 치르더라도 반드시 전달하고 싶은 의견이 있을 때) "그것 참, 아주 훌륭한 질문이군요. 일단 짧은 대답은 ○○○입니다. 하지만 여기서 가장 중요한 문제는 ○○○입니다(바로 ○○○에 여러분 자신이 하고 싶은 말을 채워 넣으면 됩니다)"와 같이 말하는 것이죠.
- 운이 좋으면 인터뷰를 약간 변형시켜 여러분의 프로필이나 관점을 홍보하는 데 사용할 수도 있습니다.
- 다른 사람들이 (아마도 소파에 앉아서) 화면을 통해 여러분을 보는 관점에서 스스로의 모습을 보려고 노력해보세요. 마치 대중 연설을 할 때처럼요.

- 보디랭귀지와 태도, 그리고 그런 제스처를 말과 어떻게 조화시킬지를 머릿속으로 시각화하세요.
- 가장 중요한 사람은 바로 시청자라는 것을 기억하세요.

주류 언론사에 출연 기회를 얻으려고 노력하는 것뿐만 아니라, 다들 알다시피 요즘엔 여러분이 직접 콘텐츠를 생산해서 세상에 내놓는 것도 가능하죠. 그것도 아주 최소한의 비용으로요. 게다가 여러분이 말하거나 행동하는 것이 충분히 재미있고 훌륭하다면, 당연히 언론사를 통한 것보다 더 크게 뜰 수도 있습니다. 하지만 이런 개인 콘텐츠에도 여전히 같은 원리가 적용됩니다. 어떤 사람들을 위한 콘텐츠인지, 사람들이 여러분의 콘텐츠에서 무엇을 보고 느꼈으면 좋겠는지를 고민해보세요. 그리고 여러분의 모습과 특징을 콘텐츠에 어울리게 단장하세요.

그리고 마지막으로…

'말하기'와 '불안 극복'에 대한 몇 가지 생각을 마지막으로 나누겠습니다. 대부분은 불안을 극복할 수 없습니다. 내가 아는 가장 훌륭하고 가장 재치있는 연사 중 (지금은 90대로 접어든 지 한참 된) 한 분은 스피치를 하기 전에 종종 구토를 한다고 고백합니다. 아직도 그렇게 긴장을 한다는 뜻이죠. 그러니 긴장을 푸는 방법이야말로 평생을 두고 배워야 하는 일입니다. 여러분의 걱정과 불안을 자신을 준비시키는 동력으로 이용하세요. 아이러니하게도 더 많이 걱정하고 신경 쓰는 사람이 가장 크게 발전하는 경우가 많습니다.

아, 그리고 '너는 할 수 없다고, 너무 무서운 일이라고, 너는 가짜라고' 말하는 내면의 '그 목소리'에 대해서도 한마디 하자면, 최대한 그 목소리의 볼륨을 낮춰보세요. 아니면 도널드덕처럼 꽥꽥거리는 우스꽝스러운 소리로 바꿔보세요. 그 목소리가 들리면 혼자 웃기라도 할 수 있게요. 다른 대안으로는 그 목소리에게 "닥치고 꺼져버려"라고 말하는 방법도 있습니다.

이것만은 기억해 두세요!

- 여러분은 공개적으로 말하는 것에 익숙해지고 능숙해져야 합니다. 어쩔 수 없습니다.

- 좋든 싫든 대부분의 경우 형식이 내용을 이깁니다. 똑바로 서서 앞을 바라보고 숨을 쉬세요. 마음속의 눈과 귀로 자신의 목소리를 적절히 조절하세요.

- 불안과 아드레날린을 활용하세요. 아니면 우리에게는 아로마 향초가 있습니다.

Chapter 7

능력의 최대치,
삶의 폭을 확장하기

직업적 삶에 몇 가지 유용한 스펙을 추가하는 법

．．．

　내가 〈우리를 둘러싼 세상The World About Us〉이라는 BBC TV 프로그램에 완전히 빠져 있었을 당시 일곱 살이었습니다. 이제는 모두 까마득한 옛날이야기이지만, 프로그램 진행자에 대한 당시의 짝사랑은 지금도 계속되고 있습니다. 지금의 내가 말하기에는 살짝 부적절한 표현일지 모르겠지만 그 진행자는 현존하는 80대 중 가장 섹시한 인물로 묘사되기도 했습니다.

　이 진행자는 당연히 데이비드 애튼버러 경Sir David Attenborough 입니다. 프로그램에서 그분은 카키 반바지를 입고 정글 속을 탐험하거나 고릴라들과 함께 앉아 있기도 했는데 나에게는 말 그대로 환상적이었습니다. 당시엔 화면에 나오는 끔찍한 장면들만으로도 어린 소녀였던 나와 또래 친구들을 충격에 빠뜨려 울음을 터뜨리게 하고, 자연에 관심을 갖게 했죠. 인간들을 위해 땅을 개간한다는 목적 때문에 오랜 세월을 살아온 거대하고 아름다운 열대 우림이 무참히 톱에 잘려나가는 모습을 보며 나는 대성통곡을 했었습니다.

저 놀라운 생명체들에게 인간이 어떻게 저런 짓을 할 수 있는 걸까? 그곳에 살고 있던 다른 불쌍한 동물들과 야생 생물들은 또 어쩌고? 그 친구들은 이제 어디 가서 살아야 한단 말인가?

일곱 살 땐 지정학이나 부정부패가 뭔지, 극도의 빈곤이 인간 행동의 우선순위 결정에 어떤 영향을 미치는지 등과 같은 미묘한 문제들에 대한 이해가 거의 없었습니다. 분명한 것은, 어떤 가족이 '나무 살리기'와 '살기 위해 먹기' 중 하나를 선택해야 한다면 나무가 아무리 놀라운 생명체라 해도 살릴 수 없다는 사실이었죠.

비록 시간이 흐르면서 내 관점도 미묘하게 바뀌긴 했지만 그 당시 느꼈던 분노와 속상함은 항상 내 안에 남아 있었고 환경문제는 나에게 평생의 관심사 중 하나가 되었습니다. 환경에 대한 개인적인 관심과는 완전히 별도로, 전반적인 삶에서 '열정을 쏟을 만한 일'이 하나라도 있으면 삶이 실제로 풍요로워진다는 걸 깨달았습니다. 내 본업과 관련성이 있든 없든 말이죠. 대학에 다닐 때까지도 나는 내가 환경과 관련된 일을 하게 될 거라고는 생각지도 못했었습니다.

뭐하러 열정을 쏟냐고요? 삶에서 내가 좋아하는 일이 있다는 것은 항상 자신에게 활기를 샘솟게 해주는 무언가가 있다는 뜻입니다. 그런 일들은 에너지를 발산할 수단이 되어주고, 일처럼 느껴지지도 않죠. 운이 좋다면 그것을 자기 본업의 핵심으로 만들 수도 있고 그렇지 않을 수도 있습니다. 어느 경우든 그런 일은 물질적으로도 정신적으로도 이득이 될 수 있습니다.

좋아하는 일을 할 때 나타나는 시너지

좋아하는 일이 있으면 여러 좋은 점이 있습니다. 우리 커리어에도 도움이 될 수 있고 예상치 못한 놀라운 방식으로 자기 영향력의 범위를 넓혀주기도 합니다.

나는 광고라는 상업적 세계에서 내 직업을 찾긴 했지만 환경문제에 대한 관심은 계속 간직하고 있었습니다. 세계자연기금과 그린피스의 회원이 되었고 여전히 데이비드 애튼버러 경이 방송에 나올 때마다 붙박이처럼 TV 앞에 앉아 있죠. 일을 시작하고 몇 년이 지나지 않아 나는 내가 환경운동을 다음과 같은 시각으로 바라보고 있었다는 걸 깨닫게 되었습니다.

- 대부분 좀 유난스럽다(그때 당시엔 너무 시대를 앞선 문제라고 생각했거든요).
- 엄청난 부자들이나 파티에 참석하는 것처럼 삶에서 다른 목적으로 바쁜 대부분의 사람들에게 환경문제는 재미없다.
- 전통적인 관점에서 보면 환경문제는 뭔가를 사고파는 활동과 양립하기가 어렵다.

나는 초기에 광고를 맡았던 회사의 한 담당자가 보내준 아주 훌륭한 가르침의 편지를 아직도 갖고 있습니다. 그 고객사는 화장지나 생리대 같은 위생제지용품을 생산하며 거대하고 더러운 찌꺼기까지 함께 배출하고 있었습니다. 1980년대 중반쯤 25세에 불과했던 나는 결국 최대한 용기를 내어 그 회사의 마케팅 전무이사에게 편지를 보냈습니다. "최근의 모든 정황들을 보면 환경문제가 산업계와 정부에 중대한 사안이 되고 있다. 그러니 귀사도 계속 일류기업의 지위를 유지하기 위해 변화하려는 노력을 기울여야 한다"와 같은 내용이었죠. 답장은 더할 나위 없이 친절했지만 핵심이 빠져 있었습니다. 환경문제는 부수적인 문제일 뿐이며(인류 전체와 자연 세계에 통째로 영향을 미치는 일이 겨우라니요, 멍청하게도), 그의 회사가 한창 잘나가고 있는 마당에 너무 급진적인 방침을 추진할 계획은 전혀 없다는 내용이었습니다. 그렇지만 물론 본인들도 상황을 계속 주의 깊게 지켜보겠다는 둥 어쨌다는 둥 말끝을 흐렸습니다.

우리 모두 환경파괴로 인해 (또는 어떤 종류로든) 인류가 멸망하는 영화들이 마지막에 어떻게 되는지 알고 있죠. 유성충돌이나 쓰나미, 핵폭발, 재복원된 공룡의 공격으로 가장 먼저 끔찍하게 죽는 사람들이 바로 못된 정치인, 그리고 기업 경영인 같은 사람들이죠. 나도 그런 종류의 판타지를 품기도 했지만, 본때를 보여주려면 실제로 뭔가를 변화시키는 것이 더 나은 방법이라는 결정을 내렸습니다. 도움은 전혀 의외의 곳에서 찾아왔습니다. 1988년에 완전히 느닷없이 마거릿 대처 총리가 왕립학회를 대상으로 연설을 하면서 환경문제와 기후변화가 인류에게 심각한 문제이므로 반드시 관심을 가져야 한다고 주장한 것이었죠.

갑자기 나는 사치 앤드 사치에서 가장 잘나가는 애, 아니 가장 인기 있는 사람이 되었습니다. 환경문제에 대해, 정확히 말하면, 고객들이 궁금해하는 환경문제에 대해 가장 많이 알고 있는 광고계의 임원이 바로 나였죠. 나는 고객들에게 환경 관련 컨설팅을 하기 위한 그린 팀을 구성했습니다. 하지만 당시 나의 조언이 얼마나 인기가 없었는지는 구구절절 늘어놓지 않겠습니다. 고객들에게 본인들을 환경기업으로 홍보하고 싶다면 실제로 환경을 보호하는 걸 "행동으로 보여줘야 한다"고 조언했으니까요. 어쩌다 보니 나는 그린워싱(친환경을 실천하는 시늉만 하면서 기업 이미지를 세탁하려는 행위)의 물결에 맞서 싸우고 있었죠. 다들 소비자에게 책임감 있고 친환경적인 기업이라는 것을 어필할 수 있는 것이라면 무엇이든 떠벌리려고 필사적이었습니다. 요약하면 온통 아기, 토끼, 나무, 지구 같은 이미지에 온갖 알쏭달쏭한 용어들이 판을 치던 시절이었다는 설명 정도로 마무리하겠습니다.

내부에서부터 파도를 일으키기

실망스러운 기간이었지만 두 가지 좋은 일도 있었습니다. 첫째, 환경이 소비자들에게 얼마나 중요한 문제인지, 따라서 우리 비즈니스 업계가 어떤 실천을 해야 하는지에 대해 여러 회담 자리에서 이야기할 기회를 얻을 수 있었습니다. 둘째, 정말 다양한 부류의 사람들을 만날 수 있었습니다. 환경 운동 분야의 유력 인물들이자 내 역할과 능력이 닿는 한 끝까지 협력하고 돕고 싶었던 사람들이었죠. 나는 정부 소속의 다양한 환경자문위원회와 지속가능개발위원회, 세계자연기금이사회, 기타 여러 환경 단체의 일원으로 위촉되었고, 당연히 대부분은 대가 없이 하는 일이었지만 이런 활동은 다시 한 번 열정을 쏟고싶은 나의 욕구를 충족시켜 주었습니다. 아울러 내 퍼스널 브랜드에 추가 가산점까지 부여해줬습니다.

한 가지 더 깨달은 점이 있다면 외부 압력 단체에 있는 것보다 비즈니스 내부에 직접 속해 있는 것이 최대의 변화를 만들어내는 데에 더 도움이 될 수 있다는 사실이었습니다. 나는 비즈니스라는 옷을 입고 비즈니스 언어를 구사하며 온갖 종류의 연구 및 '기업 책임' 혁신 프로그램에 관한 정보를 전부 다 들여다볼 수 있었죠. 핵발전소 밖에서 진을 치고 농성을 벌이거나 굴착기 앞에 드러눕는 것보다는 훨씬 쉬운 일이었습니다.

오늘날엔 환경 및 지속가능성이 주요 비즈니스 전략과 수많은 정부 정책에서 정당한 지분을 차지하고 있습니다. 부분적으로는 올바른 사고방식을 지닌 사람들 덕분이기도 하고 소비자와 시민들의 요구 덕분이기도 하지만, 까놓고 말하면 보험업계나 투자업계가 오염을 일으키는 지저분한 거대 기업들을 위험 요소로 보고 있기 때문이기도 하죠. 세상이 이렇게 바뀔 줄 누가 상상이나 했을까요?

우리가 지구를 질식시키고 새까맣게 태우고 말살하지 않으리라는 것을 확신할 수 있을 때까지는 아직 먼 길을 가야 하지만, 그래도 차근차근 앞으로 나아가고 있습니다. 심지어 이 모든 일 덕분에 나는 결국 데이비드 애튼버러 경을 직접 만날 수도 있게 되었습니다.

이제는 사람들이 내게 "그래, 환경 중요하지. 하지만 우리에게 현실적으로 가장 중요한 문제는 바로 가난·교육·질병·그런 문제들이야"라고 이야기할 때마다, 나는 한때 멕시코 시티 시장이었던 분의 말을 그대로 전달하곤 합니다. 실제로 그는 상당히 심각한 공해 문제를 해결하기 위해 골머리를 앓고 있었습니다. 사방이 산으로 둘러싸인 분지에 자리 잡은 데다 하늘엔 항상 구름이 뚜껑처럼 덮고 있어서 멕시코 시티라는 도시는 그야말로 솥단지 안에서 팔팔 끓거나 질식당할 위험에 처해 있었죠. 그는 "우리가 환경문제를 먼저 해결하지 않으면, 다른 문제들을 걱정할 우리가 곧 남아 있지 않게 될 것입니다"라고 말했습니다. 그러니 지금은 닭이 먼저인지 달걀이 먼저인지 같은 문제로 여러분과 입씨름하지는 않겠습니다. 핵심은 이해하셨을 테니.

좋아하는 일을 제대로 활용하기

우리는 삶에서 '좋아하는 일'이 있는 것만으로도 동기부여 요소뿐만 아니라 경험과 역량을 확장할 수 있습니다. 그것이 어떤 종류의 일이든 상관없습니다. 그것이 주 수입을 만들어주는 본업과 관련이 있든 없든, 이런 걸 알아보는 눈을 가진 누군가에게 여러분이 다양한 조직을 경험해보고 일상을 뛰어넘는 역경을 겪어본 흥미로운 사람이라는 사실을 어필할 수 있을 겁니다.

특히 더 좋은 점은 여러분이 이사회의 구성원이나 자문가로 활동해볼 수도 있고 기업지배구조 같은 일을 미리 경험해볼 수도 있다는 점입니다. 나중에 본업이나 더 큰 조직에서 정식으로 일을 하게 될 상황을 대비할 수 있습니다. 기업지배구조라는 단어는 소리 내서 반복하면 양을 세는 것보다 불면증에 효과가 좋을 것 같은 지루한 단어지만, 사실은 직급 사다리를 올라가려면 지배구조라는 게 무엇인지 어떻게 하는 것인지 반드시 알아야 합니다. 그리고 혹시 회사나 조직을 경영하게 되었을 때 실수로 인한 과징금이나 징역형을 면할 수 있도록 도움을 주기도 하고요.

여러분이 선택한 '그 일'의 분야에서 자문위원회에 가입해달라는 제의를 받아들이세요. 또는 자신의 '본업 외 관심사'와 연관된 분야의 자선단체나 사회적 기업, 스타트업 등의 단체에 무료로 도움을 제안해보세요. 이런 활동은 여러분을 한 인간으로 그리고 한 사람의 중역으로 원숙하게 해줄 뿐만 아니라 여러분을 돋보이게 하고 임원급으로서도 훨씬 더 호감 가는 인재로 만들어줄 수 있습니다. 최근에는 대부분의 조직들이 책임감 있는 좋은 기업의 모습을 보여주는 데 관심이 많고, 실제로 어떤 기업들은 책임감을 실천하고 있습니다. 또한 몇몇 소수의 기업들은 다행히도 아예 밑바탕부터 '사회를 위한 좋은' 기업이 되는 것을 주요 비즈니스의 핵심 가치로 만들기 위해 노력 중입니다. 그리고 이 '본업 외 관심사'가 언젠가는 사업 아이템으로 변신할 수 있을지 그건 아무도 모르는 일입니다.

넓고도 좁은 세상

환경의 지속가능성 분야에서 경험을 쌓은 것 역시 내가 이사회의 일원으로 발탁되는 데 도움이 되었을 것입니다. 여러분이 무엇을 할 수 있는가뿐만 아니라 그 능력이 바깥세상에 어떤 모습으로 비춰지는가에 의해서도 여러분의 가치가 매겨집니다. 다행히도 어떤 주주들은 이력서에 좀 더 폭넓고 유익한 관심사를 가진 후보를 이사회 멤버로 들이고 싶어 하기도 합니다.

두 개의 진영인 상업적·영리 분야 vs. 자선사업·비영리 분야 모두에 발을 담그고 있다 보면 각각 상반되는 우선순위 때문에 때때로 어색하게 느껴질 때가 있습니다. 그럴 때 기억해두면 유용한 점 몇 가지를 공유하고 싶습니다.

- 자선단체나 공공 분야 내에서의 정치싸움이나 스트레스는 가끔 상업 분야를 애들 장난처럼 보이게 만들기도 합니다.
- 천사들만 자선단체나 공공 분야에서 일하는 것은 아닙니다.
- 사악한 사람들만 상업 분야에서 일하는 것은 아닙니다.

나는 한 자선단체 이사회에서 6년 동안 봉사를 했습니다. 단체는 정부의 예산 삭감 때문에 운영 자금의 거의 절반을 잃었고 어쩔 수 없이 '구조조정'을 단행해야 했습니다. 대부분의 경우 구조조정이란 지사를 폐쇄하고 직원을 정리해고한다는 뜻을 그럴듯하게 표현한 단어죠. 불행히 이 경우도 기업의 경우와 같았고, 안타깝지만 자선단체가 살아남기 위해선 불가피한 절차였습니다. 누구를 정리해고할 것인지, 얼마 되지도 않는 자원을 어디에 활용해야 배를 물에 계속 떠 있게 할 수 있을 것인지의 문제를 놓고 끔찍하고도 불가능에 가까운 결정들을 내려야 했습니다. 이 단체가 망하면 수많은 수혜자들이 모든 것을 잃게 될 수도 있었기 때문에 모든 사람에게 정말로 고통스러운 시기였습니다.

이런 일이 있고 몇 년이 지난 후, 나는 다른 회사의 이사회 이사로 재선임되기 위해 입후보한 적이 있었습니다. 어느 날 트위터에서 "리타 클리프튼에게 반대표를 던질 수 있어서 기분이 날아갈 것 같았다"는 누군가의 트윗을 보게 되었습니다. 결과적으론 97%의 투표자들이 그 사람과 다른 의견이었지만, 어쨌든 나는 사람들에게 어떤 문제가 있는지 알아내기 위해 항상 그들과 소통해야 한다고 믿는 1인이었으니까요.

결국 이 사람은 나에게 다이렉트 메시지를 보냈는데, 자신이 예전 그 자선단체에서 일자리를 잃은 것과 그 뒤로도 다른 일자리를 구하지 못한 것이 나와 이사회의 탓이라고 하더군요. 정부의 예산 삭감이나 당시의 금융 위기와는 전혀 상관없이, 보아하니 모든 잘못은 오로지 나와 이사회의 몫이었던 것이죠. 게다가 그는 자신이 뒤끝 있는 사람이라는 말까지 남겼습니다. 물론 그의 처지가 이해는 됐지만 어쨌든 나와 여러 이사들이 많은 사람들을 돕기 위해 그 자선단체에서 6년 동안 아무 대가도 받지 않고 일했는데 그런 불쾌한 트윗을 보는 것이 상당히 상처가 된다는 점을 설명해보려고 했습니다. 더 이상 답장은 없었습니다. 어쩌면 그런 코멘트는 그냥 품위 있게 무시했어야 하는지도 모릅니다. 불쌍한 그 트위터러는 그저 화풀이할 상대가 필요했던 것뿐이죠. 하지만 나는 가벼운 모욕이라도 상대방에게 기분 나쁘다고 평범하고 인간적인 방식으로 알려주는 것 역시 중요하다고 생각하는 사람일 수밖에 없습니다.

비영리 분야의 달콤한 비영리

나는 비영리단체에서 이사로 일할 때가 정말 좋았습니다. 하지만 모든 것이 다 사랑스럽고 감동적인 것은 아니라는 점을 명심해야 합니다. 대부분의 자선단체는 확보한 자금을 가장 효과적으로 사용하기 위해 스스로를 기업처럼 바라봐야 합니다. 그리고 약간 아이러니하게도 많은 기업들이 이제는 스스로를 목적 중심으로 움직이는 조직으로 생각하고 선하고 지속가능한 방법으로 세계의 문제를 해결하기 위해 노력하고 있습니다. 수년 동안 나는 양쪽 진영에 한 발씩 담그고 뒤뚱거리며 걸어왔죠. 그리고 이제 그 두 진영이 조금씩 뒤섞이면서 경계가 점차 무뎌지고 있습니다.

영리사업가로서 비영리사업을 돕는 일이란?

여러분도 비영리단체나 공공 영역에 있는 조직에 다양한 방법으로 도움을 줄 수 있으며 그에 대한 일종의 정신적 보상도 얻을 수 있습니다.

- 그들이 생각하는 '고객'의 범위를 더 넓게(가령 기부자, 회원, 직원, 언론 등과 같이) 확장할 수 있게 도와주세요. 그리고 어떻게 하면 단체가 이런 '고객들'과 연결되어 더 많은 영향력을 발휘하고 그 결과 더 많은 자금을 모을 수 있을지를 생각해보도록 단서를 제공해주세요.

- 외부인인 여러분은 내부인의 입장에서는 잘 보이지 않는 기회를 포착할 수도 있습니다.

- 여러분에게도 많은 것을 경험해볼 수 있는 기회가 됩니다. 빠듯한 예산으로 일해볼 수도 있고, 비즈니스 업계 사람들과는 전혀 다른 동기를 지닌 사람들과 함께 일해볼 수도 있죠. 또 이사회에서 하는 일이나 기업지배구조의 용어와 실무, 세이프가드 같은 중요한 일에 대해 배울 수 있고, 단체가 활동을 유지할 수 있도록 일정량의 예비자금을 모으는 경험도 해볼 수 있습니다.

- 비영리단체들이 스스로를 명시적으로 표현할 수 있는 방법을 찾도록 도와주세요. 그들의 목적과 사명이 무엇인지, 그것이 수많은 사람들의 실제 삶에 어떤 영향을 미칠지, 그렇게 될 수 있도록 그들이 무엇을 할 수 있는지, 어떻게 하면 너무 큰 비용을 치르지 않고도 그런 일들을 해낼 수 있는지 등을 바깥 세계에 알릴 수 있게 도와주세요.

- 또한 정부의 일이 어떤 식으로 돌아가는지(또는 안 돌아가는지)를 이해할 수 있는 좋은 방법이기도 합니다.

'비영리 대 영리'에 대한 이야기를 하다 보니 예전에 한 젊은 여성에게 받았던 전화 한 통이 생각납니다. 그 여성은 내가 다녔던 대학을 위한 모금 활동을 하던 중이었죠. 내가 정중히 듣고 있는 동안 그 여성은 서론을 말하고 배경 설명을 좀 하더니 내 직업을 물었습니다. 나에 대해 아는 것이 전혀 없고 알아보려는 노력도 하지 않았다는 것이 여실히 드러났죠. 게다가 다들 알다시피 이런 말들은 모두 "그래서 얼마를 달라는 건데?"라는 질문으로 가기 위한 형식적인 서문에 불과하잖아요.

돈 얘기까지 다 마무리가 된 다음 나는 그녀에게 졸업하면 무슨 일을 할 생각이냐고 물었습니다. 그녀는 경쾌하게 대답했죠. "글쎄요, 원래는 마케팅 쪽으로 가볼까 생각했는데 그보다는 뭔가 더 좋은 일을 하는 것이 나에게 더 나을 것 같다고 결정했어요." 나는 모욕감을 가라앉히기 위해 일단 심호흡을 하고 내가 할 수 있는 한 가장 친절하게 여러 가지 조언을 해줬습니다. 마케팅은 사실상 상업적 분야뿐만 아니라 자선단체의 성장을 돕는 데도 굉장히 유용하며, 또 사람들이 자신의 필요에 맞는 상품과 서비스를 공공 부문에서든 민간 부문에서든 얻을 수 있게 도와주는 아주 좋은 수단이라는 등의 이야기였죠. 그녀에겐 다 쓸데없는 이야기였는지는 모르겠습니다. 하지만 그런 이야기를 하면서 내 기분이 좀 나아진 건 확실했죠. 여기에도 비즈니스에 활용할 수 있는 교훈이 있습니다. 여러분이 일하는 분야가 영리든 비영리든, 누군가에게 돈을 요구할 땐 그 사람에 대해 조금이라도 알아보고 그렇게 알아낸 것을 그들에게 알맞게 '장사하는' 것이 가장 좋은 방법이라는 것이지요.

이사회로의 진출

우리가 커리어의 특정 지점에 도달했을 때 경험을 넓히기 위해 해볼 수 있는 좀 더 '관습적인' 일도 있습니다. 바로 비상임이사가 되는 것입니다. 이는 비정규로 시간을 내어 조직의 주요 이사회 구성원으로 활동하는 것을 말합니다. 운영의 의무를 지는 경영진과는 반대로, 비상임 이사는 법적 의무를 지며 독립적이고 책임감 있는 자문 역할을 합니다.

이사회의 여성 비율을 높이는 것에 대해 그동안 정말로 많은 진전이 있었습니다. 전 세계 평균 이사회 여성 비율은 20%를 조금 넘었고 비록 남미와 아시아에서는 10% 이하이지만, 영국에서는 30%를 향하고 있고 프랑스와 북유럽으로 가면 40%를 넘어갑니다. 더 시급한 문제는 CEO와 경영진의 여성 비율이죠. 숫자를 들여다보면 통탄할 지경입니다.

비상임 이사의 일은 기본적으로 심리치료와 감시가 합쳐진 일입니다. 회사를 운영하는 경영진들을 감독하고 지원하고 그들에게 이의를 제기하는 것이 그 임무입니다. 잘만 하면 정말 재미있는 일일 수 있습니다. 어떤 고위 임원들은 은퇴 이후 이런 종류의 지위 몇 개를 맡아 다수의 이사회에서 활동하면서 훌륭한 조언을 제공하기도 합니다. 굉장히 멋져 보이지만 회사가 인수합병 대상이 되거나 추문에 휩싸이거나 국제적 사기나 사이버 공격에 휘말리기라도 하면 시간을 잡아먹는 골치 아픈 일이 될 수도 있습니다. 왜냐하면 바로 여러분에게 조직의 경영구조와 시스템 그리고 사람들, 이 모든 주체가 법대로 움직이고 올바르게 행동하도록 단속해야 하는 법적 책임이 있기 때문입니다. 따라서 아주 편하기만 한 '은퇴 시설'이라고는 할 수 없죠. 하지만 개인적으로는 그 일을 아주 좋아해서 은행, 패션, 전자기기 유통, 헬스케어, 미디어, 음악에 이르기까지 정말 다양한 분야의 조직에서 비상임 이사로 활동을 했습니다.

이사직을 처음 맡았을 때 내가 완벽하게 하려고 노력했던 것 중 하나는 얼굴 표정이었습니다. "아, 네, 당신이 뭘 말하는지 알아요"라는 인상을 표정으로 보여주고 싶었거든요. 나는 교육과 세미나를 아무리 많이 들어도 실전에서 직접 어려움에 부닥치고 이를 해결해야 하는 상황을 피해갈 수는 없다는 걸 상당히 일찌감치 깨닫고 있었죠. 하지만 아마 다들 자신이 정말 모른다고 생각했던 것에 비해 실제로는 은근히 많이 알고 있다는 사실에 깜짝 놀랄 겁니다. 물론 이 원리

비상임 이사 자리를 구하는 방법

보수를 받을 수 있는 비상임 자리는 한정되어 있고, 자리가 나면 보통은 헤드헌터를 통해 연락을 받게 됩니다. 왜냐하면 비상임 이사의 수요 자체가 많지 않은 데다가 평소에 이사회나 경영관리, 재무 등과 같은 분야에서 임원을 맡아 본 경력도 있어야 하기 때문입니다. 하지만 일단 비상임 이사 교육과정에 등록해서 '좋은 인맥을 쌓는 것'도 아주 좋은 방법입니다. 이 일은 자리를 구할 수만 있다면 정말 멋지고 재미있는 일이죠. 이런 기회를 얻을 수 있는 가장 좋은 방법은 여러분의 본래 직업에서 훌륭한 성과를 내고 좋은 평판을 얻기 위해 최선을 다하는 것입니다.

가 모든 비즈니스와 산업에서 사용하는 약어와 전문용어에까지 적용된다고 장담할 수는 없습니다.

낙담하지는 마세요. 완전히 이해하고 소화해야 한다는 의무감을 느끼지 않아도 됩니다. 비상임 이사로서 여러분의 가치는 '물들지 않은' 독립적 존재가 되어 틀에 박힌 집단 사고를 방지하고 "이런 게 어떻게 돈이 될 수 있다고요?", "이런 게 고객에게 도움이 될 수 있다고요?", "이런 게 직원들에게 동기부여가 될 수 있다고요?" 같이 바보 같은 질문을 하는 것이니까요. 물론 자신의 가짜 페르소나가 하자는 대로 따를 수도 있습니다. 하지만 나이가 들고 경험도 쌓이고 언젠가 너무 뻔한 질문을 해도 스스로가 아주 바보는 아니라는 자신감이 생기는 시기가 되면 모든 것이 훨씬 쉬워집니다. 대부분의 이사회에서처럼 짜증 나는 상황 중 하나는 내가 'ㅇㅇㅇ를 물어도 될까? 바보처럼 보이지 않을까?'와 같은 생각을 하고 있는데 갑자기 테이블 건너편에 있는 누군가가(확률상 아마 남성이겠죠. 이사회에서는 남성의 비율이 여성보다 압도적으로 많으니까요) 내가 생각했던 것과 완전히 똑같은 질문을 하는 것입니다. 뭐, 다 경험하면서 배우는 거죠. 알다시피여기서 중요한 점은 바로 그겁니다.

엄청나게 바보 같은 질문 이야기를 하니 언젠가 한 유통업체 이사회에서 일하고 있을 때가 떠오릅니다. 업계의 비밀이라고 할 것까진 없지만, 한때 전통적인 유통사들이 굉장히 특이한 부류였던 때가 있었죠. 소매점 운영 사업은 복잡하기도 하고 중독성도 있습니다. 까딱하면 물류나 제품, 가격에만 신경 쓰게 되기 십상이죠. 나는 그때 이사회에서 고객 중심의 안건이 거의 관심을 받지 못하는 것을 보고 정말 놀랐습니다. 이 비즈니스가 해야 할 올바른 질문은 "사람들의 생활방식이 어떻게 변하고 있는가? 그들이 이 범주에서 실제로 필요로 하는 것은 무엇인가? 우리가 어떻게 하면 그들이 필요로 하는 것을 얻을 수 있도록 최선의 방법을 제공할 수 있을까?" 같은 질문이라고 강력하게 믿고 있었으니까요.

그 해답은 반드시 전통적인 방식에만 있는 것은 아니었죠. 전통적인 판매방식만 고수하던 기업들은 온라인 세계에 의해 무너지고 있으니까요. 외부에서 불어오는 커다란 변화는 모르고 자기 카테고리에 대해서만 속속들이 알고 있는 사람들이 있는데 가끔 우리는 이런 사람들의 훈계도 참고 견뎌야 합니다. 여러분의 질문을 알맞게 표현하고 의견을 관철시키려면 어쨌든 해당 카테고리에 대해서 충분히 알고 있어야 합니다. 그렇더라도 여러분의 눈에 뭔가 다른 것이 보일 때 자신의 뜻을 그대로 밀고 나가세요. 물론 평화적인 방법으로 밀고 나가는 것이 가장 이상적입니다.

경험을 확장하고 갈고 닦음으로써 얻을 수 있는 마지막 장점은 기업이나 코칭 분야 용어로 '선택의 폭'을 넓힐 수 있다는 것입니다. 다른 말로 하면 달걀을 한 바구니에 담지 않는 전략을 뜻합니다. 언젠가 필요한 시기가 되면 이런 다양한 경험들을 통해 여러분의 커리어에 전환을 모색할 수 있다는 사실을 알고 있는 것만으로도 굉장히 도움이 됩니다. 인맥을 넓히는 것도 물론 유용합니다. 다양한 모자를 써보는 것이 막상 해보면 재미있을 수 있습니다. 그리고 나처럼 편집증적인 성격을 타고난 사람일 경우, (여러 선택의 장을 마련해놓음으로써) 일이 잘못될 경우를 대비해 위험을 분산시켜 놓았다는 생각만으로도 마음의 안정을 찾을 수 있습니다.

지금까지 말한 몇 가지가 우리의 '본업 바깥에서' 자신과 퍼스널 브랜드, 잠재능력을 확장하는 방법이었다면, 우리의 '핵심 전문 분야와 밀접하게 연관'되어 있으면서 역시 기적 같은 효과를 낳을 수 있는 방법들도 있습니다.

책 쓰기의 기쁨과 고통

책을 쓰는 것은 좋은 일이죠. 자신만의 퍼스널 브랜드를 구축하고 무언가의 전문가로 알려지고자 한다면, 사실상 책을 쓰는 것이 자신이 좋아하는 분야, 그러면서 여러분을 유명하게도 만들어줄 수 있는 분야에 출사표를 던지고 자신만의 테마를 선보일 수 있는 아주 좋은 기회가 됩니다. 또는 현재 큰 규모의 기업에서 일하고 있고 여러분의 책(또는 여러분의 향상된 이력)이 회사의 홍보에도 도움이 될 거라고 설득할 수 있다면, 회사에서 책의 출간에 금전적 지원을 해주거나 일정 부수의 구매를 약속해줄 수 있을 겁니다.

하지만 우선은 좋은 아이디어를 갖고 있어야죠. 당연하지만 나의 '직업적' 브랜드는 브랜딩 분야에 기반을 두고 있었기 때문에 지금까지 같은 주제로 몇 권의 책 작업을 했습니다. 밀레니엄의 시작과 함께 작업을 시작한 첫 번째 책《브랜드의 미래The Future of Brands》에는 전 세계의 유명인사들 25명을 대상으로 '25년 만에 세계를 주도하는 브랜드가 되려면 무엇이 필요한지'에 대해 인터뷰한 내용이 담겨 있습니다. 그 내용만으로도 나는 몇 년 동안 이야기할 거리가 끊이지 않았죠. 이와 유사하게 〈이코노미스트〉와 함께 진행했던 책 작업 역시 그 자체만으로도 흥미로웠지만, 무엇보다 '브랜드'가 정식으로 실질적 경제자산으로 자리매김하는 데도 도움이 되었습니다.

미리 솔직하게 말해두자면 여러분이 정규직으로 일하고 있다면 책 한 권을 완성하는 일은 고문이 될 수 있습니다. 최소한 1년은 자유시간이 전혀 없다고 봐야 합니다. 휴일이 있을 때마다 혼자 구석에 앉아 글을 쓰며 분위기를 깨고 남들은 다 즐겁게 놀고 있는데 혼자 초췌한 얼굴을 하고 있어야 하죠.

하지만 우리 모두 알고 있죠. 노력 없이는 성공도 없다는 것을. 결국 어떤 조직을 이끌게 되는 사람들을 보면, 굳이 고생을 사서 하고 그러면서도 자신을 세상에 당당히 드러내는 사람들이더군요. 일단 완성된 책이 손에 쥐어지면 백번 잘한 일이었다는 생각이 듭니다. 어쩌면 전자책 버전으로만 나올 수도 있지만 사실 아무 감흥 없는 전자책보다는 종이책이 훨씬 보람있게 느껴집니다. 그리고 대대손손 물려줄 수도 있죠. 그 밖의 아이디어는 다음과 같습니다.

- 책 한 권을 쓰는 것이 어렵다면 같은 분야에 있는 다른 사람을 위해 책의 한 챕터라도 집필하겠다고 제안해보세요.
- 또는 회사가 마케팅이나 홍보에 활용할 수 있는 소책자를 만들어보세요.
- 그것도 어렵다면 논문이나 사설을 써보세요.
- 그것도 어렵다면 블로그를 작성해보거나 링크드인 등에 글을 포스팅해보세요.
- 그것도 어렵다면 140자짜리(또는 요즘 추세에 맞게 280자) 트윗 정도는 쓸 수 있을 겁니다. 아니면 적어도 여러분이 얼마나 재미있고, 똑똑하고, 매력있고, 다정하고, (좋은 쪽으로) 야심찬 브랜드인지 보여주는 적절한 인스타그램 사진 몇 장 정도는 포스팅할 수 있겠죠.

개인적으로는 페이스북의 '좋아요'를 받는 것이 지나치게 의무감으로 느껴지면서부터는 계정을 거의 방치한 채 오직 개인 정보용으로만 유지하고 있습니다. 하지만 수많은 비즈니스 분야의 경계가 희미해지고 있고, '비즈니스를 좀 더 인간답게 만들어야 할 필요성'이라는 측면에서 보면 소셜 미디어가 좋은 현상이라는 생각이 듭니다.

명심해야 할 점은 여러분이 보여주는 말과 행동이 어느 정도는 자신과 일치해야 한다는 것이죠. 디지털 시대에는, 그리고 효과적인 퍼스널 브랜드를 구축하려는 중일 때는, 자신이 좋아하거나 팔고 싶은 것들에 대해 거짓말한 것이 들통나면 타격이 큽니다.

자신의 중심 축대를 기준으로 이 모든 '추가적인' 확장 작업을 하는 것은 실제로 아주 좋은 투자가 될 수 있을 뿐만 아니라, 한 유명한 CEO가 언젠가 언급했던 훌륭한 리더의 필수 자질 한 가지를 상징하기도 하죠. 바로 우리가 어떤 면에서는 '하이퍼액티브(초고도로 활동적인)'한 일종의 하이퍼태스커(최대치의 멀티태스커)가 되어야 한다는 것입니다. 이 정도의 에너지 수준을 갖췄다면 다음 단계의 인적 자산 확대에도 아주 큰 도움이 될 것입니다. 여러분이 만약 임신을 하게 된다면 말이죠.

삶의 확장, 아이들

저신다 아던Jacinda Ardern 뉴질랜드 총리는 이렇게 말했습니다. "멀티태스킹을 하는 여성이 내가 처음은 아닙니다. 일도 하고 아이도 키우는 여성이 내가 최초가 아니죠. 옛날부터 수많은 여성들이 그렇게 해왔습니다." 이 이야기에 대해서는 앞에서 조금 다루었지만, 아이를 갖는 것이 어떻게 우리 자신과 우리의 일을 향상시킬 수 있는지(물론 실제 겪고 있을 당시엔 절대 그렇게 느껴지지 않지만)에 대해 좀 더 들여다보겠습니다. 이 부분은 완전히 솔직하게 터놓을 예정입니다. 그러니 혹시라도 불편하다면 이 부분은 건너뛰고 다음 장부터 다시 읽어나가길 제안합니다.

나는 "저 여자는 저 많은 일을 다 어떻게 하는지 모르겠어" 타입의 '저 많은 일'들에 대한 전문지식 같은 것은 전혀 없음을 강력히 밝힙니다. 거의 대부분의 경우는 내가 '저 많은 일을 하고 있다'는 생각조차 하지 못했거든요. 당연히 제정신으로 하진 않았을 겁니다. 물론 내 아이들은 아직 아이들입니다. 내가 아직 '다 큰 아이들을 계속 어린애 취급하는' 증후군에서 벗어나지 못했으니까요. 하지만 그것만 빼면 내 아이들은 더 이상 아이들은 아닙니다.

이 부분은 힘든 점과 좋은 점 두 개의 진영으로 나눠서 '너무 조심스럽지는 않게' 이야기하겠습니다. 다시 말하지만, 아직 아이가 없거나 앞으로도 계획이 없다면 이 부분은 건너뛰어도 좋습니다. 또한 내가 앞으로 이야기하려는 것들이 모두 어느 정도는 특혜받은 입장에서 겪은 어려움이었다는 점을 확실히 알고 있습니다. 턱없이 부족한 자원으로 한없이 힘든 삶을 살고 있는 그 모든 여성들과 부모들에게 몸과 마음을 다해 경의를 표합니다.

힘든 점

단박에 알 수 있는 사실은 엄마가 된다는 건 죽을 만큼 피곤할 수 있다는 것이죠. 그밖에도 '그렇게 장밋빛은 아닌' 몇 가지를 나열해보겠습니다.

- 부부가 둘 다 종일 근무하는 정규직일 때 임신하는 것. 시험관 시술을 시도했던 많은 친구들의 이야기에 따르면 예방 주사를 맞거나 검사를 받으러 갈 때 배아 이식을 위해 몰래 빠져나가야 할 때마다 사

람들에게 알려지지 않기 위해 조심하는 것, 시술 과정 내내 정신적으로 지치기도 했지만 그러면서도 혹시 실패할까 봐 아무에게도 알리고 싶지 않았던 것

- 일단 12주까지는 두고 봐야 하므로 임신 후 첫 3개월 동안엔 사람들에게 임신 사실을 알리고 싶지 않거나 알릴 수 없는 것, 끔찍한 일이 벌어질까 봐 매일 걱정하는 것, 회식이나 친구들과의 모임에서 술을 마시는 척하는 것(술을 마시지 않아도 여전히 열정적으로 분위기에 동참하겠지만 그래도 괜히 사람들이 눈치채게 하고 싶지는 않으니까), 그리고 사람들이 알게 하고 싶지 않을 때 나오는 무시무시한 입덧

- 뱃속에 아기를 몰래 담고 다니는 중요하고도 어려운 임무를 수행하면서 동시에 회사에서 요구하는 그 모든 목표를 달성하기 위해 노력하는 것. 단정하게 보이고, 논리정연하게 말하고, 회사에 완전히 헌신적으로 보이기 위해 노력하는 것

- 사람들이 자꾸 배를 만지고 언제가 예정일이냐고, 기분이 어떤지 계속 묻고, (혹시 인력 손실 문제가 생길 경우를 대비해서) 조심스럽게 다가와서 아이가 태어나면 그다음엔 어떻게 할 거냐고 묻는 것에 질려버리는 것, 입을 수 있는 옷이 점점 없어지고 발목이 점점 두꺼워지고 머리가 가끔 멍해지는 것 때문에 짜증나는 것

- 전반적으로 뚱뚱하고 매력 없게 느껴지는 것

- 남자들은 이런 일을 하나도 겪지 않아도 된다는 사실에 비합리적인 걸 알면서도 짜증이 나는 것

- 산모 육아휴직과 남편 육아휴직의 유불리를 따져보는 것, 예를 들면,

어느 정도의 육아휴직 기간을 (경제적으로) 감당할 수 있을지, 하필이면 양가 부모님이 모두 나라 반대편에 살고 있거나 아예 다른 나라에 살거나 슬프게도 이미 세상을 떠나셨다면 부부가 육아 책임을 도대체 어떻게 나눠서 맡을 것인지 등

- 베이비시터가 나보다 훨씬 좋은 부가혜택의 종합세트를 차지하는 것 같은 느낌이 드는 것, 최근 뉴스에서 어린이집 등의 아동학대에 대한 끔찍한 이야기를 접하는 것, 매 순간 아이와 함께 있어 주지 못함으로써 아이의 웰빙과 미래 가능성을 영원히 망가뜨리는 것은 아닌지 걱정되는 것, 월급을 전부 양육비에 쏟아부어야 하는지 그리고 그럴 만한 가치가 있는지 고민하는 것

- 파트타임으로 바꿀까 고민 중인 것을 미리 사람들에게 고백해야 할지 아니면 확실히 결정된 이후 말해야 할지 고민하는 것, 도대체 왜 그런 걸 고민하고 있는지 고민하는 것

- 출산이 고통스러울까 봐 걱정되는 것, 출산계획표 작성하기와 (일하다가 제시간에 빠져나올 수 있을 때) 태교 프로그램에 참석하는 것. 프로그램 담당자들이 실전에 약할까 봐 미덥지 않은 것

- 사람들이 내가 게을러졌거나 일에 제대로 집중하지 않는다고 생각할까 봐 마지막 몇 달은 심지어 더 열심히 일하는 것, 모든 것이 최신 상태로 업데이트가 되어 있는지와 인수인계가 깔끔하게 이루어졌는지 빈틈없이 확인하는 것, 출산휴가를 가 있는 사이 내가 그동안 몰래 덮어놓은 수많은 실수들에 대해 아무도 발견하지 못길 기도하는 것

- 분만 전 안정을 위한 음악 등을 준비하는 것, 진통에 따라 호흡 조절

하는 것, 너무 고통스러워서 결국 나무망치로 머리를 때려달라고 애원하는 것

- 울고 또 울고 계속 우는 것, (오로지 나만) 밤중에 절대로 잠에서 깨지 않는 (또는 자는 척 하는) 남편을 원망하는 것. 그가 나만큼 기저귀를 잘 갈지 못하는 것에 화내는 것, 세상 모든 일에 대해 남편을 원망하는 것(이 시기엔 아마 상대도 그럴 가능성이 있음)
- 몇 주 동안 잠옷만 입고 지내는 것, 어두워졌을 때 외에는 집 밖으로 나가지 않는 것
- 회사에서 오는 전화를 받을 때면 "다 괜찮아" 버전으로 목소리를 변조하는 것
- 언제 회사로 복귀해야 할지에 대해 고민하기. 몸과 머리가 따로 노는 것, 따로 노는 몸과 머리와 싸우지 않기 위해 노력하는 것, 배우자가 공평하게 육아를 분담하는 게 반가운 일인 줄 알면서도 아기가 엄마를 더 찾았으면 하고 바라는 것
- 아주 훌륭한 어린이집, 베이비시터를 찾아내고 놓치지 않는 것(회사에서와 마찬가지로 사람 관리 노력이 필요함)
- 회사에 복귀했을 때, 혹시 소중한 아기를 사이코패스와 함께 남겨둔 것은 아닌지 끊임없이 걱정하는 것, 잘못될 가능성이 있는 모든 종류의 섬뜩한 사고에 대한 비극적인 상상을 '항상' 하는 것
- 남편과의 관계에서 (여전히 관계를 유지하고 있다면) 서로 싸우고 미워할 일이 계속 생기는 것, 예를 들면, 누가 더 많이 불만을 이야기하는지, 이번엔 누구 차례인지, 누구의 회의나 일이 더 중요한지 등
- 셀 수도 없이 자주, 울고 있는 갓난아기를 나한테서 떼어내는 것

- 어린이집 등록 때문에 걱정하는 것, 모든 종류의 학교 입학에 대해 걱정하는 것, 아이들이 친구를 제대로 사귈 수 있을지 걱정하는 것, 아이들이 다른 친구들만큼 수많은 파티에 초대될 수 있을지 걱정하는 것, 아이 생일파티를 위해 섭외한 놀이전문가가 잘 못할까 봐, 혹시 이상할까 봐 걱정하는 것, 그 파티에서 평소보다 좀 더 취하는 것, 투자은행가와 결혼한 데다 필라테스도 열심히 하는 다른 엄마들과 비교해서 내가 그럭저럭 괜찮아 보일지 걱정하는 것, 무슨 일에든 늦을까 봐 걱정, 어떤 일에 늦어서 아이들이 나를 평생 용서하지 않을까 봐 걱정, 늦게 도착하는 바람에 〈오즈의 마법사〉 등의 노래를 독창으로 부르는 장면을 놓쳐서 아이가 나중에 정신과 전문의의 상담 의자에 앉게 될까 봐 걱정하는 것

- 아이의 학교 친구들 대부분의 이름을 잊어버리는 것(그리고 그들 부모의 이름도).

- 아이의 '숙제를 함께 도와주는 것'이 사실상 내가 숙제를 해줘도 된다는 뜻인지 고민하는 것

- 아이들의 다음 학교 진학에 도움을 받기 위해 학교 교장 선생님에게 비굴하게 굴거나 아부하는 것이 정말 싫게 느껴지는 것

- 아이가 소셜미디어나 텔레비전, 겉멋 부리기 같은 여러 가지 일에 너무 많은 시간을 보낸다는 생각이 드는 것, 그리고 이런 문제를 어떻게 타일러야 할지 잘 모르겠는 것, 이런 문제에 대해 아이에게 물어볼 때 침착하고 무덤덤한 듯하면서도 지지하는 어조로 말하려고 노력하는 것, 그것을 요령 있는 거라고 생각하는 것

- 다시 파트너와 단둘이 오붓한 주말을 즐길 수 있게 되었을 때 혹시

내가 나쁜 부모인지 걱정되는 것

- 대학에서 아이들이 나쁜 패거리와 어울리는 것은 아닌지 걱정하는 것, 내 친구들 회사에서 혹시 인턴십이나 아르바이트 같은 기회를 제공해줄 수 있는지 궁금해하는 것, 혹시 그것이 취업청탁인지 고민하는 것

- 아이들이, 비록 이제는 전혀 아이라고 할 순 없지만, 언젠가는 제대로 된 직업을 구하고 월급이나 제대로 받을 수 있을지 걱정하는 것, 그 일이 아이들에게 맞는 직업일까? 그 일이 아이들을 행복하게 하고 성취감을 느낄 수 있게 해줄까? 또 애들 미래는 어쩌고? 끊임없이 걱정하는 것

- 아이들이 맞는 짝을 만나게 될까? 결혼은 하게 될까? 만약 그렇다면 나는 그 결혼을 축하할 수 있을까 걱정하는 것

- 아이들이 자식을 낳는다면 나한테 육아를 도와달라고 하면 어쩌지 걱정하는 것

그렇게 인생은 계속해서 돌고 돕니다. 하지만 물론 여러분이 아직 아이가 없다면, 이런 모든 것들 때문에 벌써부터 질려버리게 되지는 마시길…

좋은 점
회사 경영요? 애 키우는 것에 비하면 식은 죽 먹기입니다.
- 위의 힘든 점들을 모두 견뎌냈다면 웬만한 건 다 한 겁니다. 이제 여러분은 숙련된 하이퍼태스커, 그리고 하이퍼 걱정꾼이 되었습니다.

- 혹시 그전에는 사람들이 하기 싫어하는 일을 하도록 설득하는 방법을 잘 모르고 있었더라도, 이제는 모든 사람들의 내면에 숨어 있는 여섯 살짜리가 너무나 훤히 보이고 제안, 회유, 오락활동, 경쟁심 유발 같은 아주 다양한 도구들을 사용해서 이 문제를 해결할 수 있게 되었다는 사실에 아마 여러분 스스로도 놀랄 것입니다. 그리고 당장 임박한 긴급상황에서는 '핵 발사' 버튼에 손만 갖다 대면 된다는 사실도요.

- 아이를 양육하는 일은 사람을 좀 둥글둥글하게 만들어줍니다(조심하지 않으면 성격만 둥글둥글해지는 게 아니죠. 직접 겪어봐서 압니다). 진정으로 의식을 확장시켜주는 경험입니다(필요할 때 확장선만 찾을 수 있다면 말이죠).

- 또한 그 모든 걱정거리에도 불구하고, 당신의 아이가 떳떳하고 배려심과 책임감 있는 한 인간이 되어가는 것을 지켜보는 것은 뭐라 말로 형용할 수 없는 일입니다.

나는 일을 하면서 딸을 둘 낳았습니다. 아이들과 솔직한 대화의 시간을 가졌을 때, 어린 시절에 엄마가 충분히 함께 있어 주지 못해서 혹시 홀대받았다고 느꼈냐는 질문을 받자 아이들은 내게 "물론 다른 친구들에 비하면 엄마와 많은 시간을 함께 보내지 못한 것이 아쉽다"고 말했습니다. 하지만 솔직히 너무나 훌륭한 베이비시터들이 있었고 이제는 아이들에게 큰 언니 같은 존재가 되었죠. 만약 엄마가 가정주부였다면 그것도 자신들에게는 상당히 스트레스가 되었을 것이라고도 하더군요. 그리고 아이들은 오히려 내가 정말 자랑스러웠다고 말했습니다. 이 말에 마음이 정말 따뜻해졌고, 흔히 모든 엄마들이 십대 아이들과 함께 있기만 해도 느끼는 어색한 기분도 없애주었죠.

그리고 내가 얻은 지식과 지혜를 전달하는 차원에서 얘기하자면, 십대 자녀의 비행에 대처하는 여러분의 관리 방식에 대해 아이가 호의적인 평가를 해줄 땐 여러분이 그럭저럭 잘하고 있다는 뜻입니다. 내가 이 얘기를 해도 아이가 언짢아하진 않을 거라 생각합니다. 언젠가 가족과 함께 휴가를 보내고 있었는데 십대였던 아이가 밤에 자러 간다고 거짓말을 하고 몰래 빠져나가서 친구들과 클럽엘 간 적이 있었습니다. 집으로 돌아왔을 땐 실수로 문이 잠겨서 안으로 들어오지 못했고 결국 새벽 4시에 나에게 전화를 해야 했죠. 아이의 표현에 따르면, 내가 실망감과 걱정을 표현하는 심리유형 중 '화를 내는 접근법보다 슬퍼하는 접근법'을 아주 잘 사용했다고 합니다. 아이는 분노와 후회가 아니라 미안함과 죄책감을 느꼈다고 했죠.

실제로 자녀가 있다면 늘 자신의 일부를 이루면서 커다란 자리를 차지하고 있을 겁니다. 여러분 자신을 성장시키기 위해 그 경험을 어떻게 사용할지는 여러분 본인에게 달려 있습니다. 지금까지 내가 한 이야기 중 몇몇은 좀 시대착오적으로 들렸을 수도 있지만, 요즘엔 일과 육아의 병행에 대한 인식이 전과는 달라졌습니다. 적어도 비즈니스 업무 환경은 그동안 공평성이라는 가치와 가끔은 법적 소송에 익숙해지게 만들었습니다. 이제는 공감, 유연성, 평등, 책임분담이라는 측면에서 여건이 많이 나아졌습니다. 또한 이 책임이 여성과 남성 모두의, 그리고 동성 커플일 경우 양쪽 파트너 모두의 몫이라는 사회적 인식이 형성되고 있습니다.

출산을 앞두고 있을 때 또는 아이를 가질 준비를 하고 있을 때 본질적으로는 그 전과 똑같은 수준의 '퍼스널 브랜드' 자세를 유지하는 것이 중요합니다. 풀이하자면 여러분이 상급자에게 임신 사실이나 출산 계획을 알릴 때는 평소의 업무 태도 그대로 보여주는 것이 좋다는 뜻입니다.

아마 여러분의 상사들은 겉으로는 그 소식에 기쁜 척할지도 모릅니다. 아니 어쩌면 개인적으로는 실제로 기쁜 마음이 들 수도 있겠죠. 하지만 내가 자신 있게 장담하건대 속으로는 비명을 지르며 '이제 어떡하지? 업무 공백을 어떻게 메워야 하나? 납기는 다 어떡하고?' 같은 문제를 생각하느라 정신이 없을 겁니다. 결국 회사는 규모에 상관없이 평소대로 계속 비즈니스를 이어가고 수익을 내야 하니까요. 그리고 직원들에게 월급을 지급하기 위해 최소한 돈을 잃지는 말아야 하니까요. 그리고 그 직원들 중엔 여러분도 포함되죠.

그러므로 이런 식으로 말해보는 것을 권합니다. "제 출산 예정일이 ○월 ○일입니다. 회사에는 ○월 ○일에 복귀하고 싶습니다. 제가 부재중일 때 '이런 저런' 일들이 진행될 예정이고요, 제 생각에는 그 기간 동안 '이렇게 저렇게' 보완하는 것이 좋을 것 같습니다. 그리고 제 조언이나 의견이 필요할 경우엔 당연히 연락을 받을 수 있도록 하겠습니다"라고요.

그리고 몸담고 있는 비즈니스의 필요에 맞춰서 자신만의 버전을 만들면 됩니다. 그리고 마지막으로 덧붙이면 여러분이 아이 양육에까지 자신의 퍼스널 브랜드 영역을 넓힌다면 훨씬 더 훌륭한 리더가 될 수 있을 것입니다. 이 경험이 여러분을 더 잘 이해하고, 더 잘 공감하고, 더 유능하고, 좀 더 인간적인 잠재력을 지닌 리더로 만들어줄 것입니다.

이것만은 기억해 두세요!

- 본업 안에서든 밖에서든 여러분을 불타오르게 해줄 '그 일'을 찾으세요.

- 가능할 때마다 '그 일'을 적극적으로 활용하여 여러분의 삶과 업무에서 경험을 넓히세요.

- 여러분을 돋보이게 만들어줄 다양한 경험을 시도하세요.

- 아이를 양육하는 일은 너무 멋진 일인 동시에 어려운 일입니다. 그 과정에서 여러분이 얼마나 다양한 방식을 통해 한 인간으로 성장하게 될지 기대해보세요.

Chapter 8

여성들도
통치를 잘한다

나에게도 딱 맞고 그들에게도 도움되는 방식으로 조직을 이끄는 법

. . .

혹시 아직도 내 의도가 분명하게 전달되지 않았을까 봐 단도직입적으로 말하면, 나는 조직을 운영하는 여성들이 더 많아지길 바랍니다. 규모가 큰 조직이든 작은 조직이든, 공기업이든 사기업이든, 다국적 기업이든 자영업이든 상관없이 지금보다 훨씬 더 많은 여성들이 리더가 되길 바랍니다.

골라서 쓸 수 있는 통계자료야 많지만 그중 몇 개만 살펴보겠습니다. 전 세계적으로 전체 CEO의 4%만이 여성이고 CFO의 경우 11%가 여성입니다(이 두 부류가 실질적으로 조직의 돈을 움직이는 사람들이죠). 2018년에는 전체 임원급의 거의 3분의 1을 백인 여성들이 차지했습니다. 이에 비하면 라틴계 여성은 겨우 6.2%, 흑인 여성은 3.8%, 아시아인 여성은 2.4%에 그쳤습니다. 한편 인도 여성의 절반은 중간관리자 또는 하급관리자급에서 회사를 떠났습니다.

영국기업은행의 보고서에 따르면, 영국에서 스타트업에 투자되는 벤처캐피털 자금 중 여성이 이끄는 스타트업에 투자되는 돈은 1%도

채 안 되는 것으로 드러났습니다. 스타트업 비즈니스에 대해 좀 더 살펴보자면, 창립자가 여성인 기업들이 유치한 투자금은 전체 벤처 자금의 겨우 2% 정도에 그쳤습니다(그런 기업들이 더 낮은 리스크로 더 높은 실적을 올렸다는 사실을 고려하면 정말 아이러니한 일이죠).

보스턴컨설팅그룹의 분석에 다르면, 여성이 창립자이거나 공동창립자인 스타트업의 경우 남성 창립자의 스타트업보다 더 좋은 성과를 냈습니다. 상대적으로 그것도 아주 큰 격차로, 저조한 투자 지원에도 불구하고 이 기업들은 5년 동안의 누적 수익을 기준으로 남성 주도의 스타트업($662,000)보다 10% 이상의 실적($730,000)을 창출했습니다. 물론 정부기관이나 다양한 국제기구도 상황은 마찬가지입니다.

세상에는 다른 무엇보다도 일단 더 많은 여성 리더가 필요합니다. 물론 그 세상이 핵을 가지고 끊임없이 서로를 위협하거나 무역전쟁 및 인종학살로 괴롭히는 그런 세상은 아니었으면 좋겠습니다. 요즘엔 대부분의 남성들, 특히 젊은 남성들일수록 나와 같은 생각인 것 같습니다. 물론 여성들이 강하지 않다거나 강해질 수 없어서 험한 세상을 피하고 싶다는 것은 아닙니다. 생물학적 조화는 양쪽이 서로를 어떻게 대하느냐에 따라 그 효과가 여러 방식으로 달라질 수 있으니까요.

뉴질랜드의 저신다 아던 총리가 2019년 3월 크라이스트처치에서 발생한 테러 공격(이슬람사원을 대상으로 자행된 백인우월주의자의 총기난사테러) 이후 테러리즘에 대응한 방식을 한 예로 살펴보겠습니다. 그녀는 머리에 스카프를 두르고 피해자 가족들을 찾아가 위로했습니다. 도널드 트럼프 대통령에게는 공격을 당한 이슬람 공동체에

'공감과 사랑'의 메시지를 전해달라고 부탁하기도 했죠. 그리고 온라인 플랫폼에 대한 빅테크 기업들의 자발적 감시를 요구하는 '크라이스트처치 콜'의 발족에 앞장섰습니다('크라이스트처치 콜'은 뉴질랜드 테러공격을 계기로 일어난 온라인 증오 콘텐츠 퇴치 요구로 여러 나라가 지지와 동참을 선언했고 구글, 페이스북, 트위터, 아마존, 마이크로소프트 등의 글로벌 정보통신기술 기업들도 적극적으로 콘텐츠를 감시하고 차단하겠다고 약속했다).

때로는 세계의 정치 리더십을 구성하고 있는 전형적인 알파남들의 벽 때문에 그 너머를 보는 것이 어려울 때가 종종 있습니다. 하지만 그 안에 나이스한 저신다 아던이라는 인물도 있다는 게 얼마나 다행인지 모릅니다. 그녀는 사람들을 안아줍니다. 보통 사람처럼 말하죠. 아던은 강한 여성입니다. 그리고 일을 시작하면 끝을 보죠. 그녀가 말하는 방식은 이렇습니다.

"지난 몇 년 동안 제가 받은 비판 중 하나는 내가 충분히 공격적이지도 않고 단호하지도 않다는 것이었습니다. 다른 말로 하면 내가 나약한 인간이라는 뜻이겠죠. 공감을 잘한다는 이유로요. 하지만 나는 그 말에 강력히 저항합니다. 인간이라면 따뜻하면서 동시에 강할 수는 없다는 말에 반대합니다. 속옷 매장에서 이것저것 필요한 것들을 골라서 들고 다니는데 중년의 남성이 다가와 같이 셀카를 찍자고 하면 좀 곤란하긴 합니다. 하지만 그런 일들 때문에 내 평범한 일상이 방해받는다는 생각은 하지 않습니다. 왜냐하면 그런 때야말로 내가 사람들과 소통할 수 있기 때문입니다. 물론 민망한 속옷이 널려 있는 곳은 되도록이면 피하고 싶지만요."

더 많은 여성 리더를 만들기 위해 조금이라도 보탬이 되기 위해 우리는 무엇을 할 수 있을지를 고민해보고, 최소한 우리 스스로 방해는 되지 말아야 합니다(특히 다른 여성들이 우리 대신 그 일을 이미 아주 잘하고 있을 때는 더더욱 말이죠). 그래서 이제부터는 그 미끌미끌한 기름 장대를 타고 올라가 꼭대기에 계속 붙어 있는 방법에 대해 다른 사람들이 이야기한 내용을 모두 합한 것에 더해 내가 생각한 것도 몇 가지 덧붙여보고자 합니다. 모든 것이 내가 위대한 여성 거인들의 어깨를 딛고 서 있기 때문에 할 수 있는 이야기입니다.

지금까지는 우리가 자신의 고통을 다른 이들에게 떠넘기지 않는다는 전제하에 어떻게 우리의 가짜가 아이러니하게도 아주 유용한 성취 동력으로 작동할 수 있는지에 대해 살펴봤습니다. 여러 학문적 연구에서도 어떤 경우 불안은 긍정적으로 활용할 수 있으며 삶을 뒤바꾸는 강력한 힘으로 전환할 수도 있다는 것을 보여줬습니다.

이어서 더 많은 여성들이 리더가 되어 더 많은 조직을 운영하도록 돕기 위해 우리 각자가 무엇을 할 수 있는지를 세 가지로 나누어 살펴보겠습니다. 바로 '우리가 우리 자신을 위해 무엇을 할 수 있을까?', '어떻게 다른 사람들을 도울 수 있을까?', '어떻게 하면 현재의 제도에 영향을 미칠 수 있을까?'에 대한 이야기입니다.

우리 자신을 돕는 방법

2015년 올웨이즈Always라는 위생용품 브랜드에서 "여자답게Like a Girl"라는 슬로건을 내세운 멋지고 감동적인 광고 캠페인을 했습니다. 이 광고는 수많은 상을 휩쓸기도 했죠. 여러분도 한 번쯤 봤을 수도 있습니다. 성인 및 청소년 남녀 모델들에게 '여자답게' 달려보라고 부탁하자 이들은 수줍은 듯한 위축된 몸짓을 합니다. 반면 같은 부탁을 받은 어린 여자아이들은 당당하고 자신감 넘치는 태도로 있는 최선을 다해 힘껏 달리죠. 이 여자아이들은 여성성을 부정적으로 규정하는 '사회적 통념'에 아직 영향을 받지 않은 상태였습니다. 이들에게는, '여자답게' 한다는 것은 자신이 할 수 있는 최대한으로 잘 해내는 것을 의미했습니다.

이는 '여자처럼'이라는 말이 얼마나 모욕적인 말이 되었는지, 여자들의 재능과 능력에 대한 스스로의 인식을 얼마나 제한하고 축소할 수 있는지, 미래에 리더가 되고 성공할 가능성에 얼마나 잘못된 영향을 끼칠 수 있는지를 뚜렷하게 보여줍니다. 여러 해 동안 회사생활을 하면서 상사가 '가벼운' 면담을 하자고 할 때마다 나는 질책을 받거나 해고를 당할 게 확실하다고 생각하곤 했습니다. 다시 한번 말하지만 이런 불안과 동기 그리고 실패에 대한 오래된 두려움을 감추는 가면을 쓰는 것이 어쩌면 큰 추진력이 되었던 것 같습니다. 그러니까 내 말은 여자로서요.

내가 임원으로 일하면서 받은 피드백 중 가장 분노했던 것은 그 당시 (남자) 상사가 내가 일도 잘하고 팀도 훌륭하게 잘 이끌고 있지만 고위 임원급으로 올라가고 싶다면 좀 더 "위신 있고 진중하게" 행동해야 한다고 말했던 것이었습니다. 그러면서 말하길 내가 가끔 "숨넘어가는 여자애"처럼 보일 때가 있다고 했죠. 나는 속에서 화가 치밀어 얼굴이 굳어버렸죠. 굴욕적이기도 하고 주니어 취급을 당한 것 같은 기분도 들었습니다. (아주 짜증스럽게) 울고 싶은 마음이 더 크지 않았다면 아마 뭔가를 때려 부쉈을지도 모릅니다. 그러면서도 한편으로 내가 그렇게 화가 나고 상처를 받았던 이유 중 하나는, 나 역시 마음 깊은 곳에선 그가 핵심을 찔렀다고 생각했기 때문이었던 것 같습니다.

실제로 나는 가끔 너무 열정이 뻗쳐 있는 것처럼 보일 수 있었죠. 나에게 필요한 것은 앞으로 '린 인'하는 것이 아니라 오히려 '뒤로 기대 앉아' 지혜로운 어른처럼 보여야 하는 것이었습니다. 사실 그것은 내가 임원 시절 받은 최고의 충고와 피드백 중 하나였습니다. 나는 실제로 발전했고, 기분은 나빠도 고마운 건 사실이었죠. 나중에 그에게 이 얘기를 다시 꺼냈었을 때 정작 그는 잊고 있었던 데다가 그 일이 내게 그렇게 큰일이었다는 데에 당황스러워했습니다.

하지만 나는 아직도 내가 충분히 나아졌다는 생각이 들지 않았습니다. 분명 내면에 있는 어떤 문제가 자꾸만 부정적인 방식으로 표면에 떠오르는 것 같았죠. 왠지 비즈니스 세계에서는 '강한 남성형' 임원에게 인정을 받아야 한다는 욕구가 내 마음속에 숨어 있었던 것이죠. 어른, 남성, 대장인 사람들, 최종 결정을 내리는 사람들… 결국 '나와 가면을 쓴 내 가짜가 뭘 알겠어?'라고 생각하는 이런 현상의 원인을 찾기 위해 심리학을 깊이 뒤져볼 필요도 없죠. 수많은 여성들이 자신들도 같은 증상을 느낀다고 밝혀주었습니다.

물론 나중에는 여러분도 그들만큼 알고 있고 최소한 그들만큼 할 능력이 있다는 것을 깨닫게 됩니다. 그들이 어떤 남자든지요. 아, 통계에 따르면 경우의 수로 따졌을 때 어떤 분야든 최소 50% 정도는 여성들이 더 나은 성과를 낸다고 합니다. 그러니 우리는 그저 한 발

앞으로 움직이기만 하면 됩니다.

수많은 롤모델

2015년경에 자메이카 가수 오미_{Omi}가 부른 〈치어리더〉라는 노래가 있었는데 정말 입에 착 달라붙는 멜로디여서 꽤 자주 나도 모르게 그 노래를 따라부르곤 했었습니다. 그러다가 언젠가부터 가사에 귀를 기울이기 시작했죠. 가사를 요약하면, 그가 어떻게 여자친구에게서 자기만의 '치어리더'를 찾았는지에 대한 노래였습니다. 필요할 때마다 그 여자친구가 그의 '주변에' 항상 함께 있어 준다는 내용이었죠. 나는 치어리더에게 전혀 반감 같은 것은 없습니다. 하지만 어쨌든 그들이 본무대의 주인공이 아닌 것은 사실이죠.

나는 여성들이 리더가 되길 바랍니다. 그냥 옆에 서서 (주로 남성인) 리더들을 응원하는 역할이 아니라요. 나도 그냥 '정착'할 뻔한 적이 몇 차례나 있었습니다. 내가 직접 본무대에 올라가기보다는 무대에 오를 중역들을 뒷받침하는 자리에요. 영원한 2인자의 굴레에 빠질 뻔했죠. 기억하기론 두 번의 고비가 있었습니다.

다소 기적적으로(그때는 그렇게 보였죠) 나는 사치 앤드 사치에서 최고전략 부책임자 자리까지 올라갔습니다. 부서의 총책임자는 여성이었는데 역시 나의 훌륭한 롤모델이자 멘토였습니다. 그녀는 항상 든든한 지원군이 되어 주었고 내가 그녀 밑에 있는 동안 두 번이나 임신을 했을 때도 변함없이 지지해주었죠. 그녀 자신은 아이가 없었고 확고한 페미니스트였으며 한번 맞붙으면 일절 타협하지 않는 성격이었습니다. 경영진의 나머지 (남성) 임원들은 그런 그녀가 상당히 무서웠는지 그녀의 등 뒤에서 못된 남자애들처럼 행동하곤 했죠.

내 아이들이 둘 다 어렸을 때 나는 더 이상 이대로는 안 되겠다는 생각이 들기 시작했습니다. 당시 내가 맡은 고객의 수는 많았고 다들 굉장히 까다로웠죠. 출장도 너무 많이 다녀서 항상 '부재중' 엄마가 된 것 같은 느낌이 들었고 심지어 일도 전혀 멋지게 해내고 있는 것 같지 않았습니다. 결국 나는 '8주의 휴가'와 '파트타임 근무로 전환', 둘 다 또는 둘 중 하나를 신청하기로 거의 마음을 먹었죠. 이 선택은 내가 그 당시 용어로 '마미 트랙(육아 등을 위해 출퇴근 시각·휴가 등을 탄력적으로 할 수 있는 여성 근로 형태로 승진 등의 기회는 줄어들 수밖에 없는 형태)' 쪽으로 완전히 전향한다는 뜻이었습니다. 나는 그 문제를 먼저 남편과 상의했는데 그는 어느 때보다 열렬히 찬성했습니다. 이렇게 결정내리면 여기까지가 내가 직장에서 도달할 수 있는 한계가 될 것이라는 말을 덧붙였음에도 불구하고요.

드디어 내가 그 여자 상사에게 근무시간을 옮기든 단축하든, 아니면 휴가를 늘리든 어떻게든 시간을 조정하는 문제에 대해 상의하고 싶다며 말을 하기 시작하자 그녀의 얼굴이 살짝 어두워졌습니다. "음, 힘들다는 건 충분히 이해해요. 하지만 나라면 지금 당장은 CEO에게 그 얘기를 꺼내지 않을 겁니다."

나중에 알고 보니 그녀도 세계여행을 가려고 일 년의 휴가를 계획하고 있던 중이었습니다. 그러면서 CEO에게 후임 총책임자로 나를 추천하고 내게 부서를 맡길 생각이었던 겁니다. 요즘 같은 시대야 단축 근무를 하면서도 리더 역할을 할 수 있노라고 주장해볼 수도 있지만, 그 시절은 지금과는 많이 달랐고 당시의 나 역시 지금의 나와는 많이 달랐죠.

나는 '근무시간 단축' 요청에 대해서는 적당히 입을 다물었고 총전략책임자가 되어 꽤 큰 규모의 팀을 이끌게 되었습니다. 당연히 일은 어마어마하게 많고 힘들었지만 우리 팀과 팀 문화를 정말 흡족한 방향으로 변화시키고 발전시킬 수 있었습니다. 그리고 정말 재미있게도, 회사 전체를 운영하는 것은 아니더라도 일종의 대장이 되니까 시간도 좀 더 내 마음대로 조절할 수 있게 되었습니다. 그리고 다른 사람들도 다양한 방식으로 일하게 해줄 수도 있었고요. 여러분은 모든 것을 진보시키는 리더가 될 수 있습니다.

우리 팀원이었던 정말 멋진 여성 한 명이 나중에 내게 이렇게 말해주었습니다. 그때 내가 팀을 운영하는 동시에 두 명의 아이도 키우고 있는 것을 지켜보면서 그녀 역시 자신이 그 두 가지를 동시에 한다는 것이 어렵게 느껴지지 않았다고요. 그리고 그녀는 이후 회사를 떠나 정말 중요한 여러 가지 비즈니스를 운영하면서 동시에 아이들도 잘 '운영'했습니다.

조금 다른 형태의 롤모델에 대해서도 한마디 해보겠습니다. 싱어송라이터이자 래퍼인 네네 체리Neneh Cherry의 공연 장면이 내 머릿속에 아직도 생생한 기억으로 남아 있습니다. 1980년대 임신 8개월이었던 네네 체리는 꽉 끼는 라이크라 재질의 의상을 입고 영국 음악방송인 〈탑 오브 팝스〉라는 프로그램에 나와 공연을 했습니다. 그녀는 비주얼로도 무대를 압도했죠. 그때 처음으로 나는 임신을 해도 평소처럼 똑같이 해나갈 수 있다는 것을 제대로 깨달았습니다. 비즈니스 우먼들이여, 롤모델의 힘을 절대로 과소평가하지 마세요. 그리고 우리가

(의도한 바는 아니더라도) 무언가에 기여할 수 있는 자신의 역할도 무시해서는 안 됩니다.

나에 대한 뉴스를 능동적으로 관리하라

내 역할이 처음으로 주요 리더십 단계로 올라가면서 내가 얻은 또 하나의 교훈은, 자신이 비교적 세간의 주목을 받는 업계에 속해 있다면 자신에 대한 뉴스를 스스로 능동적으로 관리해야 한다는 사실이었습니다. 내가 다니고 있던 회사에 사직 의사를 밝히며 다른 자리로 가게 되었다고 이야기했을 당시는 회사 입장에선 좋지 않은 타이밍이었고 내 사직을 그다지 유쾌하게 받아들이지 않았죠. 유쾌하지 않기만 한 정도가 아니라 내 이직으로 초래될 영향을 어떻게든 깎아내리고 싶어 했습니다. 미처 생각할 겨를도 없이 어느 날 업계 언론사 기자의 전화를 받게 되었고, 그녀는 내가 회사를 떠난다는 소식을 들었다며 그 일에 관해 "내 입장을 밝힐 기회를 주고 싶다!"고 말했습니다. 그 말은 "보아하니 너 해고당한 것 같다"라는 뜻의 대외용 암호였죠.

다 지난 일이니 하는 얘기지만, 내가 새로 가게 될 회사와 이직에 대해 비밀을 유지하기로 약속을 했었기 때문에 그 약속을 깨고 기자에게 어느 회사로 간다고 말할 수는 없었습니다. 그래서 대신 이렇게 말했죠. "관련 업계에서 좀 더 상위 직책을 맡기 위해 회사를 떠나게 되었습니다"라고요. 하지만 이 말도 충분히 구체적이지는 않았는지 나는 결국 이 비즈니스 잡지의 표지 헤드라인에 실리고 말았습니다. 내가 "회사를 떠난다"는 사실만 집중적으로 부각되었고, 나는 광고

에이전시의 '퇴역군인'으로 묘사되어 있었습니다. 저기, 그때 난 겨우 서른아홉 살이었다고요! 물론 그곳에 10년을 몸담고 있긴 했지만 그래도 퇴역이라니…. 그리고 사진도 내가 기억하는 것 중 최악의 사진이 실려 있었습니다. 육아와 출장으로 인한 수면부족 때문에 눈 밑에 어마어마한 다크서클을 드리운 채 뚱한 표정을 짓고 있는 사진이었습니다. 분명히 그 사진을 다 찾아서 없애버렸다고 생각했는데 대체 어디서 그 사진을 구했는지는 짐작만 할 수 있을 뿐이었죠.

그 기사와 사진을 보고, 평소 잘 알고 지내던 헤드헌터까지 곧바로 연락을 해왔습니다. 그 사람은 바로 다음날 전화를 걸더니 나에게 혹시 일자리가 필요하냐고 물으며 "우리 클리프튼 씨, 기사를 보니 당신이 회사에서 잘린 것 같아서요"라고 말했거든요. 고마웠죠. 나만 괜히 과잉반응한 게 아니라는 걸 알려줘서요. 나중에 생각해보니 내가 좀 더 능동적으로 평판 관리를 했더라면 더 좋았을 것 같아요. 예를 들면 이렇게요.

- 업계의 기자들과 관계를 쌓으려고 노력한다! 전략책임자일 당시에는 이것을 중요한 업무의 일환으로 보지 않았습니다. 하지만 어느 시점에 뭔가를 경영할 계획이라면 지금부터 관계를 만드세요.
- 기자에게 비공개를 전제로 내가 어떤 회사에 CEO로 가게 되었다는 사실을 말해주고 때가 되면 더 많은 세부사항을 알려주기로 약속한다! 소셜미디어의 여러 훌륭한 장점 중 하나는 내가 사람들에게 직접 소식을 알려줄 수 있다는 점이죠. 하지만 여전히 누군가가 나보다 먼저 선수를 칠 수도 있고 꼭 봐야 할 사람들이 내 SNS 게시물을 보지

못할 수도 있으니, 같은 편에 중계자들을 두는 것이 좋습니다.

　그로부터 얼마 뒤 업계에서 꽤 인지도가 높았던 고위 마케터에게도 비슷한 일이 일어났습니다. 그 역시 회사를 떠날 예정이었는데 표지 기사의 서두에는 이런 문구가 적혀 있었죠. "○○씨, 사임 후 거취가 정해지지 않은 것으로 추정되는…" 그 사람은 이 '암호'가 독자들에게 어떻게 읽힐지 분명히 깨달았던 것 같습니다. 왜냐하면 기사가 실린 바로 다음 날 그는 자신이 실제로는 해고당한 게 아니라는 내용을 설명하는 메일을 마케팅 분야 지인들 모두에게 보냈거든요. 자신이 사실은 오래전부터 자금을 준비하며 계획해온 프로젝트인 새로운 비즈니스를 시작하기 위해 다른 나라로 떠난다는 이야기도 덧붙였죠.

　인간에게는 도대체 어떤 심보가 있길래 무슨 일만 생기면 최선보다는 최악을 믿고 싶어 하는 걸까요? 똑똑하고 대단한 사람들조차도 가끔 일을 망친다는 생각을 하면 왜 만족감 같은 게 느껴지는 걸까요? 일종의 '나만 안 당하면 돼' 심리인가요? 이 모든 게 전형적인 샤든프로이데Schadenfreude, 즉 '타인의 불행은 나의 행복'이라는 심리에 들어맞는 것 같습니다. 좀 더 고약한 표현은 아마 중국의 오랜 속담인 "친구가 높은 지붕에서 떨어지는 걸 보는 것만큼 기분 좋은 일은 없다"가 아닐까 싶습니다. 나는 이런 사고방식을 싫어합니다. 의식적으로 이런 생각을 바꾸려고 노력하면 사람들의 심리적 건강뿐만 아니라 더 긍정적인 사회 환경과 비즈니스 환경에 도움이 되는 진정한 변화를 만들어낼 것입니다. 두려움과 혐오에 더 이상 먹이를 주지 맙시다.

나의 '뚱한 표정의' 표지 기사가 나가고 일주일 후 내가 CEO에 취임한다는 행복한 '새 뉴스'가 공개되었고 기존의 그 잡지사는 그 기사를 이번엔 표지가 아닌 다섯 번째 페이지에 게재했습니다. 좀 짜증나긴 했지만 이번에도 나는 경험에서 교훈을 얻었죠. 그리고 실제로 내 불편한 심기를 발판 삼아 새로운 자리에 어마어마한 에너지로 임했고 나의 필요성을 제대로 증명해냈습니다.

치즈! 제대로 된 사진을 찍자

제대로 된 사진을 몇 장 찍어두는 게 좋습니다. 다소 허식처럼 들린다는 건 알지만 여러분이 괜찮은 사진을 적극적으로 이용하고 퍼뜨리지 않으면 사람들은 오래된 사진첩이나 구글 이미지에서 아무렇게나 찾은 쓰레기 같은 사진을 골라 쓸 겁니다. 물론 가끔 내가 어찌할 수 없는 경우도 있긴 있습니다. 예전에 한 유명 신문사에서 나에 대한 인물소개를 실으면서 수년 전 내가 저녁 만찬 자리에서 마틴 소렐 경Sir Martin Sorrell에게 했던 말을 기사에 쓴 적이 있습니다. 실제 기사 내용은 전체적으로 아주 훌륭했지만 그들이 지면판 기사에 사용한 내 사진은 그 어떤 사진보다 최악이었습니다. 우리가 할 수 있는 건, 최대한 내 마음에 드는 것들을 적극적으로 많이 올려서 구글 이미지에 이미 올라와 있는 것들을 저 멀리 뒤쪽 페이지로 밀려나게 하는 겁니다.

추신을 덧붙이면, 후에 나는 10년 동안 요직에 있다가 물러난 여성 CEO와 대화를 나눌 기회가 있었는데, 그녀는 내게 "무언가를 떠

평판이라는 지뢰밭을 무사히 건너가는 법

우리가 일을 하는 동안 다양한 상황에서 나쁜 일들이 일어날 수 있다는 점을 항상 기억하면서 이 방법을 사용해보세요.

• 옵션 1 얼굴을 두껍게 만드세요. 나에 대한 악의적인 코멘트는 무시하세요. 손가락으로 귀를 막은 채 노래를 부르는 것도 좋은 방법입니다. 분노의 감정을 초월하여 더 높은 의식의 경지에 올라감으로써 명상으로 극복해낼 수도 있습니다. 물론 이런 방법은 자신감에 전혀 문제가 없고 남들이 뭐라 생각하든 개의치 않는 사람들에게 특히 잘 맞는데, 내가 아는 사람 중엔 그런 사람이 별로 없고, 특히 여성들 중에는 더 없습니다. 이건 '자기계발' 노력을 아무리 많이 해도 어려운 타고난 부분입니다.

• 옵션 2 보험에 든다 생각하고 내 안의 '착한 괴물'에게 다른 각도에서 먹이를 줘보세요(이 방법은 개인 자신에게뿐만 아니라 회사에도 적용할 수 있습니다). 본인이 직접 웹사이트·책·칼럼·블로그·소셜미디어 등을 운영하거나 작성해보세요. 회사에서나 직무에서 쓰는 용도 말고 자신만의 이미지와 연락처를 따로 관리하세요. 회사에서는 결국 그들만의 우선순위를 따르게 될 테니까요. 요즘에는 온라인과 소셜미디어에서 적당한 수준의 팔로워를 모을 수 있다면 더 수월하게 평판을 관리할 수 있습니다(이 방법에는 별도의 취급주의 경고가 따라붙습니다. 여러분이 누군가를 어떤 식으로든 거슬리게 할 만한 말을 혹시라도 했다면 얼른 방탄복을 뒤집어써야 합니다).

난다는 뜻으로 말을 할 때는 항상 무언가에 새로 참여한다는 식으로 표현을 하세요. 그게 무엇이 되었든지요"라고 충고해주었습니다. 나는 그 지혜의 충고들을 마음에 잘 새겼습니다. 어쩌면 과도하게 새긴 것 같다는 생각도 듭니다. 너무 많은 이사회의 직무를 맡고 너무 많은 바구니에 너무 많은 달걀을 담았다가 한동안 너덜너덜해졌으니까요.

그런데 말이죠. 여러분이 어찌어찌 리더십이라는 이름으로 명목상 '꼭대기'에 올라갔다 하더라도 '여기 계속 붙어 있으려면 얼마나 힘들까' 같은 생각으로 수시로 자신을 못살게 굴 수도 있습니다. 그래서 그냥 포기하고 때려치우는 게 낫지 않을까? 그냥 평범한 자리를 구하거나 프리랜서로 일하는 게 낫지 않을까? 생계형 농업이나 그 비슷한 일을 하면서 사는 게 낫지 않을까? 이런 생각이 들 수도 있는데 그 전에 미리 말해두자면 이런 일들도 다 나름의 스트레스가 있습니다.

내가 지금 하는 일에서 얻을 수 있는 가장 좋은 특혜와 이득 중 하나는 바로 다양한 분야의 비즈니스 리더들과 함께 대화를 나누고 협업할 수 있다는 점입니다. 그리고 또 한 가지는 (그게 늘 보기 좋은 특혜만은 아니지만) 다른 사람들이 조직을 어떻게 리드하는지를 아주 가까이에서 볼 수 있다는 것입니다.

이제 리더십에 대해, 그리고 리더의 자리에 올라 계속 그 자리를 지키고 싶다면 그 방법에는 어떤 것들이 있는지에 대해 내가 생각하고 관찰한 것들을 몇 가지 나누고자 합니다. 내 개인적인 깨달음과 함께 다양한 분야의 여성 리더들에게서 배운 것들을 토대로 정리했습니다.

"너 자신이 되라"를 너무 문자 그대로 받아들이지 마라

"너 자신이 되라"라는 말이 자기 개발이나 코칭의 대표 격언이라는 것은 알고 있습니다. 그리고 '아무리 노력해도 다른 사람 행세를 본인 행세만큼 잘할 수는 없다는' 류의 말을 나도 잘 알고 있고 인용할 때도 있습니다.

하지만 내가 솔직함과 진정성에 전적으로 찬성하기는 해도, '너 자신이 되는 것'에는 솔직히 말하면 상당히 부담스럽고 비호감적인 측면이 있습니다. 이 측면은 프로이드가 '이드(원초아 또는 본능)'라고 부른 것인데, 가공되지 않은 우리의 원초적 욕구를 상징하는 성격 요소입니다. 사회에서 기능을 하는 인간이 된다는 것은 프로이드가 말하는 '이드의 대부분'과 '자아의 일부'를 제어하면서 산다는 뜻이죠. 그저 사람마다 정도의 차이만 있을 뿐입니다.

여러분이 팀원들과 함께 술을 몇 잔 마시고 약간 풀어진 모습을 보이면 그때는 사람들이 재미있다고 할 수 있습니다. 하지만 그들이 곤란한 장면이나 부적절한 기억을 계속해서 머릿속에서 떨쳐버리지 못할 수 있고, 그 결과 여러분을 존경스러운 리더로 바라보는 것이 아주 힘들어질 수 있습니다.

여러분이 잘하는 것과 못하는 것에 대해서는 솔직한 것이 좋습니다. 그렇게 함으로써 직원들도 자신의 수행능력과 개선방법에 대해 스스로 고민해볼 수 있도록 격려하고 아울러 그들도 여러분에게 솔직한 피드백을 할 수 있도록 용기를 줄 수 있으니까요. 하지만 커다란 총 하나에 모든 총알을 다 장전하지는 마십시오. 나중에 그 총이 나를 겨눌 수도 있습니다. 그보다는 아무래도 한 번에 한 발씩 쏘는 게 좋겠죠. 그리고 무엇보다 자기 혼자 카타르시스를 느끼기 위해서가 아니라 다른 사람들이 더 나아질 수 있도록 돕기 위한 의도여야 합니다.

예를 들면 이렇게 말해보는 겁니다. "나도 젊었을 땐 할 일을 굉장히 많이 미뤘어요. 결국 그게 내 앞길을 가로막았죠. 그래서 어쩔 수 없이 '지금 당장 하는 방법'을 배우려고 여러 가지 교육 프로그램을 수강했는데 그 방법이 당신한테도 도움이 될 것 같아요"라고요. 남들한테서 도망 다닐 수는 있어도 자기 자신을 피해 숨을 수는 없습니다. 어느 곳에 있든 지금의 자신이 최고 버전의 자신이 되게 하세요. 개인적인 문제가 있다면 그것들이 결과적으로 여러분 자신과 다른 사람들에게 긍정적 효과를 일으킬 수 있도록 제대로 정리해야 합니다. 자기계발이나 코칭 프로그램에 참여해보는 것도 좋습니다. 가치 있는 투자가 될 것입니다.

약간 튀는 것이 도움이 된다

우리는 가능하면 자신한테도 '차별화된 강점USP, Unique Selling Proposition' 같은 것이 있었으면 좋겠다는 생각을 합니다. 나는 사실 저 용어를 굉장히 싫어합니다. 마치 한물간 미국 비즈니스 표어처럼 들립니다. 실제 그렇기도 하고요. 하지만 어쨌든 다른 어느 나라보다 미국은 성공적이고 값비싼 세계적 브랜드를 가장 많이, 아주 월등한 격차로 보유하고 있으니 구닥다리 표어 이상의 무언가가 있는 게 분명합니다.

튀려면 맞는 방향으로 튀어야 합니다. 좋든 싫든 이 세상은 치열한 경쟁의 세계입니다. 너무 희한해서 잊히지 않는 부류가 아니라 너무 흥미로워서 기억에 남는 부류에 속해 있는 것이 좋습니다. 특히 여러분이 무언가를 앞장서서 이끌어가고 싶다면 더욱 그래야 합니다. 뭔가를 운영하려면 자신을 잘 알아야 하고 스스로를 제어할 줄도 알아야 합니다.

두드러진다는 것은 기억에 남을 만한 트레이드마크를 갖고 있다는 뜻입니다. 여러분이 무엇을 하든 어떤 부류의 사람이든 남들과 좀 '다르다'는 것을 상징하는 것이 바로 그 트레이드마크입니다. 나비넥타이처럼 너무 뻔히 보이는 것이 아닐 수도 있습니다. 어쩌면 때때로 업데이트되거나 갱신되는 무언가일 수도 있습니다. 가령 모자나 안경에 정통하거나, 특출하게 재미있거나, 또는 심각하고 진지한 특성일 수도 있습니다. 재미있는 통계자료와 독특한 인용구를 풀어놓는 것이 트레이드마크일 수도 있고요. 비유하자면 내가 좋아하는 독특한 스타일을 가진 소설가, 그런 인물들처럼 되는 것이죠.

감정적 일관성과 지적 일관성은 유지하는 것이 좋습니다. 너무 지루해지지는 않는다는 전제하에요. 여러분의 팀원들이 지킬과 하이드의 종잡을 수 없는 변덕을 상대하지 않아도 되는 것이 팀을 위해 더 좋겠죠. 상사의 변덕은 팀을 약화시키고 지치게 만들 수 있습니다.

언젠가 아일랜드 출신의 비즈니스 코치가 운영하는 〈비즈니스 재즈〉라는 팟캐스트에서 나에 대해 언급했다는 사실을 우연히 알게 되었습니다. 그날 팟캐스트에서는 리더십에 대한 이야기를 하고 있었는데, 너무 황송하게도 진행자는 강력한 퍼스널 브랜드 구축 방법에 대해 이야기하면서 자신이 관찰한 실례로 스티브 잡스와 나(?)를 언급했습니다. 서둘러 덧붙이자면 일하면서 독특한 스타일의 옷을 입는 것에 대해 이야기를 나누던 중이었죠. 사실상 그는 내가 (항상 똑같은) 샤넬 스타일의 정장과 그에 일치하는 액세서리를 착용하는 것으로 잘 알려져 있다고 말했는데, 아주 재밌었던 건 나에겐 샤넬 정장이 한 개도 없다는 것이었고 게다가 (평범한 가락지처럼 보이는 결혼반지 외에는) 액세서리는 한 번도 착용한 적이 없었다는 사실이었죠. 하지만 누군가 내 얘기를 하는 것을 제삼자의 입장에서 듣는 것은 확실히 이상하면서도 유익한 경험이었습니다.

혹시 나의 다른 '독특함'들이 나에게 좋게 작용했는지 나쁘게 작용했는지는 모르겠지만 그것들이 나만의 고유한 것이었음은 분명합니다. 초창기에 환경 분야에서 봉사했던 것 말고도 나는 보완요법과 자기계발에도 관심이 많았습니다. 일례로 우리가 새로운 사무실로 이사하던 때의 일이 생각납니다. 우리 돈이 부지불식간에 밖으로 새나가는 것을 단단히 틀어막고 우리 직원들과 방문객들을 위해 건물 안에 온기가 흐르도록 만들어야겠다는 생각에 나는 풍수지리 전문가를 불렀습니다.

어쩌면 지금쯤 여러분은 내가 완전히 정신이 나갔다고 생각할지도 모르지만 사실은 비용을 들일 가치가 있었습니다. 적어도 사무실 건물의 정문이 북향이어서 방문객들에게 차갑고 무뚝뚝한 인상을 줄 위험이 있다는 점은 분명해 보였습니다. 풍수지리 전문가는 우리에게 벽난로나 그 비슷한 것을 설치하라고 조언했고 우리는 그 조언에 따랐습니다. 그때 가여운 건물 매니저가 이게 다 무슨 일인가 하고 어리둥절해 하던 모습이 생각납니다. 하지만 로비를 '온기 있게' 바꾸는 것은 실제로 합리적인 결정처럼 여겨졌을 뿐만 아니라 '신비한'

분위기까지 더해 주었습니다. 홍콩 같은 곳에서는 아무도 이 풍수지리가 이상하다고 생각하지 않을 겁니다. 그냥 인테리어 측면에서 합리적으로 활용할 수 있는 유용한 수단일 뿐이죠.

우리는 아주 근사한 벽난로를 만들었고 오는 사람마다 극찬을 아끼지 않았습니다. 그리고 한동안은 모든 게 대체로 잘 흘러갔습니다. 이런 게 바로 CEO가 되는 것의 또 다른 이점입니다. 사람들이 여러분의 기분에 장단을 맞춰준다는 거요. 아무튼 그 벽난로는 튀었죠. 그리고 이 '뉴에이지 스타일'의 리더십 아이디어로 나 역시 튀는 리더가 되었습니다.

사람들이 당신과 함께 일하고 싶도록 만들어라

안타깝게도 여전히 수많은 리더들이 독불장군 스타일로 사람들에게 자기 입맛에 맞게 일을 시킬 수 있다고 생각합니다. 그 방법이 실제로 더 효과가 있다고 생각하기까지 하죠. 이 모든 것들을 뒷받침하는 통계수치들도 설득력이 있어 보입니다. 하지만 그 반대를 뒷받침하는 질적 연구 사례들도 마찬가지로 설득력이 있습니다. 익명의 직장 평가 사이트를 통해 이미 사람들은 각각의 회사 내부세계에 대해 공유하고 있습니다. '폭군 스타일'은 인사부에서 혹은 전체 회사의 평판 관리 측면에서 볼 때 아주 비싼 대가를 치러야 하는 단어가 되었습니다. 이제는 널리 알려진 위험 요인이 되었죠. 여러 연구에서도 매번 입증되었다시피, 고압적인 CEO들은 자신에 대한 도전을 용납하지 못하고 또한 사람들에게서 최상의 성과를 이끌어내지도 못하기 때문에, 이런 종류의 사람을 CEO 자리에 두는 것은 회사 전체에 가장 큰 위험 요인이라는 인식이 생겼습니다.

직원들이 뛰어난 것이 마음에 들지 않거나 그들이 뛰어난 인재로 발전하는 걸 보고 싶지 않다면, 여러분은 스스로를 좋은 리더라고 부를 자격이 없습니다. 나를 능가할 인재를 뽑는 것에 대해서도 케케묵은 허튼소리들이 난무합니다. 사람들이 다들 왜 그 쉬운 원리를 모르는지 잘 이해가 안 됩니다. 직원들이 훌륭하다면 결과적으로 그들이 여러분과 여러분의 회사를 훌륭해 보이도록 만들어줄 텐데요. 직원들을 깎아내리고 주눅 들게 만든다고 자신이 상대적으로 돋보일 리 없습니다.

사람들이 말하기 좋아하는 것 중 또 하나 짜증나는 것은 다들 육아를 '부드러운' 속성을 가진 역할로 바라본다는 사실입니다. 자연의 속성을 한번 보자고요. 그곳에는 암컷들이 수컷들보다 훨씬 위협적인 종들이 많습니다. 모성애는 자연에서 가장 강력한 힘입니다. 누군가를 목숨 걸고 사랑하는 것을 가능하게 해주니까요. 그리고 비즈니스 측면에서도 여러분이 직원들을 사랑해주면, 그들도 여러분의 고객을 조금 더 사랑해주는 모습을 보일 겁니다.

여러분이 아직 리더가 아니더라도, 자신을 사람들이 함께 일하고 싶어 하는 인물로 만드는 것이 중요합니다. 최고의 인재들을 여러분의 팀에 영입하려면, 여러분은 가장 특별하고 강력한 비전을 가지고 있어야 하고 세상에서 제일 신나게 일하는 사람이 되어야 합니다. 그리고 무엇보다 조직에 있는 다른 사람들의 눈에 승승장구하는 인물로 보여야 하죠.

모두들 지금까지 살면서 '낙관주의자' 유형과 '비관주의자' 유형을 두루 만나봤을 겁니다. 낙관주의자들은 주변의 분위기를 환하게 밝히고 어떤 일에서나 가능성을 발견하고 일이든 사람이든 항상 모든 것을 더 나아지게 하려고 노력합니다.

비관주의자들은 다른 사람들까지 전부 '할 수 없다'의 늪으로 끌고 들어가는 사람들이죠. 이들은 방에 있는 공기와 활기를 전부 빨아들여서 다른 사람들을 숨 막히게 만듭니다. 이런 사람들은 낙관주의자가 되도록 도와주거나 쫓아내야 합니다.

낙관주의자를 '폴리애나(지나친 낙관주의자)'와 혼동하지 말아야 합니다(혹시 '폴리애나'라는 용어를 모른다면, 폴리애나는 미국의 유명한 아동 소설의 제목이자 주인공인 소녀의 이름으로, 소녀는 본성적으로 주체할 수 없는 낙천주의자라서 그 어떤 비극과 좌절의 상황에서도 모든 것에서 좋은 점을 찾으려는 의지가 확고한 인물입니다). 긍정적인 사람은 많을수록 좋지만, 현실을 부정하는 몽상가가 많을 필요는 없습니다. 비관주의자가 아닌 낙관주의자가 되도록 노력하세요.

사람들이 항상 당신을 좋아하는 것을 불가능하다

나는 이 부분이 좀 힘들었습니다. 아마 내 안에 폴리애나 성향이 있기 때문이기도 하겠지만, 사람들이 항상 행복과 성취감을 느꼈으면 좋겠다는 마음 때문이기도 했을 겁니다. 하지만 현실세계에서 긍정적인 감정이 웬만해선 영원히 지속되지 않습니다. 비즈니스든 정부기관이든 공공 영역에서든 모든 조직은 사람들에게 미움을 받을 만큼 힘든 결정을 내려야 하는 경우가 꼭 있게 마련입니다.

예를 들면, 나는 동료 임원들 중 누구도 "그거 알아요? 우리 팀은 내년에 본예산을 깎는 게(또는 급여를 삭감하는 게 또는 인원을 축소하는 게) 좋을 것 같아요"라고 얘기하는 걸 들어본 적이 없습니다. 모두들 당연히 더 달라고 요구합니다. 모두에게 돌아갈 수 있는 양보다 더 많이 달라고 하죠. 임원이라면 우선순위, 자존심, 기분, 주주, 재정 상황, 그리고 여러분 자신의 소신, 이 모든 것을 최대한 효율적으로 조절해야 합니다. 분명히 어떤 사람들은 여러분의 결정을 좋아하지 않을 겁니다. 여러분이 지금 할 수 있는 건 상황을 잘 설명하고, 앞으로의 계획을 제시하고, 사람들이 함께 하고 싶어 할 만한 미래의 그림을 그리고, 사람들이 실행할 수 있도록 격려하는 것뿐입니다. '치료사 겸 리더' 또는 '리더 겸 양성가' 역할을 하다가 '임시 사형집행인'으로 전환하는 것은 정말 힘든 일입니다.

또 한 가지 내가 힘들었던 것은 사람들이 자꾸 떠난다는 점이었습니다. 그것을 너무 감정적으로 받아들이지 않게 되는 데에 상당히 오랜 시간이 걸렸습니다. 아니 사실은 이런 종류의 감정을 아직도 완전히 극복하지는 못한 것 같습니다. 이런 일을 여러 번 겪고 나서 다음과 같은 방식으로 나 스스로를 납득시키려고 노력합니다.

- 저들이 회사를 떠나 자기 인생에서 뭔가 다른 것을 하고 싶은 거라면 어느 정도는 이해할 수 있다(우리 팀에 있었던 어떤 여성은 일생의 꿈이었던 서커스단에 입단하기 위해 회사를 떠났습니다. 짐 싸는 걸 도와주는 것 말고는 달리 내가 할 수 있는 게 없었죠).
- 직무나 급여가 문제인데 내가 조직의 나머지 사람들에게 심각한 불이익을 주지 않고는 해결할 수 없을 경우라면 슬프지만 받아들일 수

밖에.

덧붙여 말하자면, 그런 '힘든 일'을 한다고 다른 사람들에게 못되게 굴거나 불쾌하게 행동할 권리가 생기는 것은 아닙니다. 어떤 경우에도요. 어른이 되세요. 사람들은 가끔 여러분을 직업적 부모로 여기기도 할 테고 심지어 그냥 미울 때도 있을 겁니다. 그들에게 조금만 존중해줄 것을 주문하세요. 여러분에게 결점이 있다고 해도요.

앞에서 이야기한 내용을 한 번만 더 되풀이하자면 사람들의 이름을 기억하려고 노력하세요. 그들에게 메일을 보낼 땐 그들의 직급이나 이름의 철자를 틀리지 않도록 주의하세요. 사람들은 그런 일로 기분이 상합니다. 예전에 한 남성 이사회 의장이 내 이름을 다른 여성 이사와 끊임없이 헷갈렸던 적이 있습니다. 나는 모욕감과 분노를 느꼈죠. 내가 똑같은 실수를 저지르기 전까지는요. 당연히 여성한테만 해당하는 일이 아니고 누구에게나 마찬가지일 수 있죠. 그냥 사과하세요. 뇌가 늙어서이거나 신경 쓸 것이 너무 많아서, 또는 디지털 치매나 뭐 그런 일들 때문에 벌어지는 어쩔 수 없는 현상입니다. 그렇다고 이런 일들을 해결하려고 노력하지 않는다면 그 또한 변명의 여지가 없습니다(사람들의 이름 및 얼굴 특성을 특정 이미지와 함께 묶어서 기억하는 방법을 익히면 도움이 됩니다).

열심히 일하지 않을 수 있는 방법은 없다

나 역시 워라밸(일과 삶의 균형)에 대한 질문을 끊임없이 받습니다. 그리고 다른 사람들에게도 같은 질문이 반복되는 것을 수없이 보고

듣습니다. 질문이 이해는 되지만 사실 좀 불편합니다. '일과 삶의 균형'은 '일과 가정의 균형'과는 다릅니다. 일과 삶의 균형이라고 하면 왠지 (일과 삶이 따로 분리되어 있어서) '일'을 끝내고 나면 이제 '삶'을 살 수 있다는 말처럼 들립니다. 하지만 우리는 좋든 싫든 '삶'의 많은 시간을 '일'을 하면서 보내야 할 때가 있죠. 그러므로 '일'은 그저 우리 '삶'의 일부분입니다.

여러분이 일에서 대의와 가치를 발견하려고 노력하는 것은 의미 있는 시도입니다. 여러분의 비즈니스가 어떤 종류의 것이든 그것이 영리든 비영리든 마찬가지입니다. 생각처럼 불가능한 일도 아닙니다. 예전에 볼베어링 제조사와 함께 일한 적이 있습니다. 솔직히 말하면 그렇게 멋진 목표의식을 가진 사람들과 일해본 적은 거의 없었습니다. 그들은 자신들이 하는 일이 세상을 계속 움직이게 하는 일이라고 믿었고 따라서 훌륭하게 해내야 한다는 자세로 임했습니다. 정말 전염성이 있는 사람들이었습니다. 물론 좋은 쪽으로요.

물론 아이들은 (그리고 가끔은 우리 배우자도) 우리가 필요합니다. 우리가 (몸이 가든 마음이 가든) 허구한 날 회사에 가야 한다는 사실이 그렇게 달갑진 않을 겁니다. 네네, 나도 압니다. 하지만 사업을 시작하거나 회사를 운영하고 싶다면, 또는 삶의 '일' 영역에서 최고의 기량을 발휘하고 싶다면, 장소나 방법이야 어떻든 시간을 쏟아붓지 않고서는 달성하기가 쉽지 않습니다.

그 시간은 당연히 낮 동안일 수도 있고 아이들이 잠든 후 늦은 밤이 될 수도 있습니다. 혹은 산꼭대기에 올라가 있을 때 아이디어가 떠오를 수도 있죠. 이제는 일터라는 공간적 측면에도 유연성이 적용되는 아주 바람직한 징후들이 많습니다. 자기만의 공간을 더 선호하는 사람들뿐만 아니라 아이를 가진 부모들에게도 반가운 소식입니다. 이제는 사무실에 앉아 있는 시간이 아니라 성과와 결과를 기준으로 일하면 되니까요.

그렇다고 시간 그 자체가 의미 없다는 뜻은 아닙니다. 말콤 글래드웰의 저서 《아웃라이어》의 내용을 참고하자면, 여러분이 뭔가를 정말 뛰어나게 잘 하려면 어마어마한 노력을 해야 하죠. 바로 1만 시간이라는 노력이요. 내가 아는 사람들 중엔 재능과 매력이 넘치는 데도 이유야 어찌 됐건 무언가에 스스로를 충분히 쏟아붓지 않는 사람들이 많습니다.

한번은 정말 훌륭한 인재를 비서로 둔 적이 있었습니다. 그녀는 똑똑한 데다 내가 서투른 이런저런 일들을 알아차리고 메워주면서 내 직장생활에 큰 도움을 주었습니다. 회의 준비나 내 일정 정리 같은 일도 하찮게 여기지 않았습니다. 너무 탁월한 인재였기에 고객 매니저 자리가 공석이 되었을 때 나는 그녀를 추천했습니다. 결론만 말하자면, 그녀는 나중에 사치 앤드 사치의 이사회 이사가 되었습니다. 정말 내가 다 뿌듯했죠.

그와는 반대로 또 다른 비서는 항상 말하길, 자신이 원래 하고 싶었던 일은 비서가 아니며 자신에게는 더 높은 포부가 있다고 했죠. 회의실은 항상 예약이 안 되어 있었고 커피도 늦게 준비되었고 일이 제대로 처리되지 않을 때마다 핑계를 댔습니다. 그녀는 승진하지 못했습니다.

사람들이 알아서 당신의 가치를 인정해주는 일은 없다

솔직히 말하면 내가 이런 이야기를 한다는 것 자체가 정말 터무니없는 일입니다. 왜냐하면 다른 많은 동료들과 비교하면 나는 아주 오랫동안 내 연봉 협상도 잘 하지 못했으니까요. 나는 누가 내 연봉을 올려주기라도 하면 깜짝 놀란 것까지는 아니더라도 아주 고마워하는 태도를 보일 때가 많았습니다. 하지만 그렇게 했다고 내가 더 존중받았던 것은 아닌 것 같습니다. 그리고 실제로도 회사가 한정된 재원을 어떻게 배분할 것인가와 같은 어려운 결정을 내리려고 할 때 여러분이 우는소리를 하는 부류가 아니라면 여러분에게는 안 됐지만 대부분의 회사는 가장 저항이 적은 길을 택합니다.

그러니까 이번엔 내가 하는 말은 듣지 마시길. 대신 셰릴 샌드버그가 저서 《린 인》에서 해주는 충고를 읽으세요. 셰릴은 책에서 자신이 어떻게 '여자애처럼 협상하지 않게' 되었는지 이야기해줍니다. 그 밖에도 내가 좀 더 단호하게 대처하려고 노력한 것 중 성공한 사례는 모두 비즈니스 코치의 덕분이었습니다. 다음번 연봉 협상 때 사용할 '대본'을 작성하는 데 그의 도움을 받기도 했죠. '코치를 받은' 대본은 다음과 같습니다.

"내년에 우리 회사가 성취하고 나아갈 방향에 대해서 고민해보니, 저는 '○○○의 성공 사례들'과 같은 가치를 통해 조직에 기여하고 있었습니다. 따라서 제가 이런 성공이 반영된 보상을 받는 것이 비즈니스를 위해서도 적절하다고 생각합니다. 또한 사업적 관점에서도 제가 제 가치를 정당하게 인정받는다고 느끼고 동기부여가 되어 회사에 더 많이 기여하는 것이 모두에게 훨씬 좋을 겁니다"

확신하건대 여러분도 이미 자신만의 버전이 있거나 그 버전을 새롭게 만들 수 있을 것입니다. 또 다른 대안으로는 여러분도 나처럼 생각해보는 겁니다. 아이들을 키우고 적당한 집을 구하고 사고 싶은 옷도 몇 벌 사고 괜찮은 휴가를 갈 수 있는 정도의 돈만 있다면 그 정도면 됐다고요. 이 정도만 해도 벌써 다른 많은 사람들이 가진 것보다 훨씬 많은 거라고요. 나는 요트나 페라리나 뭐 그런 것들도 갖고 싶지 않고, 돈은 나를 가슴 뛰게 하는 주요 동기는 아니라고요. 하지만 그래도 어느 정도는 있는 게 좋고, 연봉 협상은 계속 일을 하는 한 피해갈 순 없을 겁니다.

가끔 사람들은 너무 바쁘거나 무언가에 너무 정신이 팔려서 여러분이 어떤 성과를 냈는지, 정말로 일을 잘 하고 있는지에 대해 제대로 알아봐 주질 않습니다. 굳이 화를 내거나 속상해할 필요도 없이 그들이 조금만 더 쉽게 알아볼 수 있도록 만들면 됩니다. 특히 여러분이 본인의 매니징 스타일로 조직에 변화와 성과를 이끌어냈지만 호들갑스럽게 떠벌리는 게 아니라 겸손하게 넘어가는 방식을 택한다면 더욱 그렇습니다. 사람들이 말과 행동뿐인 인물들에게 어쩜 그리 잘 현혹되는지를 볼 때마다 놀라움을 금할 수가 없습니다. 그런 인물들은 정작 실질적인 성과를 내놓지 못하는 데도요.

여러분은 자신의 성공이나 성과에 대한 소식을 주고 받을 때 다른 사람들을 '참조 수신인으로 넣는 것'을 싫어하거나 그런 것에 익숙지 않을 수도 있습니다. 당연히 양말 서랍 정리 수준의 일을 해결해놓고 계속 떠들어대는 건 안 되겠지만, 여러분의 팀이 어떤 상을 받았다거나 고객사에서 대단한 피드백을 받았다거나 여러분이 주요 컨퍼런스에 연사로 초청을 받았다거나 하는 정도의 소식이라면 사람들과 그 소식을 나누는 것이 좋습니다.

언젠가 임원으로 일하고 있었을 때, 업무 평가를 받는 자리에서 당시 내 상사였던 CEO가 신규 비즈니스와 고객 관리 업무에서 내가 무슨 일을 하고 있는지 좀 더 눈에 보였으면 좋겠다고 코멘트를 한 적이 있었습니다. 나는 내 밑의 뛰어난 팀원들이 바로 그 일을 해내고 훌륭한 성과를 올릴 수 있도록 잘 관리하고 뒷받침하고 있었지만 그런 사실은 그에게는 아무런 의미가 없었죠. 그때 우리 팀은 새로운 비즈니스를 따내고 업계에서 여러 개의 상을 받고 뛰어난 사람들을 새로 영입하고 고객들에게도 훌륭한 리뷰와 호응을 얻는 등 엄청난 성과를 거두고 있었습니다. 그럼에도 불구하고 그의 입장에서는 그 모든 성과를 내는 데 내가 무슨 기여를 했는지 직접적으로 연결시킬 수 없었습니다.

성과는 남에게 돌리고 비판은 스스로에게 돌리려는 본능을 가진 인간이 있다는 게 이상하죠? 물론 여러분이 일을 잘했기 때문에 성과가 났다는 사실을 다른 사람들이 알아볼 때도 가끔 있습니다. 하지만 대부분은 그렇지 않죠. 특히 소유주가 미국 기업일 땐 더욱 그렇습니다. 미국 기업의 문화가 이런 면에선 훨씬 더 솔직하고 당당하게 표현하는 경향이 있기 때문인 것 같습니다.

어떤 자리라도 해낼 수 있도록 항상 준비되어야 한다
때로는 이 얘기를 하는 것 자체가 피곤하게 느껴지지만, 온갖 분야에서 어마어마한 가치를 지닌 세계 제일의 브랜드들과 오랫동안 함게 일하다 보니 한결같은 에너지 수준을 유지하고 끊임없이 개선과 혁신을 추구하는 브랜드만이 장기적으로 성공한다는 사실을 깨닫게 되었습니다.

'퍼스널 브랜드 리더십' 분야에서는 단연코 끊임없는 이미지 변신을 시도하는 마돈나가 추종 불허의 실천가였습니다. 어쩌면 여러분은 마일리 사이러스Miley Cyrus를 떠올릴지도 모르겠습니다. 사이러스는 〈한나 몬타나〉(마일리 사이러스 주연의 미국 청소년 시트콤)에서의 국민 여동생 이미지를 벗고 〈레킹 볼Wrecking Ball〉을 부르면서 나체로 철거용 쇠구슬 위에 올라앉는 파격적 변신을 했죠. 하지만 그 분야답게 얻는 것이 훨씬 많았던 이미지 변신이었습니다.

그렇다면 인간계에 있는 우리는 변신을 위해 무엇을 할 수 있을까요? 우선은 가능하면 외모 면에서도 지나치게 과거의 시간에 갇혀 있지 않아야 합니다. 좋든 싫든 사람들은 일단 겉모습에서 여러분에 대한 판단을 내리니까요. 그리고 각종 컨퍼런스나 강좌에 참여하거나 업계의 동향이나 기술 개발에 대한 최신 소식에서 뒤처지지 않기 위해 떠오르는 젊은 사업가들과 인맥과 협업을 유지하는 것이 좋습니다. 나 역시 소셜 미디어가 어떤 것인지 알아보기 위해 억지로 특정 채널을 직접 사용해봐야 했습니다. 물론 덕분에 배운 것도 있습니다. 혹시라도 창피당하지 않도록 스마트폰이나 각종 기기들을 가능하면 시기에 맞게 업데이트하세요. 일부러 레트로 스타일을 고수하려고 구식 휴대폰을 쓰는 것이 아니라면요. 정말 그렇다면 그게 의도적이라는 것을 사람들이 알게 하세요.

여러분의 역량을 넓혀줄 수 있는 것들을 계속 배우고 실천하세요.

어쩌면 그동안 익힌 호환 가능한 기술을 활용해 다른 업계로 우아한 수평이동을 해보임으로써 사람들에게 신선한 충격을 줄 수도 있습니다. 또한, 읽고, 여행하고, 사람들에게 계속해서 질문하세요. 자신이 모든 것을 알고 있다고 생각하는 순간, 이미 볼 만한 건 다 봤고 더 이상 배울 것도 없다고 느끼는 순간, 여러분은 화석처럼 굳어버리고 점점 더 시대에 뒤떨어지고 점점 더 조직에서도 불필요한 존재가 될 것입니다. 당연히 인생의 어느 단계에서는 여러분도 이런 일들에 그다지 신경 쓰지 않았던 적이 있을 겁니다. 하지만 그건 그때였고 지금은 지금입니다. 최근에 나는 인공지능과 관련된 세미나에 참석했었는데 참석자들 중 몇몇은 70대, 80대의 사업가들이었습니다. 여전히 호기심을 느끼고 새로운 것을 배우고 싶어서 그곳에 온 사람들이었죠.

그리고 (다른 모든 사람에게뿐만 아니라 나 자신에게도 당부하는 말이지만) 제발 적당량의 운동을 합시다. 그래야 몸이 허락하는 한 우아하게 잘 돌아다닐 수 있을 테니까요. 조직의 꼭대기라는 미끌미끌한 기름 장대 위에서 버티려면 체력과 에너지가 어느 정도 필요하기도 하고요. 많은 사람들이 자기들이 생각하는 것보다 훨씬 더 큰 리더십을 지니고 있다는 것을 잊지 마세요. 물론 여성다운 리더십이죠. '여자 같은'이 아니고. 이젠 여성들의 경영을 응원하기 위해 #유투(#YouToo)를 할 때입니다.

이것만은 기억해 두세요!

- (정당한) 피드백은 받아들이고, 불편한 기분은 활용하고, 앞으로 나서서 주도하세요.

- 가능할 때마다 자신의 '최고 버전'이 되기 위해 노력하는 것이 최선입니다.

- 여러분을 돋보이게 할 수 있는 자신만의 고유한 특성과 자질을 개발하고 활용하세요.

- 사람들을 사랑하세요(그들이 항상 그 사랑을 돌려주지 않으리라는 것을 알고 있을 때조차도). 그리고 필요할 땐 강하고 엄한 사랑을 보여주세요.

- 그 위에 계속 버티세요. 이 세상은 당신이 필요합니다.

보너스 퀴즈, 리더십을 발휘할 준비가 되었는가?

1. 지금 맥박이 뛰고 있습니까?   예/아니요
2. 뭔가 잘하는 것이 있습니까?   예/아니요
3. 한 번이라도 누군가에게 그들이 하고 싶지 않은 일을 하도록 설
   득해본 적이 있습니까?   예/아니요
4. 여러분이 잘 모르는 새로운 것을 기꺼이 배우겠습니까?

                                                           예/아니요
5. 덧셈을 할 수 있습니까?   예/아니요
6. 구석에 숨어 울고 싶을 때에도 이를 악물고 하던 일을 계속 할
   수 있습니까?   예/아니요
7. 자신의 앞길을 막을 수도 있는 묵은 쓰레기를 처리하기 위해 심
   리치료를 받거나 자기계발 프로그램에 참여해볼 의향이 있습니
   까?   예/아니요

'예'라는 대답이 두세 개 이상이라면 한번 해볼 만합니다!

Chapter 9

착한 사람이
꼴찌 한다는 말은 틀렸다

비즈니스에서 나이스한 태도는 반드시 작동해야 한다

• • •

　나를 화나게 하는 여러 가지 중 한 가지를 꼽으라면, 사람들이 "착한 사람은 꼴찌로 들어온다"라는 말을 인용할 때입니다. 다들 이 말의 기원은 이미 알고 있겠지만(전설적인 야구선수였으며 브루클린 다저스의 감독이었던) 레오 듀로서Leo Durocher가 정확히 뭐라고 말했는지 살펴볼 여지는 있습니다. 알고 보니 "일곱 번째로 들어온다"였더군요. 일곱 번째가 꼴찌와 똑같은 것인지는 잘 모르겠지만, 아무튼 그렇게까지 최종적이고 저주스러운 굴레를 씌운 것은 아니었습니다. 하지만 이후 확실하게 말할 수 있는 것은 듀로서 감독이 착한 사람은 일등을 하지 못한다는 것을 정말로 믿었다는 사실이죠. 수년 후 그는 자서전을 쓰게 되었을 때 한술 더 떠서 "꼴찌로(일곱 번째가 아닌) 들어온다"가 맞는 말이었다고 말했습니다. "착한 선수들은 꼴찌로 들어온다. 상대를 쓰러뜨리기 위해 할퀴며 굶주린 듯 돌진하는 선수들이여 나에게 오라. 나는 바로 그런 선수들이 내 팀이길 바란다" 네, 참 대단한 사람이었죠. 여기서 두 가지 사항을 주목해야 합니다.

- 이 이야기는 우리의 삶 전체가 아니라 오로지 북미의 특정 구기종목에만 해당한다.
- 그가 이 이야기를 한 시기는 1946년이다.

그럼에도 불구하고 문구 자체가 기억하기도 쉽고, 진부하고 마초적인 비즈니스 세계에서 폭넓게 적용하기에도 쉽기 때문에 이 말은 보통의 유통기한보다 훨씬 더 오래 살아남았습니다. 여전히 그런 구식 방법으로 회사를 운영할 수도 있을 겁니다. 그리고 "못된 사람들이 성공한다"라는 원칙이 사실일 거라고 속으로 몰래 믿어도 됩니다. 하지만 이제는 디지털 세계와 해시태그 사회운동 때문에 그런 원칙을 적용하는 것이 훨씬 더 어려워졌습니다.

비열한 짓을 숨길 수 있었던 시절도 있었죠. 그 시절엔 (비즈니스를 하는 사람들이 대부분 남자들이었기 때문에 이름 붙여진) 다수의 비즈니스맨들이 마초처럼 말하고 옷을 입고 목에 힘을 주고 다녔고 소수의 비스니스우먼들은 스틸레토를 신고 어깨뽕이 들어간 재킷을 입어야 이들과 경쟁할 수 있다고 생각했었죠. 하지만 이제 세상은 바뀌었습니다. 아니, 요즘엔 나쁜 개자식이 될 거면 무심하거나 자신 있거나 둘 중 하나는 갖춰야 대놓고 빠져나갈 수 있습니다. 이런 사람들이 멋대로 빠져나가게 계속 놔둘지에 대한 판단은 소비자들과 규제기관의 몫이죠.

가까이하고 싶지 않을 정도로 악명 높고 여성 혐오적이고 부도덕해서 당당히 명예 아니 수치의 전당에 이름을 올릴 만한 비즈니스계의 인물 하면 다들 떠오르는 사람들이 있을 겁니다. 하지만 충격적인 사실은 그렇게 이름을 올리려면 지독하게 나쁜 인간이어야 한다는 겁니다. 고객을 등쳐먹고 투자자들을 협박하는 정도의 부정부패는 저질러야 한다는 거지요. 그리고 이들의 비판세력들이 이런 악행을 벌하기 위해 죽기 살기로 덤벼도, 이들이 생산한 편리한 제품에 대한 소비자들의 자발적 보이콧을 유도하는 것은 정말 쉽지 않습니다. 이들의 속임수나 사기 행각에 화가 났다고, 또는 시내 중심가에 있는 그 친절한 독립 상점들이 다 망하고 있다고 시장조사 전문가들에게 달려가 불만을 제기하는 것도 물론 좋은 일입니다. 하지만 스스로의 습관을 바꾸지도 않고 확실한 의사표시로 못된 놈들을 몰아내지 않는다면, 여러분 역시 그 문제의 가담자나 마찬가지입니다.

사치 앤드 사치에서 일하는 동안 재미있었던 점은 이곳이 사실상 매우 정서적으로 결속되어 있고 때로는 강렬하면서도 서로 지지해주는 문화였다는 겁니다. 마치 가족 간의 '애증' 관계처럼요. 회사의 비전도 정말 특별했고 나는 대체로 그 비전을 좋아했습니다. 다만 개인적으로 도저히 적응도 안 되고 떳떳한 얼굴로 말하기도 민망했던 (실제로도 그러지 못했던) 한 가지는, 회사가 강박적일 정도로 '이기는 것'을 신봉했다는 점입니다(물론 이건 괜찮았습니다). 따라서 이들은 '타인의 패배'에 기뻐해도 된다고 믿었습니다(이건 괜찮지 않았습니다). 그런 감정을 입 밖으로 표현하는 건 둘째 치고 왜 그런 마음을 느끼고 싶은 걸까요? 왜 꼭 그렇게까지 해야 하는지 개인적으로는 좀처럼 이해가 되지 않았습니다. 어쩌면 그냥 지나친 동정심을 지닌 내 마음속 진보적인 자아가 떠드는 소리에 불과했을지도요.

최고가 되라

지나치게 동정심 많은 진보주의자라는 말이 나왔으니, 그 덕분에 기대하지도 않았던 곳에서 뜻밖의 기쁜 결과를 성취했던 짧은 일화를 하나 더 이야기하려고 합니다. 몇 년 전 우리 에이전시가 영국 육군의 광고사 선정 입찰에 참여할 기회를 얻은 적이 있었습니다. 기존까지 몇몇 굵직한 광고에이전시하고만 거래를 했던 상당히 큰 광고주였기 때문에 계약을 따내기 위한 홍보 경쟁이 아주 치열했습니다. 나는 홍보 준비 작업을 위해 우리 팀에 아주 훌륭한 전략전문가를 배정한 후 필요할 때마다 내가 가서 도와주겠노라 약속을 하고 다시 하던 일을 계속했습니다. 하지만 며칠 후 그 훌륭한 전문가는 다른 급한 일에 불려갔고 나는 우울한 심정으로 어쩔 수 없이 그 골칫덩이를 떠안으며(다른 표현으로는 "앞장서서 지휘한다"라고도 하죠), 내가 홍보 준비를 맡겠노라 선언했습니다.

처음에는 '(최대한 진심으로 보이도록) 관심 있는 척, 궁금한 척 해야겠구나'라고 생각했습니다. 그리고 사람 죽이는 훈련이 그렇게 훌륭한 일은 아니라는 말을 입 밖으로 내지 않도록 상당히 조심해야겠다고도 생각했죠. 아무튼 나는 절차대로 친숙화 과정에 돌입해 광고 담당 준장을 만났고 그다음으로 여러 종류의 훈련 부대를 방문한 다음 솔즈베리 평원에서 실시되는 실제 군사훈련을 참관하고 샌드허스트(영국 육군사관학교 소재지)를 방문했습니다. 또 수많은 부모와 교육담당자들, 다양한 배경을 가진 다양한 연령대의 신병들과 예비 신병들을 만나 왜 육군이 그렇게 매력적인 직업이라 생각하는지에 대해 인터뷰했습니다.

가장 인상에 남았던 것은 육군 신병훈련소를 방문했을 때였습니다. 여드름투성이의 무뚝뚝한 열여섯 열일곱 학생들이 처음 들어갔다가 7주 후에 완전히 변신해서 나오는 곳이었습니다. 내 선입견처럼 피에 굶주린 전쟁광이 아니라 소대 동료들, 지휘관들과 제2의 가족 같은 관계를 맺고 진정한 우정을 쌓으면서 어느새 진정한 청년들로 변신해 있었죠. 그들은 이제 목표의식과 자신감으로 무장되었고 어깨는 뒤로 활짝 젖혀져 있었습니다. 또한 (총 쏘는 법뿐만 아니라) 운전이나 기계 정비 같은 실용적인 기술도 습득했죠.

무엇보다 그들이 원했던 것은 자기 자신을 최대한 쓰임새 있게 만드는 것이었습니다. 그들 중엔 무력으로 짓밟으려는 누군가로부터 자유와 민주주의를 수호하는 것 같은 힘든 일을 누군가는 반드시 해야 한다는 강한 책임감을 느끼는 병사들도 있었고, 그보다는 좀 더 기본적인 동기를 지니고 여러 가지 일자리 옵션 중 군대가 실용적인 기술을 더 배울 수 있고 미래의 구직활동에도 도움이 되리라 생각해서 지원한 병사들도 있었습니다. 어쨌든 대부분은 이곳을 통해 훨씬 더 많은 것을 얻을 수 있었습니다.

뿐만 아니라 영국군이 실제로 직업 군인으로선 세계 일등은 아니더라도 최상위 실력을 갖춘 것으로 인정받고 있다는 사실을 알게 되었습니다. 또한 온갖 분야의 세계 최고 리더들이 영국군에서 훈련했고 그것이 나중에도 장기적인 선의와 동지애로 이어지는 경우가 많았습니다. 영국군은 '하드 파워'로 무장한 영국의 진정한 '소프트 파워'였습니다.

이 모든 이야기를 종합해서 "최고가 되라Be the Best"는 영국군 슬로건이 탄생했고 오늘날까지 유지되고 있습니다. "나이스한 사람이 되라"는 슬로건도 혹시 같은 방식으로 적용될 수 있을지 모르겠습니다. 하지만 가끔 뜻밖의 곳에서 착하고 믿음직한 사람들과 마주치기도 했습니다. 그리고 그들은 절대 꼴찌들이 아니었습니다.

좋게 행동하는 것이 결국은 좋다

사람들이 다 아는 비즈니스 악당들 말고, 평범한 수준의 리더들을 떠올려 봅시다. 이들은 무난할 정도로 일하고 무탈하게 살아갑니다. 이들이 야생 동물 학살을 직접 저지르는 건 아니지만, 인간의 행복도를 높이는 데에 어떤 기여도 안 하긴 마찬가지입니다. '좋은 사람들' 입장에서는 이런 것이 좀 힘 빠지게 느껴질 수 있습니다. 물론 좀 더 긍정적으로 보자면, 나이스하고 행복한 기업들이 더 좋은 성과를 낸다는 증거들이 쌓이고 있습니다.

그 예를 몇 가지 살펴보겠습니다. 하바스 미디어의 '의미 있는 브랜드에 대한 글로벌 연구'에 따르면, 목적을 중심으로 움직이는, 좀 더 의미 있는 브랜드들이 2019년 주식시장에서 134%나 높은 수익률을 냈다는 결과가 나왔습니다. 언스트앤영EY와 〈하버드 비즈니스 리뷰〉가 실시한 연구에서도 감정이나 정신적 가치가 결여된 기업들의 정체된 수익률에 비하면 목적 주도형 기업들의 성장률이 10%나 더 높았다는 사실이 밝혀졌습니다. 또한, 세계 최대이자 가장 성공적인 소비재 기업 중 하나인 유니레버도 자체 브랜드 중 목적 주도형 브랜드들이 그 외 브랜드들보다 두 배나 빠른 속도로 성장하고 있다고 발표했습니다.

그렇다면 나이스하다는 건 어떤 뜻일까?

글쎄요, 이런 사람 아닐까요…?

- 다른 사람들을 신뢰하고 격려하며 그들에게 귀를 기울인다.

- 회사를 인간 중심 기업으로 운영한다(고객, 직원, 사회적·환경적 정책, 수익성 등의 지표에서도 균형 잡힌 성과를 내면서).

- 고객들에게 최고의 서비스를 제공하려고 한다(빠져나갈 수 있을 정도로만 하는 것이 아니라)

- 자신의 영향력을 남용하지 않고 더 좋은 일을 하는 데 활용한다.

- 실수를 솔직하게 인정하고, 자신의 법적 책임 범위에만 연연하지 않고 실수를 바로잡기 위해 더 노력한다.

- 힘든 결정을 내리지만 사람들이 다른 일자리를 구할 준비를 할 수 있도록 도움을 주고 인도적으로 대우한다.

- 조직에 독이 되는 사람들을 알아보고 그들이 개선될 수 없는 경우 비즈니스를 떠나도록 요구한다. 그들이 회사에 가져다 주는 수익에 상관없이.

- 업무 및 과제를 완수하는 다양하고 새로운 방식에 호기심과 열린 마음을 갖는다.

- 다가오는 미래를 전망하고 시의적절하게 비즈니스에 적용한다.

- 자신의 비즈니스가 사회에 기여하는 바를 제대로 인정받으려

면, 기업이 하고 있는 의미 있는 일을 좀 더 광범위하게 사회에 이해시키고 이를 혜택과 연결해야 한다고 생각한다.

· 같은 인간들에게뿐만 아니라 지구상의 모든 동물과 생물을 대할 때도 존중하는 태도를 취한다.

뭘 그렇게 대단한 걸 바라는 것도 아니죠.

유니레버의 전 CEO인 폴 폴먼Paul Polman의 마음 속에 들어가본 것은 아니지만, 내가 조사해본 바에 따르면 그는 포괄적 의미에서의 목적, 진정성, 그리고 지속가능성이라는 비즈니스의 세 가지 중추적 가치에 대해 확고한 태도를 갖고 있었습니다. 좋은 비즈니스가 성공한다는 게 정말 사실이죠.

극단적일 경우 악덕 리더들은 위험 요소가 됩니다. 직원들은 그를 두려워할 테고 그러면 나쁜 결정들이 아무런 장애 없이 그대로 진행되겠죠. 훌륭한 인재들이 회사를 떠나거나 그 나머지 조직원들도 회사에 관심을 끊고 그저 월급만 챙길 겁니다. 그러면서 회사는 서서히 망해갈 테고요. 이런 현상에 관한 한 연구에 따르면 직원의 참여도(및 몰입도)가 높은 회사의 경우 영업이익이 19% 증가했다고 합니다. 반면 직원들의 참여도가 낮은 회사는 상대적으로 영업이익이 24%나 감소했습니다.

나는 한때 몸담았던 회사의 CEO가 했던 말을 생생하게 기억합니다. 직원들이 CFO를 완전 '나쁜 인간'이라고 생각하지 않는다면(사실 그 CEO는 '나쁜 인간'보다 훨씬 더 안 좋은 단어를 사용했지만 여기서는 그냥 순화하겠습니다), 그 자리에 사람을 잘못 앉힌 거라고요. 당연히 이 재무책임자는 사소한 경비 문제 따위를 트집 잡아 불쌍한 젊은 관리자들을 마구 괴롭혀댔습니다. 그러면서 고위 경영진들에게는 두둑한 보너스가 돌아가도록 빈틈없이 챙겼죠. 혁신이라는 허울 뒤에서 이런 일들이 벌어지고 있죠. 다들 이미 알고 있는 사실이겠지만.

아카디아 그룹 계열사인(아카디아의 파산신청으로 2021년 2월 기준 아소스ASOS에 인수됨) 탑샵Topshop(영국 글로벌 의류브랜드)의 전 CEO 제인 쉐퍼슨Jane Shepherdson이 필립 그린 경Sir Philip Green과 함께 일해본 경험에 대한 질문을 받았을 때 그녀는 머뭇거리지 않았습니다.

"그가 악당이었다는 데는 의문의 여지가 없죠. 모두가 다 알고 있는 사실입니다. 그는 수많은 사람들을 괴롭혔지만 나한테는 그러지 않았어요. 물론 시도는 했죠. 그가 마구 화를 내며 소리를 지르려고 하면 나도 마구 화를 내며 소리를 지르려고 했죠. 내가 정말로 화가 났던 것은 아니에요. 단지 악당들과 대화하려면 아주 많이 화가 난 척하면서 소리를 질러야 한다는 것을 알고 있었을 뿐입니다. 내가 그렇게 할 때마다 그는 물러섰죠. 정말 지치는 일이었습니다. 나한테도 해가 되는 일이에요. 나 자신을 계속 공격적인 사람으로 만들어야 하니까요."

품위를 잃은 행동은 재능 있는 인재를 놓치게 하고 다른 사람들을 위협하는 행동은 반드시 비즈니스에 피해를 입힙니다. 또 미래의 구직자들뿐만 아니라 투자자들에게도 비즈니스에서 악취가 풍긴다는 인상을 줍니다. 한마디로 악순환이죠.

2019년 아카디아 그룹이 지불해야 했던 법적 비용 중 한 건만 해도 약 3백만 파운드(한화 약 46억 원)에 이릅니다. 그 많은 돈과 에너지를 제대로 된 데 썼다면 사업적으로 분명 성공했을 겁니다.

이 세계에 이미 존재하는 참상만으로도 충분합니다. 사람들이 이렇게 서로에게 못되게 굴지 않아도 세상은 그 자체만으로 힘든 곳일 수 있습니다. 진심으로 사람들 사이의 모든 상호작용을 최대한 긍정적으로 만드는 일이 우리 모두에게 절실합니다. "선행을 베푸세요", "좋은 일을 하세요"라는 슬로건을 보면서 사람들은 비웃을지 모르지만 누군가는 이를 위해 수백만 달러를 기꺼이 쓰고 있습니다. 오프라 윈프리는 이렇게 말하기도 했습니다. "행복 쪽으로 그저 몸을 기울이세요"라고요. 제발 누가 좀 이 여성을 대통령으로 만들어 주세요.

트럼프 이전 시대, 푸틴 집권 이전 시대, 그리고 '일단 권력을 마구 휘둘러서 어디까지 차지할 수 있나 보자' 식의 정치 지도자들이 나타나기 이전에는, 국가의 성공 평가 기준인 구성원의 '행복도 및 웰빙' 지표를 향상시키기 위해 많은 노력을 기울인 정부들이 있었습니다. 그에 비해 지금 우리는 세상을 더 나은 곳으로 만들려는 노력도 하지 않고 대체 뭘 하고 있는 걸까요? 행복 어쩌고 하던 것들이 지금은 다른 것들에 밀려 전부 제자리를 잃었습니다.

'당근' 말고 '오로지 채찍'이라는 리더십 스타일에 대해 좀 더 생각해봅시다. 직장에서 사람들에게, 특히 직급이 낮은 직원들에게 나이스하게 대해주지 않았다가, 내가 무시하거나 하대했던 그 직원이 나

악당들로 인한 고충

다행히 요즘엔 악당들을 상대하는 게 상대적으로 쉬워졌습니다. 기업들도 직장 내 괴롭힘이 값비싼 단어임을 알고 있습니다. 그로 인한 법적 리스크 그리고 기업평판 리스크에 실제로 많은 비용이 들고 재능 있는 인재 손실로 이어질 수 있기 때문입니다. 그래서 요즘엔 회사도 사내의 불평불만을 무시하지 않고 경청합니다.

회사에서 누군가가 나를 괴롭히는 것 같은 느낌이 들면 일단은 그 사람과 직접 대화를 하면서 해명할 기회를 주세요. "당신이 일부러 이러이러한 행동을 한 것은 아니라고 생각합니다. 하지만 당신의 행동 때문에 나는 이러이러한 기분을 느꼈습니다. 그러니 다음번에는 다른 방식으로 표현해주길 부탁합니다"라고요. 똑같은 일이 재발한다면 내 감정을 더 분명하게 당사자에게 전달하고 이번엔 글로 작성해서 인사팀을 개입시킵니다. 내 경험에 비추어볼 때 악당들은 상대가 강하게 밀고 나오면 오히려 뒤로 물러나는 경우가 많습니다.

이것이 내 잘못이 아니라 그들의 문제라는 점을 명심하세요. 하지만 어쨌든 어떻게 대처할지는 내 방식대로 정할 수 있습니다. 필요하다면 동료들이나 인사팀의 도움을 받을 수도 있습니다. 물론 내가 조직을 운영하게 된다면 그들을 다 내쫓아버릴 수도 있습니다.

중에 언젠가 나에게 새 사업거리를 주거나 나를 도와줄 수 있는 위치에 오를 수 있습니다. 가진 돈을 다 걸어도 좋습니다. 나의 '못된 행동'의 결과로 그들 역시 그들 자신의 나이스함을 떠나, 나에게 못되게 행동하면서 남몰래 고소해할 수도 있습니다.

식당 종업원이나 청소부, 기타 서비스업 종사자들이나 자기보다 직급이 낮은 사람들은 함부로 대하면서 윗사람들과 동료들에게는 비굴하게 알랑거리는 사람들을 보면 정말 두드러기가 날 정도입니다. 식당 테이블 맞은편에 앉아서 나에게 미소를 짓고 있다가도 종업원이 나타나면 무시하는 태도로 돌변하는 사람들을 한두 번 본 게 아닙니다. 그러면 그들에 대한 내 호감도 즉시 비호감으로 돌변합니다. 그러므로 내 생각엔 '나이스한 사람'이 되는 것이, 그리고 '나이스한 사람'이라는 평판을 받는 것이 여러모로 좋습니다.

'나이스'와 '호구'의 차이

'나이스'하라는 것이 물론, 사람들이 여러분을 등쳐먹고 일도 엉망으로 해주고 아무 때나 이용해 먹어도 괜찮다고 여길 정도로 그런 만만한 동네북처럼 굴라는 뜻은 아닙니다. 때로는 사람들에게 곤란한 피드백을 주는 것이 나이스한 행동일 수 있습니다. 왜냐하면 곤란한 피드백이 결과적으로는 그들을 발전하게 하고 그들 자신도 실제로 더 나이스한 사람이 되는 데 도움이 되기 때문이죠.

실용적으로 그것이 더 효과가 있기 때문만이 아니라, 비록 실체적인 증거가 당장 눈에 보이진 않더라도, 다시 말하지만 그렇게 하는 것이 모든 사람을 위해 더 좋기 때문이죠. 인생의 동반자를 선택할 때는 특히 더 해당하는 원칙이죠. 보편적으로 어떤 종류의 파트너나 친구들을 선택할 때도 마찬가지입니다.

지적이고 매력적이고 활력 있고 잠재력도 넘치는 여성임에도 불구하고 배우자를 선택할 때는 정말 이해할 수 없게도 자신을 망가뜨리는 사람들과 엮이는 경우를 많이 봤습니다. 혹시 내가 나의 '열 가지 충고' 같은 것을 나눌 기회가 생긴다면, 일단은 겉모습, 역량, 경험, 정리정돈 습관 등의 중요성에 대해 쭉 나열한 다음 마지막으로 열 번째 순서쯤 가서 이렇게 말할 겁니다. "반드시 스스로를 긍정적으로 느끼게 만들어주는 사람들하고만 관계를 맺으세요" 이 원칙은 연인이나 파트너뿐만 아니라 친구들에게도 똑같이 적용됩니다. 그렇다고 반드시 항상 나에게 좋은 말만 해주는 사람이어야 한다는 뜻은 아닙니다. 단지 좋은 의도를 가지고, 내가 최대한 행복하고 훌륭하고 성공적인 사람이 될 수 있도록 나를 지지해주는 사람들이면 충분합니다.

내가 일했던 회사에도 이와 관련된 가슴 아픈 사례가 있었습니다. 당당하고 자신감 있는 태도로 회사에서 크게 성장할 매니저감으로 평가받았던 매력적이고 밝고 똑똑한 여성이 한 명 있었습니다. 그런데 몇 년 후 그녀의 표정과 자세가 달라져 있었습니다. 그 전과는 달리 신경질적인 웃음소리를 냈고 얼굴엔 수면부족과 스트레스의 흔적이 역력했습니다. 알고 보니 그녀에게는 만났다 헤어졌다를 반복하는 남자친구가 있었는데 그는 밥 먹듯이 바람을 피우고 그러면서도 항상 다시 돌아오는 부류의 사람이었습니다. 솔직히 그 이유야 뻔하죠. 바람 피고 돌아와도 항상 받아주고 돈도 꽤 잘 벌고 외모도 훌륭한 그녀인데 왜 안 돌아오겠습니까? 두 사람은 결국 결혼하고 아이도 하나 낳았죠. 그리고 둘째도 가졌습니다. 그녀는 여전히 그 모든 것을 그럭저럭 해나가고는 있었지만 그래도 안 좋은 것은 티가 났습니다. 그녀의 표정과 태도와 그리고 결국 업무에서도요.

누군가가 임신했을 때 또는 워킹맘으로 일하고 있을 때 그들의 겉모습을 두고 내가 남 얘기할 처지는 아닙니다. 하지만 이건 다른 경우였습니다. 맨날 똑같이 겪는 수면 문제와 업무 스트레스, 죄책감 외에도 그녀는 안락해야만 하는 자신의 둥지에서 독을 뿜어대며 비난하는 남편이라는 추가적인 짐을 떠안아야 했습니다. 그녀는 나중에 남편이 그녀가 아이들에게 음식 만들어주는 것에 대해서도 트집을 잡았다고 털어놓았습니다. 삶 자체가 기나긴 소모전이었죠.

도대체 무슨 이유 때문에 그녀는 자신이 좋은 남편을 얻을 자격이 없다고 느끼고 자신을 '부당하게 대하는' 사람을 선택하게 되었을까요? 어쨌든 나중에 그녀가 드디어 남편과 헤어지고 안정적인 직장을 구해서 싱글맘으로서의 삶을 꾸려나가고 있다는 이야기를 듣게 되었습니다. 상황은 어렵겠지만 그래도 그녀가 무거운 짐을 덜고 마음의 안정을 찾았을 거라고 확신합니다.

비슷한 예로 생각나는 친구가 한 명 더 있습니다. 그 친구는 한숨을 푹 쉬며 내게 이렇게 말하곤 했죠. "너 진짜 결혼 정말 잘한 거야. 난 아닌데" 내가 부자 남편을 만났다는 뜻도, 그렇다고 당시 장래성이 확실해 보이는 남자를 붙잡았다는 뜻도 아니었습니다. 그 당시엔 그렇게 확실해 보이진 않았으니까요. 그저 항상 내게 힘이 되어주고, 지나치게 의식적으로 노력하지 않고도 아내와 남편이 동등해야 한다는 페미니즘 정신을 인정하는 사람이었을 뿐입니다. 반대로 그 친구가 결혼한 남자는, 일일이 챙겨줘야 하고 장단 맞춰줘야 하고 혹여 기분 상할까 항상 눈치를 살펴야 하는 그런 사람이었습니다.

정말 피곤한 일입니다. 특히 회사 업무만으로도 이미 신경 쓸 것이 많고 거기다 아이들까지 돌봐야 하는 상황이라면요(누군가 '남편과의 관계를 회복시켜 보려고' 아이를 갖는다는 이야기를 할 때마다 나는 속으로 비극적 생각을 떠올리며 애써 차분한 얼굴로 표정관리를 하곤 합니다).

'반쪽' 찾기도 비즈니스처럼

나는 내 '반쪽'을 구하는 데에도 엄청나게 운이 좋았습니다. 이를 당연하게 여기지 않기 위해 항상 조심하고 있죠. 명색이 고전주의자라 자만에는 천벌이 따른다는 것을 잘 알고 있기 때문입니다. 나는 내가 이렇게 든든한 반려자를 만나다니 정말 운이 좋았고, 우리 둘 다 각자의 길을 걸었을 때보다 둘이 함께 함으로써 오히려 서로의 장점이 더 큰 시너지를 냈다는 데에 동의한다고 사람들에게 말하곤 합니다. 사실 그렇게 말하면서 운명을 시험하지 않으려고 스스로 마음을 다잡고 있는 것이죠. 어쩌면 이것도 내 가면증후군이 작동하고 있는 걸지도 모르겠습니다.

어쨌든 일과 사생활을 서로 잘 조화시켜 활용한다는 측면에서 바라보자면, 여러분이 일에서 사람을 구하는 일에 능통하다면, 아마 나이스한 인생의 반려자를 구하는 일에도 능통해질 수 있을 겁니다.

예전엔 학교나 대학, 직장에서 일단 누군가를 실제로 만나게 되고 그들과 친해지고 서로 비슷한 점이 있는지 또는 그들이 사이코패스는 아닌지와 같은 사실들을 차츰 알아가게 되죠. 운이 그렇게 좋지 않을 땐 파티나 술집, 클럽 같은 데서 누군가를 만났을 테고요. 그렇게 만난 사람과 서로 화학적으로 끌리기도 할 테고 심지어 서로에게 미친 듯이 푹 빠질 수도 있죠. 하지만 몇 달쯤 혹은 몇 년쯤 지나면서 서로 공통의 관심사가 거의 없다는 걸 알게 될 겁니다. 그리고 정말 툭 까놓고 말하면, 화학적 끌림은 결국 김이 빠지게 마련입니다.

요즘엔 링크드인의 사적 버전이라 할 수 있는 온라인 데이트 사이트에서 여러분과 비슷한 관심사와 가치관을 가진 미래의 동반자를 '모집'할 수 있는 기회들이 많죠. 그런 다음엔 이제 그들 중 화학적으로 끌리는 사람만 찾으면 되니 그때까지 이런 저런 사람들을 만나보는 것쯤이야 별로 어려운 일도 아닙니다. 그냥 취미생활 하듯 일 년 동안 매주 두 사람씩 만나본다거나 하는 활동을 '일단 맛부터 보고 결정하기'라고 부를 수 있겠습니다. 그리고 이런 게 바로 퍼스널 비즈니스일 수도 있겠네요.

두 아이의 엄마로 행복한 결혼 생활을 하고 있는 사람치고 온라인 데이트 사이트에 대해 너무 많은 것을 알고 있는 것처럼 오해를 받을까 봐 강조를 하자면 이런 정보는 모두 간접 경험으로 얻었습니다. 대부분은 바쁘게 지내는 여성 임원 친구들로부터였습니다. 이미 삶이 너무 바빠서 자연스러운 만남이나 관계는 기대도 할 수 없었던 이들은 온라인 데이트 사이트를 통해 약간은 기이할 정도로 효율적이고 효과적으로 연인을 찾았고 가족으로 발전한 친구들도 몇몇 있습니다.

든든한 반려자는 삶에 정말 도움이 되는 구성요소이고 성공과 행복에도 크게 기여할 수 있습니다. 따라서 든든한 반려자를 찾으려면

비즈니스를 하는 것과 같은 수준으로 많은 시간과 노력을 투자해야
합니다. 하지만 여러분이 혼자 사는 것이 더 행복하다면 그 역시 괜
찮고 건투를 기원합니다. 그것도 요즘 시대의 또 다른 나이스한 측면
이죠. 잠자리를 공유할 누군가가 있든 없든 여러분이 원하는 일을 하
는 데 장점으로 작용할 수도 있으니까요.

TV에서 본 대로

나이스한 것에도 한 가지 유의할 점은 있습니다. 사람들에게 도움
이 될 것 같아서 여러분의 경험을 나누며 나름대로는 나이스하게 행
동해보려고 했는데, 돌아오는 건 온통 어려움과 상처뿐일 수 있습니
다. 그래서 결국 내가 무슨 부귀영화를 보겠다고 사서 고생을 했나
싶은 생각마저 들게 됩니다.

아이들이 아직 어렸을 때 어떤 TV 프로그램에 출연해달라는 요청
을 받은 적이 있었습니다. 프로듀서를 만나보니 정말 마음에 들었고
신뢰가 가서 나는 수락했죠. 그들은 엄마로서의 일상을 속속들이 프
로그램에 담고 싶어 했고, 이는 내가 가능한 한 완벽한 워킹맘을 대
표해야 한다는 뜻이었습니다. 내가 무슨 말을 하려는지 이미 눈치챈
분들도 있을 겁니다. 변명을 하자면 나는 그때 약간은 의무적으로 비
즈니스우먼과 워킹맘을 대표해서 최대한 좋은 모습으로 보여줘야 한
다는 생각이었죠.

그러면서 비즈니스우먼으로서의 일상도 함께 보여줘야 했기 때문
에, 촬영팀은 내가 운전해서 퇴근하는 동안 그 시각 집에서 내 아이
들을 돌보며 나를 기다리고 있는 베이비시터와 카폰으로 통화하는

장면도 찍었습니다. 프로그램은 사실 꽤 균형감 있게 제작되었고, 내가 퇴근길에 카폰으로 베이비시터에게 자주 전화를 건다는 사실은 꾸며낸 것도 아니었습니다. 화면상으론 내 딸들도 아주 행복하고 건강하게 나왔고, 심지어 집에 도착한 나를 보고 아주 반가워하는 모습까지 보여주었죠. 하지만 사람들은 아이들과 함께 집에 있어주지 못하고 그저 전화로 안부를 확인하는 나를 아주 형편없는 엄마로 바라봤고 그 어떤 것으로도 그들의 비난을 멈추게 할 수 없었습니다. 그리고 여담이지만 남편은(그 당시 남자 친구) 현명하게도 프로그램에 전혀 관여하지 않았습니다. 내가 그를 든든한 파트너라고 칭찬하는 동안 (비록 프로그램에 직접 납셔주실 정도로까지 든든한 파트너가 되어주진 않았지만) 프로듀서는 아이를 안고 있는 그의 사진을 화면에 내보내는 것으로 만족해야 했죠.

하지만 솔직히 말하면 그들은 '나쁜 엄마' 전형의 절반도 못 본 것이었습니다. 특히 아이들이 십대가 되면 부모는 자신이 아이들의 훈육 측면에서 아주 훌륭한 부모는 되지 못했다는 사실에 맞닥뜨리게 됩니다. 딸 아이 하나가 열네 살쯤 되었을 때, 어느 날 친구 집에서 자고 오기로 한 적이 있었습니다. 저녁 때 한동안 자기들끼리만 집에 남겨져 있었던 아이들은(이럴 거라는 사실을 그때는 몰랐죠), 아래 층에서 무슨 소리를 들었습니다. 누군가 집에 몰래 침입한 것일까 봐 무서웠던 아이들은 경찰에 신고 전화를 해야겠다고 생각했죠. 우리가 사는 곳은 영국이었는데 아이들은 999 대신 미국 긴급번호인 911을 누르려고 했습니다. 네, 이것이야말로 우리가 평온과 고요함을 얻는다는 명목으로 아이들에게 미국 TV 드라마를 너무 많이 시청하게 놔

두었던 죗값이죠. 결론적으로 그 소리는 아무것도 아니었고 아이들은 무사했습니다. 휴…

기왕 여기까지 온 김에 덧붙이자면, 직장에서도 내가 까다롭게 군 적이 단 한 번도 없었다고는 말할 수 없습니다. 물론 대체적으로는 든든하고 침착한 스타일이라는 소리를 듣긴 했지만, '피로, 스트레스, 실망, 평범한 모습'과 같은 흔한 결점 투성이의 모습도 보였을 거라는 데에는 의심의 여지가 없습니다. 혹시 그때 내가 눈치채지 못하고 적절히 사과하지 않았다면 미안합니다. 정말 진심으로.

춤 좀 췄던 시절

이 장을 끝내기 전에, '나이스한 vs. 못된' 마음가짐이 초래하는 차이점을 뼈저리게 느끼게 해준 어린 시절의 경험을 여러분과 나누고 싶습니다.

어렸을 때 나는 런던에서 열리는 춤 경연대회에 참여한 적이 있습니다. 런던이었다는 점을 강조하고 싶은 이유는, 우리 동네 댄스학원에 있었던 사람들은 다들 착하고 따뜻했기 때문이죠. 최소한 그런 척이라도 했습니다. 하지만 전국 대회에선 그에 걸맞게 '전국적' 수준의 치열한 경쟁과 사이코드라마가 펼쳐졌습니다. 여러 명의 여자애들과 한 그룹에서 겨루고 있었는데 그 아이들의 친구 한 명이 내가 무대에 오르기 직전에 다가왔습니다.

그 아이는 정말 감탄스러울 정도로 이글이글한 눈빛으로 내게 눈을 치켜뜨고는 말했습니다. "똑똑히 알아둬. 내 친구가 이길 거고 넌 떨어질 거야" 의심할 여지없이 그 아이는 심리를 이용해 상대방을 조정하는 기술이 유행도 되기 전에 놀랍고도 선구적인 수준으로 그 개념을 이해하고 활용했던 것이죠. 실제로는 그 아이의 친구는 3등을 나는 2등을 했습니다.

나이스한 여자들은 꼴찌를 하지 않죠. 가끔 2등은 해도요. 솔직히 말하면, 나이스함과 친절함으로 다 쓰러뜨려 버리는 것도 가능합니다. 그러니 얼른 나가서 아주 본때를 보여주세요.

이것만은 기억해 두세요!

- 나이스한 건 나약한 거라는 마초들의 헛소리를 믿지 마세요. 데이터로 증명된 사실도 아닐 뿐더러, 더구나 '못된 행동'은 최대의 리스크입니다.

- 나이스한 사람들을 모집하세요. 일할 때나 놀 때나 삶을 살 때나. 특히 삶에서.

- 이것저것 따지지 말고 그냥 나이스하게 행동하세요. 뿌린 대로 거두는 법입니다.

Chapter 10

비즈니스의 미래, 그리고 우리

더도 덜도 말고 그냥 있는 그대로의 여러분이 필요하다

• • •

악으로부터 세상을 구원하는 주제에 대한 영화 중, 나는 니콜라스 홀트와 존 말코비치가 출연한 〈웜 바디스Warm Bodies(2013)〉라는 영화를 정말 재밌게 봤습니다. 이 작품도 나이든 여자들이 보면서 흐뭇함과 부러움을 동시에 느끼게 만드는 젊은이들의 달달한 사랑 이야기입니다. 나만의 영화 분류 기준에서 보면 〈트와일라잇〉 시리즈와 같은 카테고리죠(〈트와일라잇〉은 전 시리즈를 남몰래 다 봤는데 개인적으로는 첫 편이 가장 마음에 들었지만 어쨌든 시리즈마다 비교를 해야 한다는 사명감으로 결국 전편을 다 봤습니다). 〈트와일라잇〉과 〈웜 바디스〉의 가장 큰 차이점은 로버트 패틴슨(에드워드 컬렌 역)은 뱀파이어였고 니콜라스 홀트(R 역)는 좀비였다는 거죠. 웜 바디스는 좀-로코(좀비-로맨틱 코미디) 장르라고 부를 수 있겠네요.

영화의 배경인 종말 후의 세상에서 (한때 인간이었던) 좀비들과 생존 인간들이 한창 전쟁을 벌입니다. 그러던 중 한 젊은 좀비(R)가 인간 소녀의 남자친구를 죽이고 그의 뇌를 먹어치우죠(채식주의자로서 보기 힘든 장면이었습니다). 그 후 R에게는 '감정'이 생기게 되고 다른 좀비들로부터 인간 소녀를 구한다는 내용입니다. 말로 듣는 것보다는 실제 영화로 보는 것이 더 낫습니다.

R은 서서히 생명력을 되찾기 시작합니다. 그의 심장도 소생하여 다시 뛰기 시작하죠. 그리고 인간과 좀비의 화해를 주도하게 되는데 이때쯤엔 이미 좀비들도 젊은 커플의 사랑을 지켜보며 (나이스한) 인간성을 회복하는 징후를 보이고 있었죠. 여기에 예외적인 존재들이 있었으니 바로 '보니'라고 불리는 무시무시한 해골 좀비들이었습니다. 이들은 일반 좀비들보다 더 먼 죽음의 경계를 넘어서서 다시는 회복이 불가능한 존재들로 심장이 뛰는 것이라면 무엇이든 다 잡아먹습니다.

결국 인간들과 '착한' 좀비들은 힘을 합쳐 보니들을 해치우고 인간 사회는 다시 하나가 됩니다. 네, 정말 나이스하지 않나요? 그 당시 내가 이 영화에서 어떤 심오한 교훈을 얻었다고 하면 거짓말이겠지만, 의심을 품었던 무리가 개과천선하고 나쁜 놈들은 박살 나고 사랑이 모든 것을 이겨 결국 세상을 더 좋은 곳으로 만들 때 으레 느껴지는 그런 만족감은 있었습니다.

화학 구성비 조절이 필요하다

좀 뻔한 패러디이긴 하지만, 우리도 권력과 영향력이 있는 위치에 좋은 사람들을 충분히 확보해서 이들이 개전의 의지가 있는 비즈니스 좀비들을 (심지어 아주 깊숙이 숨어있던 자들까지) 개과천선시키고 가망 없는 족속들은 삼엄한 보호시설로 보내버릴 수 있다면 정말 좋을 텐데요.

그리고 당연히 그 사람들이 '여러분'이었으면 좋겠습니다. '좋은 사람들'이요. 지금까지 사람들이 핏대를 세우며 '누군가'가 이렇게 하고 저렇게 해서 이 세상을 바로잡아야 한다든가 또는 '누군가'가 나쁜 사람들을 권력에서 쫓아내고 공평한 세상을 만들어야 한다고 떠드는 소리를 너무 오래 너무 자주 들었습니다. 다시 말하지만 그런 일을 할 그 '누군가'가 바로 여러분이 되길 바랍니다.

똑같은 이야기를 앞에서도 반복했지만 여기서 다시 말하겠습니다. 나는 수많은 여성들이 조직을 이끄는 모습을 보고 싶습니다. 다들 같은 마음이겠죠. 이 세상의 모든 조직은 호르몬적, 화학적으로 꼭대기의 밸런스를 바꿔야 합니다. 꼭대기라 함은 단지 회사의 고위 경영진 정도를 말하는 것이 아니라 이사회 의장, 최고경영자, 대표이사, (공공기관의) 단체장, 대통령까지 포함하는 의미입니다. 최종 발포 명령을 내리는 사람, 그리고 다른 곳에서 발포 명령을 내리는 수많은 다른 사람들과 대결하기도 하면서 더 넓은 세상에 강한 영향을 주는 사람 말입니다. 때때로 '꼭대기에 있는' 그 사람이 보기에 주주들이나 강력한 노조, 유권자들 때문에 자신에게 전권이 없는 것처럼 느껴질 수 있다는 사실은 잘 이해하지만, 그럼에도 '지도자의 말투'만으로도 큰 차이를 만들 수 있습니다.

여러분에게 조직을 운영할 능력이 있다면, 그렇게 함으로써 사회적 책임을 지는 것이 자신의 역할이 아닐지 생각해보기 바랍니다. 모두가 분명히 알다시피 세상에는 스스로 생각하는 것보다 더 뛰어난 능력을 갖춘 여성들이 매우 많으며, 그렇게 능력이 뛰어난 여성들에게 지금까지 기회조차 주어지지 않았습니다.

그리고 심지어 기회가 주어져서 적임자로 추천되어도 오히려 본인이 리더십 자리를 주저하게 된다는 똑똑한 여성들을 정말 많이 만났습니다. 금방 이해는 되죠. 그 자리에 가면 온통 갈등과 긴장에 시달릴 테니 본인의 삶과 잘 맞지도 않을 것 같고 그럴 거면 차라리 당분간은 혼자 일하거나 심지어 프리랜서로 일하는 게 낫겠다고 생각하는 것입니다. 이런 생각이 오랜 시간에 걸쳐 축적된 가면증후군의 자기의심 성향과 얼마만큼이나 결부되어 있는지는 당장 분간해내기 어렵습니다. 하지만 쉽게 알 수 있는 것은, 우리 여성들이 스스로에게 너무 가혹한 잣대를 들이대고 나를 도와줄 사람들이 있다는 걸 믿지 못한다면 당연히 제일 꼭대기에서 조직을 통솔하는 것이 별로 매력 있어 보이지 않을 거라는 점이죠. 그러다 보면 이제는 여성들이 원할 때조차도 다시 주류 업무 현장으로 돌아가기가 어려워지는 경우가 많습니다. 따라서 우리는 '리더십'에 대한 폭넓은 논의를 계속해야 함은 물론이고, '리턴십' 기회 등과 같이 여성들의 '재기'를 돕는 정책을 위해 싸우는 것도 반드시 필요합니다.

내가 아는 40대, 50대, 60대 여성들 중에도 본인이 원하기만 하면 충분히 회사로 돌아오고도 남을 만한 능력을 갖춘 인재들이 차고 넘칩니다. 회사를 떠나 있는 동안 까다로운 상황과 사람들(아이들, 가족, 학교, 건축업자 등)을 상대하고 관리하는 노하우를 익히고 기업가 정신, 자가 경영에 대한 지식과 기술로 무장한 채로 말이죠. 여기서 주목해야 할 점은 이 모든 노하우와 기술들이, 이들의 기존 업무 경험 외에 별도로 추가된 새로운 능력이라는 사실입니다.

이제는 단순히 중간쯤 되는 역할을 맡을 것이 아니라 회사의 사다리를 타고 위로 올라가야 합니다. 여성들의 복귀를 독려하기 위해 몇몇 기업들이 훌륭한 시도를 하고는 있지만, 이런 활동은 예외적인 일이 아니라 표준이 되어야 합니다. 크레디트 스위스(자산운용사), 모건 스탠리, IBM, 제너럴모터스 같은 기업들과 그 밖의 몇몇 테크 기업들은 비록 아직은 초보 수준이긴 해도 흥미로운 프로그램들을 마련해 놓고 있습니다. 더 많은 노력이 필요하고 이런 활동에 모든 기업들이 동참해야 합니다.

우리 vs. 나머지 세상

물론 다른 대안으로 여성들은 안정적인 개인사업체나 기발한 스타트업을 창업하여 시장을 선도하는 엄청난 비즈니스를 창출할 수도 있습니다. 2018년의 여성기업 현황 자료에 따르면 1972년 이후 미국의 여성 기업 숫자가 거의 3,000%나 증가했다는 점은 가히 고무적입니다. 그에 비하면 2017년 전체 스타트업 기업 중 창업자가 여성인 기업이 겨우 17%에 그쳤다는 사실은 다소 실망스럽기도 하죠.

하지만 현실을 있는 그대로 말하면, 날렵한 슈트 차림의 인간들이 막강한 거대 기업이나 기관을 꽉 잡고 있는 경우가 지나치게 많습니다. 그리고 이들은 우리의 나이스한 시장 선도 기업들을 하루아침에 공중분해시켜버릴 수 있는 힘을 가지고 있죠. 더 넓은 사회적 측면에서 보더라도, 못되게 행동하는 리더 때문에 공동체가 분열되고 환경이 오염되고 일터의 만족도가 떨어진다면 아무리 자신이 잘 되어도 과연 혼자 기분 좋을 수 있을까요?

그리고 다들 알다시피 새로운 사업을 시작하든 독립적으로 일하든 스트레스가 없을 수 없습니다. 아무런 자원도 없고 또는 알 만한 브랜드와의 연고조차 없으면 새로운 사업 기회를 얻거나 새로운 고객을 구하는 일은 '맨땅에 헤딩'이나 마찬가지입니다.

다행인 점은 최근 다양한 조직에 전반적 다양성을 요구하는 사회적 압력이 확산되고 무의식적 편향, 양부모 육아 휴직과 같은 개념에 대한 사람들의 보편적 인식이 높아지고 있습니다. 다른 방식을 시도해보고 싶어 하는 사람들에게도 확실히 더 많은 기회의 문이 열리고 있다는 것이죠. 그리고 누구든지 그 자리에 도달하기 위해 시도할 수 있는 방법의 수도 훨씬 다양해졌습니다. 그러니 우리 모두 정말로 그 자리에 가야 합니다.

세상은 여자 하기 나름

지겹도록 되풀이해서 미안하지만 이 책의 전반적인 주제가, 특히 이 장의 주제는 '변화'를 만들기 위해 '여러분'이 필요하다'는 것입니다. 몇 가지 사례를 들어보겠습니다. 내가 내 친언니의 대단찮은 직장 경험 얘기를 사람들에게 공개한다 해도 언니는 언짢아하지 않을 겁니다. 언니는 나보다 나이도 꽤 많았고, 여자는 어차피 아이가 생기면 일을 그만두고 아이를 키워야 하니 여자의 직업은 별로 중요하지 않다는 소리를 듣고 자란 세대였습니다. 나중에 다시 회사로 돌아가 파트타임으로라도 일할 수 있다면 물론 괜찮죠. 하지만 솔직히 살림에 큰 보탬이 되기는 힘들었습니다.

언니는 실제로 파트타임 자리를 구해서 꽤 괜찮은 회사에서 일하게 되었고 그러면서 나에게 자기 상사들이 맨날 실수를 한다는 둥 직원들을 어떻게 동기부여해야 하는지도 잘 모른다는 둥 솔직히 본인도 정말 꼭 해야 되는 일 말고는 더 이상 하고 싶지 않다는 이야기를 늘어놓곤 했습니다. 나는 언니에게 꽤 직접적으로, 매니저들이 관리하는 방식이 마음에 안 들면 언니가 직접 매니저 자리에 지원해서 제대로 해보는 게 어떻겠느냐고 제안했습니다. 언니는 굳이 번잡하게 일을 벌여서 매니저 자리까지 올라갈 필요가 뭐가 있냐고 대답했죠. 그래서 나는 언니가 그렇게 생각한다면 회사에서 언니 위에 앉혀놓은 매니저가 어떤 사람이건 그냥 받아들이라고 아주 솔직하게 말해줬습니다. 바로 이런 게 우리에게 꼭 필요한 자매들끼리의 따뜻한 충고죠.

더 좋은 매니저를 원합니까? 그렇다면 여러분 본인이 직접 매니저가 되어야 할지도 모릅니다. 내가 CEO를 그만두었을 때 물론 상황이 많이 힘들었지만 그래도 내가 너무 급하게 자리를 박차고 나온 것 같다는 생각을 뼈아프게 하고 있습니다. 그 당시엔 나 자신도 그렇게 잘 하고 있진 않았습니다. 정말 다 싫었죠. 911사태가 터진 후라 상황이 최악이었던 것도 사실이고, 그런 시기에 과연 그 CEO 일을 내가 감당할 수 있는 방식으로 오랫동안 할 수 있을지 그 방법이 도저히 보이지 않았습니다. 지금이었다면 아마 다른 선택을 했을 거라는 생각이(바람이) 듭니다.

그래도 최소한 CEO라는 역할이 얼마나 힘들고 정신없는 일이 될 수 있는지는 이해할 수 있게 되었고 이를 활용해 이제는 다른 사람들을 도울 수 있습니다. 이사회 의장 역할도 아주 좋습니다. 물론 비즈니스 운영이 더 이상 내 역할이 아니라는 걸 계속 명심해야 하고, 아주 훌륭한 사람을 CEO에 앉혀 놓고도 자꾸만 그에게 "나라면 그렇게 안 할 텐데"라는 뉘앙스의 말을 해놓고 후회하는 나 자신을 발견하는 고충이 있긴 하지만요. 이사회 의장이 되면 CEO에게 영향력을 행사하거나 그를 회유하거나 추궁하기도 하고 필요할 경우 해임할 수도 있습니다. 하지만 기본적으로는 때때로 그냥 입을 다물고 그들이 알아서 하도록 내버려 둬야 합니다. 그래서 약간은 답답하게 느껴질 수도 있습니다.

우리 자매 이야기와 아주 다른 예도 물론 있습니다. 한때 나와 함께 일했던 여성의 이야기인데, 그녀가 이뤄낸 성과가 더할 나위 없이 자랑스럽습니다. 그 여성은 끝내 큰 그룹의 CEO가 되었거든요. 하지만 부서장급으로 처음 그 큰 그룹에 합류했을 땐 회사가 불쾌하고 배타적인 마초 문화라고 내게 그 회사에 대한 불평을 털어놓았었죠. 물론 그 그룹은 그녀를 높게 평가했고 그녀 자신도 회사가 성장 가능성이 있다고 생각했지만, 그러면서도 한편으론 사람들이 자신을 낮춰 본다는 기분을 지울 수가 없었고 그래서 이직을 고민하고 있었습니다. 슬프게도 그 이후의 일에 대해 내가 마냥 생색만 낼 수도 없는 것이, 마음속으로는 사실 그녀가 우리 회사로 다시 돌아와 나와 함께 일하길 바라고 있었거든요.

그녀는 ('왜 할 수 없습니까' 또는 '왜 요구하지 못합니까?' 종류의) 전문적 코칭을 몇 번 받은 후, 자신이 마음에 들지 않는 것이 있을 때 그것을 해결하려면 두 가지 방법 중 하나를 선택해야 한다는 사실을 깨닫게 되었습니다. 첫 번째는 다른 회사의 비슷한 임원급 자리로 도망

가서 여전히 '대장'도 못 되고 동시에 남의 떡이 더 커 보이기만 하는 딜레마를 감수하는 것이죠. 두 번째는 본인이 직접 대장이 될 수 있는 고지를 점하는 것이었습니다. 실제로 그 회사는 새로운 대표이사를 물색하고 있었지만, 당시 듣기론 그녀를 후보감으로 생각하진 않았습니다. 왜냐하면 그녀가 전략전문가이기도 했고, 여성이라서 '아마 내조하는 역할에 더 만족할 것'이라 생각했기 때문이었습니다. 내가 여기서 인용부호를 사용한 이유는, 남성들이 고위 경영진 승계에 대해 고민하면서 바로 코앞에 있는 뛰어난 여성 인재들을 단지 그들이 자신들과 다르고 나서지도 않는다는 이유로 후보감으로 고려조차 하지 않는 경우를 너무 자주 목격하기 때문입니다.

코치의 도움으로 자신감도 충전하고 대본도 준비한 뒤, 이 멋진 여성은 회사의 소유주들을 똑바로 바라보며 자신이 대표이사를 맡고 싶다고 분명히 말했습니다. 그러면서 만약 자신이 회사를 떠나면 고객들도 회사와의 거래를 접을 위험이 크다는 점을 지적하고 그들이 신뢰와 지지만 보내준다면 자신이 충분히 이 역할을 해낼 수 있다고 강조했습니다. 그녀는 당연히 대표이사에 선임되었고 자신의 (여성) 코치에게 도움을 받아 심지어 두둑한 보수 패키지까지 챙길 수 있었습니다. 지금은 여러 계열사를 거느린 거대 그룹을 경영하면서 수많은 여성 인재들을 요직에 등용했고 업계에서 직원 만족도가 매우 높은 회사로 평가받고 있습니다. 이 모든 일을 하면서 개인적으로는 아이도 몇 명 낳았고, 최근엔 이런 사정을 고려하여 주주들에게 자신의 업무 시간을 조정하겠노라 통보하기까지 했죠.

이런 게 바로 대장이 되는 것의 좋은 점입니다. 그녀가 고객 관계에 결정적인 영향력을 갖고 있을 뿐 아니라 자신의 기존 역할에서 사업적 수완과 보편적 관리 능력을 보여줬다는 것도 주효한 역할을 했습니다. 이런 기회가 왔을 때 내놓을 만한 훌륭한 비즈니스 성과도 없으면서, 대표이사 직함을 갖고 싶다고 말하면 안 됩니다.

'세상이 변화하길 바란다면 스스로 변해라' 같은 인용문을 입으로 외치거나 가죽 비키니 밀리터리룩을 입고 여자들이 세상을 지배한다고 노래하는 비욘세의 노래 가사를 그저 따라 부르기만 하고 싶은 마음이 들 겁니다. 하지만 현실은 그렇지 않습니다. 세상을 지배하지 않잖아요. 노래로 부르는 꿈의 세상과 우리가 실제 살아가는 현실은 다릅니다. 사악하고 욕심 많은 인간들이 시장 경제에 먹칠을 하고, 아주 못된 악당들이 더 잘되는 것 같고, 남들과 달라지는 것을 두려워하면서도 서로 친해지길 꺼리는 사람들을 보면 당연히 누구라도 부정적인 감정이 들 겁니다.

하지만 동시에 이 세상엔 세상만사가 더 나아지길, 세상이 좀 더 인간다워지길 바라는 (그래서 인간과 마찬가지로 이 세상의 중요한 구성원인 다른 생물들과 자연을 보호하고 돌보는) 수많은 사람들이 있습니다. 사람들이 함께 모여 긍정적인 결과를 얻기 위해 협동하기도 하고 나쁜 놈들은 개과천선하거나 어딘가로 사라져 없어지는 그런 세상이기도 합니다. 어찌 보면 〈쿠오 바디스〉의 현실 버전이라고 해야 할까요.

개와 고양이의 반격

1993년에 당시 BBC 뉴스 진행자였던 마틴 루이스 경Sir Martyn Lewis은 텔레비전에서 이른바 '좋은 뉴스'를 더 많이 방송해야 한다고 주장했습니다. 그가 말한 '좋은 뉴스'는 뉴스 진행자의 '…이제 마지막으로'라는 멘트와 함께 뉴스 맨 마지막에 소개되는 그저 그런 편안하고 가벼운 수준 이상의 이야기를 의미하는 것이었습니다. 당시 이 멘트는 이제 굶주림·재난·금융 비리·사고 소식들이 끝나고 좀 더 밝고 재미있는 분위기의 뉴스가 소개될 것임을 알리는 신호였습니다. 당시 고상하신 언론인들은 그에게 어떻게 그런 어리석은 발언을 할 수 있냐며, 인류와 지구에 닥친 비극 말고 다른 무슨 이야기를 하자는 것이냐며 마구 비난을 퍼부었습니다.

여담이지만 그 사건이 있기 얼마 전 그는 〈뉴스에 나온 고양이들 Cats in the News(1991)〉이라는 귀엽고 재미있는 책을 출간했습니다. 그리고 1년 후, 〈뉴스에 나온 강아지들 Dogs in the News(1992)〉을 출간했죠). 그리고 또다시, 진지하고 완고한 그 언론인들은 개와 고양이가 시대적 문제와 무슨 상관이 있냐며 엄청난 비웃음과 경멸을 쏟아냈습니다.

그리고 25년이 지난 지금 마치 '착한 사람이 반격'이라도 하듯, 인터넷에서 가장 인기 있고 가장 많이 조회되는 영상의 주인공들이 누구인가요? 버즈피드 BuzzFeed(미국의 인터넷 콘텐츠 서비스 사이트, 초기에는 온라인상의 화제의 콘텐츠를 전달하는 서비스로 시작하여 현재는 미디어, 뉴스, 엔터테인먼트, 쇼핑 등 복합적인 콘텐츠 제공)의 에디터 잭 셰퍼드는 최근 언급하길 인터넷이 '가상의 고양이 공원'이라고 했죠. 한때 유튜브에 업로드된 고양이 영상이 200만 개를 넘었고 각 영상의 평균 조회수도 12,000뷰에 달하니까요. 2015년에는 뉴욕에 있는 영상 박물관에서 '고양이는 어떻게 세상을 정복했는가'라는 제목의 전시회가 열리기도 했습니다. 딱 봐도 다음은 '강아지들' 차례 같아 보이죠?

어쩌면 이제 '고양이 전성시대'의 고점은 이미 지났는지도 모릅니다. 하지만 이 이야기에서 우리는 좋은 사람들이 세상을 다르게 바라볼 수 있는 눈을 가졌음을 짐작할 수 있죠. 일부 사람들은 볼 수도 없고 보려고도 하지 않는 어떤 것을 알아보는 능력이요. 나는 그것이 언젠가는 인류의 구원에 좋은 징조가 될 거라 생각합니다.

큰 것만 좋아하다 큰코다치기 전에

여러 나라에서 소위 스트롱맨들이 권력을 쥐고 있는 현상에 대해 왈가왈부가 많습니다. 그중에 하나는 사람들이 그들의 독불장군식 행동에 대해 겉으로는 무수히 비난하고 반대하지만 속으로는 이 세계에서 원하는 목적을 이루려면 스트롱맨도 한 방법이라고 생각하는 것입니다. 어쩌면 사람들은 이 힘든 세상에서 자신들이 학교짱과 한편이 된 것을 남몰래 기뻐하고 있는지도 모릅니다.

마이클 루이스Michael Lewis는 1989년 출간된 자신의 대표 저서 〈라이어스 포커Liar's Poker〉에서 '빅 스윙잉 딕big swinging dicks'(막대한 투자를 성사시켰거나 시장을 움직이는 거물급 트레이더를 뜻하는 월스트리트 은어, 종족의 우두머리로 인정받은 자를 뜻함)이라는 용어를 사용했습니다. 이 말은 1980년대 후반 금융계에서 최고의 위치에 오른 사람들(남성들)을 일컫는 말로 쓰였습니다. 확신하건대 아직도 이 '흔들리는 거대한 물건'의 비유를 롤모델 대상으로 삼고 있는 세상의 그 모든 리더들은 아마 핵전쟁 이후 벙커 안에 들어앉아 있으면서도 자기들이 '승리했다'고 생각하며 아주 좋아할 겁니다. 우리가 주의를 기울이지 않으면서로 치고받고 싸우다 언젠가 세상이 파멸을 맞을 수도 있습니다. 하지만 물론 다른 길도 있습니다.

우리에게는 저들에 상응하는 강력한 해독제가 필요합니다. 와튼 스쿨의 심리학 교수인 애덤 그랜트Adam Grant는 자신의 책 〈기브앤테이크Give and Take〉를 통해 직장 내에서 기버, 즉 주는 사람들이 더 성공하는 현상에 대해 설명합니다. 꼭 지독하게 굴거나 사람들에게 겁을 주거나 그들을 무시하지 않아도 여러분은 성공할 수 있습니다. 특정 영역에서는 위협과 괴롭힘에 대한 인식이 높아지고 있고 몇몇 조직의 리더들은 이런 행동이 폭로되어 물러나거나 쫓겨나기도 한다는 사실이 참 아이러니합니다. 하지만 여전히 어떤 정치 지도자들에게는 해당되지 않는 것 같습니다. 좀 더 작은 단위로 범위를 축소해서 영국의 하원 의사당만 봐도 그렇습니다. 우리는 아이들에게 예의를 지키고 배려심 있게 행동하고 다른 사람들에게 소리 지르지 말라고 가르치지만, 의사당에서 총리가 질문하는 것을 한 번이라도 목격하면 책임 있는 어른처럼 행동하는 대신 생떼 부리는 아이처럼 행동해야 받아들여진다는 것을 알게 됩니다.

여러분이 능력이 된다면 제발 직접 비즈니스를 운영하세요. 꼭대기 자리로 올라가서 남들과는 다르게 이끄세요. 좋든 싫든 비즈니스가 세상을 주도하고 있습니다. 그러니 세상을 바꾸고 싶다면 우리는 비즈니스를 먼저 변화시켜야 합니다. 비즈니스가 운영되는 방식과 비즈니스를 운영하는 사람도 갈아치워야 합니다.

퍼스널 브랜드로 세상도 구할 수 있다

이제 그것을 어떻게 할 것인가라는 사소한 문제만 해결하면 됩니다. 드디어 여기까지 왔습니다. 아직도 가짜처럼 느껴지든 아니든 말이죠. 나는 기억할 수 있는 한, 그리고 도저히 말 못할 정도가 아닌 이상 최대한 많은 사례와 솔직한 에피소드들을 이 책에 가득 담으려고 노력했습니다. 물론 저 아래 깊숙한 곳에 꽁꽁 파묻혀 절대 밖으로 나오고 싶어 하지 않는 이야기들도 아마 아직 있을 겁니다.

우리가 모두 마음에 드는 세상에서 일하고 싶다면, 아니 좀 더 현실적으로 말해서 완전히 박살 나기 전의 세상에서 살고 싶다면, 우리가 본체를 업그레이드하거나 더 좋은 본체로 바꿔야 한다는 말을 하고 싶었습니다. 21세기가 시작될 즈음 당시 영국의 왕실 천문학자였던 마틴 리스 경Lord Martin Rees의 쾌활한 전망을 읽었던 기억이 납니다. 그는 21세기가 끝나는 시점까지 인류가 생존해 있을 확률이 겨우 50 대 50이라고 기술했었죠. 이것은 앞으로 예견되는 수많은 자연재해 외에도 무수한 멍청이들이 '폭파 버튼'을 눌러버릴 가능성까지 고려한 숫자였습니다.

비즈니스 영역에서 쓰이는 브랜드식 사고 중 여러분의 퍼스널 브랜딩에 유용하게 적용할 수 있을 만한 아이디어 몇 가지를 빌려와 여러분의 세계 지배를 향한 여정에 보탬을 주고자 합니다. 우리가 논의 중인 주제에서 브랜드가 할 수 있는 역할이 없다고 주장하는 사람이 있을까 봐 미리 못을 박자면, 사람들이 좋아하든 그렇지 않든 브랜드는 세상을 변화시킬 수 있는 힘이 있습니다. 사회적으로 정서적으로 그리고 경제적으로도요. 애플이나 코카콜라, 그리고 무엇보다 세계자연기금 같은 브랜드들은 국가나 정부가 할 수 없는 방식으로 세상의 경계를 넘나들며 사람들을 연대시킬 수 있는 힘이 있습니다. 그리고 어떤 브랜드든 나쁜 짓을 저지르거나 게을러지거나 욕심을 부리면, 그 즉시 우리 모두 힘을 합쳐 불매운동을 벌이거나 지지를 철회할 수 있습니다. 우리가 정부에 대해 할 수 있는 것보다는 훨씬 많은 것을 할 수 있습니다.

또 이러한 성공적인 브랜드들은 자신의 약속만 충실하게 지키면 장기적으로 흔들리지 않는 가치와 영향력을 창출합니다. 그러므로 브랜드식 사고를 우리 자신에게 적용하는 것은 우리가 장기적으로 최대한의 영향력을 달성하고 우리의 합당한 가치를 인정받을 수 있게 해주는 가장 좋은 방법이 될 수 있습니다.

이 책 여기저기에서 산발적으로 언급되었던 몇 가지 원칙을 되풀이하자면, 상업적 비즈니스든 비영리 조직이나 자선단체든 분야를 막론하고 성공한 브랜드들이 공통적으로 갖춘 세 가지 특성이 있습니다. 이는 물론 퍼스널 브랜딩에도 똑같이 해당합니다. 그 세 가지는 바로 명확성, 부합성, 리더십입니다. 듣기에는 너무 간단하고 쉬워 보이지만, 단순함을 완성하는 과정은 꽤 복잡할 때가 많죠. 여러분이 최대 효과를 발휘할 수 있도록 자신을 브랜딩하는 데에 이 원칙들을 적용해보기 바랍니다.

명확성

자신이 미국 대통령이 되고 싶은지 또는 골드만삭스의 CEO가 되고 싶은지 따위를 여섯 살 때부터 명확히 알 필요는 없습니다. 하지

라이프 코칭

내가 사람들에게 적어도 지난 20년 동안 몇 년에 한 번씩 다양한 종류의 코칭을 받았다고 말할 때마다, 사람들은 의아한 표정으로 그리고 가끔은 안 됐다는 표정으로 나를 쳐다보곤 합니다(아마 '그 정도 했으면 이제 다 잘 하겠네' 또는 '아직도 너 스스로 하는 건 안 되는 거야?' 등의 의미일 겁니다). 재미있는 건 사람들이 운동선수들에게는 이런 말을 하지 않는다는 겁니다. 운동선수들이야말로 선수 경력 내내 코칭을 받고 있고 그게 당연하다고 생각하는 사람들인데요.

어쩌면 다들 자기 일은 꽤 능숙하게 잘할 지도 모릅니다. 그리고 나도 다른 사람을 코칭하고 멘토링하는 것을 정말 좋아합니다. 하지만 자기가 자기를 코칭하는 것은 아주 어렵죠. 내 성과나 삶까지도 객관적인 눈으로 봐줄 수 있고 필요할 경우, 비유적 표현이지만, 내 볼기짝을 후려갈겨 줄 누군가가 옆에 있다는 것은 무조건 좋은 일입니다. 그리고 그들이 심지어 꽤 쓸 만한 사람들이라면, 아마 여러분이 하고 싶은 것이 무엇인지, 그것을 하려면 어떻게 해야 하는지와 같은 문제들을 명확히 알아내고 유기적으로 정리하는 데에도 도움이 될 것입니다. 적어도 인생의 어느 시점에서는 이런 과정을 반드시 거쳐야 하니까요.

만 무엇이 나를 움직이게 하는지, 내게 가장 중요한 것은 무엇인지, 나를 가장 행복하게 하는 것은 무엇인지에 대해서는 명확히 파악해야 합니다. 우리가 살면서 어떤 행동을 하는 데는 다양한 이유가 있습니다. 생존하기 위해서, 누군가 또는 무언가에 나 자신을 증명하기 위해서, 또는 혼자든 가족과 함께든 풍족하게 살기 위해서, 그리고 물론 세상과 온 인류를 구원할 수 있는 방법을 알고 있기 때문일 수도 있습니다.

1980년대 후반에 '여피Yuppie' 현상에 대한 대규모 연구에 참가한 적이 있습니다. 이 개념이 낯설다면, 여피는 '출세 지향적인 젊은 전문직 종사자'를 지칭하는 말이었습니다. 참조할 만한 시대물로는 영화 〈월스트리트Wall Street(1987)〉와 〈워킹 걸Working Girl(1988)〉이 있습니다. 당시는 어깨뽕 재킷과 남자들의 빨간 멜빵이 패션의 표준이 되고, 다들 큰 소리로 거친 입담을 주고받던 시대였습니다. 하지만 동시에 서구 세계에서는 세계대전 이후 어마어마한 교육 기회와 화이트칼라 일자리가 폭발적으로 증가하면서 사회적 기회를 타고 신분 상승을 이룬 새로운 집단이 쏟아져 나오던 시대이기도 했습니다. 이 여피를 연구하면서 20대를 대상으로 그들의 동기유발 요인과 야망을 이해하는 조사를 실시했습니다. 보고서의 첫 줄은 "여피들을 움직이게 하는 것은 실패에 대한 두려움이다"라는 문장으로 시작되었습니다. 어쨌든 이로써 그 당시 성공을 지나치게 과시하려는 경향이 왜 그렇게 판을 쳤는지는 확실히 설명이 됩니다. 다들 사치스러운 씀씀이며 옷, 아파트, 자동차, 직장 따위를 뽐내며 자신이 실패하지 않았다는 것을 보여주지 못해 안달이었습니다. 아, 아니지, 자신들이 '대단히' 성공했다는 것을 필사적으로 보여주고 싶어 했죠. 그들의 동기만큼은 정말 명확했지만, 특별히 공공의 선을 목적으로 한 것은 아니었습니다.

비즈니스를 하다가 만난 한 친구가 자신이 왜 스타트업 쪽은 한 번도 시도해보지 않았는지 이야기해준 적이 있습니다. 그녀는 부모님과 형제들을 포함한 모든 가족 구성원들을 돌보고 부양해야 한다는 강한 책임감을 느끼고 있었습니다. 당시엔 그녀가 가족 중에서 사업적으로도 경제적으로도 가장 성공한 사람이었고 어떤 위험도 감수하고 싶지 않았습니다. 물론 결과적으로 자신이 기업가적 열정이나 미래의 큰 금전적 이익을 놓치고 있을지 모른다는 점은 인정했습니다. 하지만 자신에게 필요한 것은 변동성이 적은 주류 비즈니스에서 지속적으로 성과를 내고 넉넉한 급여를 정기적으로 받는 것이라는 점을 분명히 했습니다.

그런 그녀의 자기 욕구에 대한 명확성은 그녀가 배운 기술과 그녀가 자신을 표현하는 방식에서도 잘 드러났습니다. 물론 그 친구는 주류에 속해 있는 사람치곤 본성적으로 약간 특이하긴 했지만요. 일종의 의도적 제스처로 그녀는 자신을 소심한 기업가라고 부르면서도, 자신 있고 외향적인 톤으로 말을 했고 옷차림 역시 항상 그에 걸맞은 모습이었죠. 그래도 그녀의 비즈니스적 두뇌는 굉장히 날카로웠고 인간미와 유머 감각은 감출 수가 없었습니다. 어느 모로 보나 그녀는 자신이 무엇을 원하는지에 대해 명확하게 알고 있었고, 회색 투성이 기업가들의 바다에서 자기 자신을 돋보이게 만들었습니다.

요즘엔 조직이든 개인이든 비즈니스나 브랜드를 뒷받침하는 뚜렷한 목적을 갖는 것이 무엇보다 중요하다는 데에 다들 예전보다 폭발적인 관심을 기울이고 있습니다. 실제로 이 주제에 대한 자기계발이나 비즈니스 관련 책과 글들이 너무 많아 헤어나오기 힘들 정도입니다. 심지어 저스틴 비버도 2015년 앨범과 월드 투어 콘서트에 '목적_{Purpose}'이라는 제목을 붙였으니까요.

개인적으로 내 목적들은 다양한 범주를 넘나들며 바뀌었습니다. (7살 때 데이비드 애튼버러 경과 짝사랑에 빠졌을 땐) 세계를 구하는 것이었고, 그다음엔 돈 많이 버는 것, 승진하는 것, 애매하게라도 내가 내 삶의 주도권을 쥐고 있다고 느끼는 것, 아이들이 어렸을 땐 깨어있고 정신 차리고 제대로 기능하는 것, 훌륭한 리더가 되기 위해 노력하는 것, 그리고 어떤 분야에서 전문직 종사자가 되는 것 등을 거쳐 지금은 세상을 구하고 싶었던 어린 시절의 꿈으로 다시 돌아온 것 같습니다.

우리는 시급한 환경 문제와 사회적 난관들을 해결하는 일을 앞장서서 실천할 '구원자' 역할의 브랜드와 사람들이 더 많이 필요합니다. 그리고 그저 충격을 최소화하는 데만 그치는 것이 아니라 그런 실천의 결과로 이 세상을 더 좋은 모습으로 변화시킬 수 있다면 가장 이상적일 것입니다. 기업들은 경계를 넘나들며 치료하고 회복시키려는 노력을 더 적극적으로 해야 합니다. 국가나 정부가 대부분의 경우 국경을 사이에 두고 서로 정치적 협의를 이끌어내기 위해 힘든 절차들을 거쳐야 하지만 비즈니스 업계는 그보다는 좀 더 나은 위치에 있습니다.

이렇게 목적을 재충전하는 주제에 대해 이야기하다 보니 T.S.엘리엇의 〈4개의 4중주〉라는 시가 떠오릅니다. 그 시에서 엘리엇은 우리가 다시 출발점으로 돌아와 그곳의 진정한 의미를 처음으로 이해하게 되는 때가 바로 우리 삶의 탐험이 끝나는 때라고 말했었죠. 이렇게 시로 표현하는 것이 실제로 집안을 돌고 도는 것보다 느낌은 훨씬 좋군요.

어쨌든 결론은, 만약 여러분에게 명확한 의식이 없다면 무슨 일을 하든 그 효과가 반감될 가능성이 크다는 점입니다. 그리고 머리로만 명확성을 인식하는 것과, 그것을 실제로 현실과 부합하는 방식으로 드러내는 것은 완전히 다른 문제입니다.

부합성

일단 자신에게 중요한 것이 무엇인지, 뭘 하고 싶은지 (희미하게라도) 파악했다면 이제는 그것이 밖으로 드러나게 해야 합니다. 자신의 행동, 자신이 익힌 기술, 겉으로 드러나는 모습이나 태도 등 여러분 전체를 자신이 파악한 자기 인식에 최대한 부합하게 일치시키세요.

이사회 구성원이 되고 싶다면, 주주들에게 영향력을 행사하고 싶다면, 좋은 투자를 하기 위해 자금을 모으고 싶다면, 재무 언어를 구사하는 것이 여러분이 원하는 바에 부합하는 것입니다. 이 얘기는 아무리 강조해도 모자랍니다. 유창하게 말할 수 있을 때까지 열심히 연습하세요. 재무회계 교육을 찾아 듣는 게 힘들다고 한다면 이렇게 말하겠습니다. "주변에 모두들 회계사 친구 한 명은 있겠지. 나는 있는데. 그런 부탁이 창피한 일도 아니고 말이야"라고요. 앗, 회계사에 대한 이 진부하고 형편없는 농담은 사과하겠습니다. 이게 다 영국 코미디 〈몬티 파이튼〉 탓입니다.

나 역시 회계 관련 자격증을 취득해놓았으면 좋았겠다고 마음속으로 아쉬워하기도 했습니다. 회계사 친구에게 술 몇 잔 대접하고 회

계 기초 지식, 그리고 회사의 연간 보고서 및 감사 보고서와 같은 실
질적인 사례에 대한 설명을 부탁하세요. 아마 여러 번 반복해서 들어
야 할 겁니다. 그 분야가 자신이 원래 놀던 물이 아니더라도 자신의
안전 목표를 벗어나 영역을 확장한다고 생각하고 좀 더 훈련하세요.
전문가처럼 들리게 말하는 법을 연습하세요. 다른 사람들도 다 그런
척 하면서 남들을 품평하고 있다는 것을 기억하세요.

마찬가지로 예를 들어 크리에이티브 분야 비즈니스를 운영하고
싶은 경우를 생각해봅시다. 속으로는 뭐가 돈이 되는지 사람들에게
임금을 줄 수 있는 아이템이 무엇인지 파악하려고 노력하는 동시에
막연하게나마 자신이 상황을 통제하고 있다고 느끼면서도 겉으로는
창의적 제품에 대한 여러분의 열정, 사람들과 성과에 대한 열의를 상
징적으로 보여줘야 합니다. 그 역할에 적격인 사람처럼 보이는 것도
당연히 아주 유용합니다. 해당 크리에이티브 분야의 시류를 파악하
고, 스타일 면에서는 여러분이 그럭저럭 그 흐름을 '타고 있다'는 모
습을 보여줘야 하죠.

무엇이든 자신에게 통하는 방식이라면 내면에 있는 비비안 웨스
트우드로 빙의라도 하세요. 디지털 시대의 상징들을 완전히 수용할
지 아니면 분명하게 거부할지를 여러분의 퍼스널 브랜드에 따라 신
중하게 선택하세요. 가령, 버버리는 전통적인 장인의 솜씨에 디지털
혁신을 잘 결합해내고 있습니다. 페이퍼리스 포스트Paperless Post(초대장,
전단지, 엽서 등을 다루는 온라인 서비스 회사)도 같은 노력을 하고 있습
니다. '훌륭한 아날로그 노트'에 대한 확고한 입장을 고수하고 있는
몰스킨조차 가끔 한두 번 정도 디지털 제스처를 선보이고 있습니다.

부합성을 갖추는 데 실패한 예로, 한때 함께 일했던 사람의 이야기를 하겠습니다. 그 사람은 다양한 기술제품의 유통 비즈니스를 주도하고 있었고 그의 회사는 온갖 최신의 전자기기들과 가전제품을 판매했습니다. 하지만 그 자신은 그런 기기들을 거의 사용하지 않았죠. 말로는 항상 최신 기술이 매우 놀랍다는 등의 이야기를 했지만 사람들은 그가 그런 최신 기술을 직접 경험해본 적도 없고 아무 관심도 없다는 사실을 알아차렸습니다. 사무실에는 서류와 파일철이 가득하고 매장에는 골판지로 만든 낡아빠진 표지판까지, 최신 제품을 제외한 나머지는 아이러니하게도 (그리고 부조화스럽게도) 다 구닥다리처럼 보였습니다. 심지어 세상 모두가 오래 전에 이미 스마트폰으로 갈아탔는데도 그는 아직도 고릿적 유선 카폰을 사용하고 있었습니다. 그런 모습이 어떤 사람들에게는 의도적으로 강조된 아이러니의 표현이거나 진기한 레트로 스타일로 보일지 모르겠지만, 대부분의 사람들에겐 시대에 뒤처진 사람으로 보일 뿐이었습니다.

회사나 이사회를 이끌어가고 싶다면, 자신의 능력(기업지배구조 관련 경험, 일반적인 경영 관리 역량 등)과 여러분의 말, 행동, 겉모습에서 드러나는 분위기 둘 다를 모든 각도에서 연결시켜야 합니다. 사람들의 마음을 사로잡으면서도 그들에게 확신을 줄 수 있는 쪽으로 능력과 인상이 반영되어야 합니다.

모든 사람에게 인기 있는 인물은 아니지만, 마거릿 대처는 퍼스널 브랜드의 명확성과 부합성을 잘 작동시킨 확실한 예입니다. 그녀의 명확성과 부합성이 그녀 자신과 영국에 미친 영향에 대해선 사람들의 의견이 분분하지만요. 그녀는 강력한 리더가 되기로 선택했고 모든 면에서 그 강력함을 드러냈지요. 의도적으로 훈련한 저음의 목소리, 강인해 보이는 슈트와 핸드백, 냉철해 보이는 머리 스타일은 물론이고 포클랜드 전쟁에 대처한 방식 등 '강력한' 정책 및 대외 활동까지 모두 그녀의 강력한 리더라는 원칙에 부합했습니다. 그야말로 철의 여인이었죠.

성공하기 위해 자신의 안팎 모두 항상 '강철'로 두르고 있을 필요는 없다고 생각합니다. 여러분이 너무 인정사정없이 굴거나 사람들이 여러분을 꺼려하는 경우가 생긴다면, 언젠가 일이 잘못되었을 경우 그 사람들이 여러분을 혼내주거나 쫓아내려고 줄 서서 기다리고 있을 거라는 점은 염두에 두어야 합니다.

리더십

어떤 비즈니스든 조직이든 간에 중요한 것은 '누가 그것을 꾸려나가는가?' 그리고 '그들이 어떻게 비즈니스나 브랜드의 최고 가치를 상징적으로 보여주는가?' 입니다. 즉, CEO는 항상 브랜드가 상징하는 가치와 소비자 및 직원들에게 한 약속을 반드시 이해하고 유념해야 한다는 뜻입니다. 스티브 잡스가 어떻게 애플이라는 브랜드의 명확한 목적의식과 인간 중심 디자인, 효율성, 혁신성을 상징적으로 보여줬는지에 대해서 따로 언급할 필요는 없을 겁니다. 잡스는 정말 놀라울 정도로 명료했고 강박적으로 책을 읽었고 애플 브랜드를 표현해내는 방식에서도 선명함과 효율성을 발휘했습니다. 또한 브랜드 가치에 걸맞은 디자인과 혁신에 계속 주력했고 수년 동안 거의 항상 똑같은 스웨터와 청바지만 입을 정도로 자기 자신에 대해서도 일관성을 유지했습니다. 그에게는 어떤 군더더기도 복잡한 것도 없었습니다.

이와 대조되는 아주 다른 예로는 1999년 당시 코카콜라의 CEO가 있습니다. 1996년 벨기에에서 코카콜라를 마신 학생들이 복통 등의 이상증상을 보였던 위기사태 때 더그 이베스터Doug Ivester는 눈을 끔벅거리며 사무실에서 나와 언론의 폭탄세례를 맞았죠. 그야말로 전형적인 백인의 중년 미국인 회계사와 꼭 같은 모습을 하고요. 아마 그가 실제로 백인에 중년이고 미국인 회계사 출신이기 때문이었겠지만요. 야구모자를 거꾸로 쓰고 스케이트보드를 타고 나오는 건 바라지도 않았지만 그가 고루한 '비즈니스맨'의 인상을 줄줄 풍기며 나타난 건 전혀 도움이 되지 않았습니다. 그는 국제적인 이미지 실추 사건을 능숙하게 처리하는 것은 고사하고, 당대 글로벌 브랜드에 걸맞은 신식 리더의 모습도 보여주지 못했습니다. 회사를 브랜딩하는 데 있어서 리더십이 갖춰야 할 가장 중요한 특성은 부단함, 끊임없는 개혁과 혁신, 그리고 의제 설정 능력입니다. 상업적 영역에서 이러한 자질들은 장기적 가치 및 영향력과 매우 높은 상관관계를 가집니다.

당연히 여러분도 자기 자신의 퍼스널 브랜드를 이끄는 리더입니다. 그렇다는 건 항상 정신을 바짝 차리고 세상의 최신 정보에 귀를 기울여야 한다는 뜻입니다. "나는 비서가 내 이메일을 전부 프린트해 줘" 따위의 말을 하는 사람들이 제발 남들이 자신들을 어떻게 생각하는지 깨달을 수 있으면 좋겠습니다. 여러분의 '별난' 브랜드적 개성을 표현하는 방식으로 양피지와 깃털 펜을 사용하면 안 된다고 말하려는 것이 아닙니다. 필요하다면 해야 합니다. 그렇다고 유행에 뒤처지지 않으려고 안달 난 사람처럼 인류 사회에 알려진 모든 종류의 소셜미디어 플랫폼에 다 가입해야 한다는 뜻도 아닙니다. 하지만 다양한 소셜미디어 채널들이 작동하는 방식을 최소한 알고는 있어야 합니다. 그런 것들이 얼마나 무익한지 그리고 왜 실패할 수밖에 없다고 생각하는지를 자신의 개인적 경험에서 이야기할 수 있기 위해서라도 말입니다.

혹시 여러분이 30대 이상이거나 심지어 '새로운 50대'(60대, 70대를 의미, 시대의 변화와 평균수명 증가에 따라 현재는 60대, 70대가 과거 50대와 유사한 삶의 단계에 있다)라고 해도 그동안 본인들이 저질러온 '라떼는 말이야' 신드롬에 대해 이제는 엄청난 대가를 치러야만 하지요. 물론 '새로운 패러다임'에서 생겨난 디지털 비즈니스의 사업 모델이나 효과성, 또는 장기적 전략의 부재 등에 대해 이의가 있어도 그냥 입 다물고 있으라는 뜻은 아닙니다. 하지만 여러분의 이의 제기가 "이보게 젊은이, 옛것이 좋은 것이야" 식의 답답한 메시지로 들리지 않도록 아주 조심해야 합니다. 설령 그게 사실일지라도요.

그리고 새로운 정보에 대해 사람들과 이야기 나누면서 오래된 사례 연구만 갖다 쓰는 게으른 습관에 빠지지 않도록 주의하세요. 나는 1997년 영국항공의 브랜딩과 광고를 맡았던 때의 일화를 한번 인용했다가 아직도 자책하고 있습니다. 그 시기 영국항공이 자신들의 외형적 정체성에 변화를 주기 위해 꼬리 디자인을 세계적 다양성을 상징하는 문양으로 바꾸었다가, 데일리 텔레그래프의 몇몇 독자들이 항의했다는 이유로 (그리고 물론 마거릿 대처도 싫어했다는 이유로) 다시 예전 문양(영국 국기 모양)으로 원상복귀해야 했던 그 이야기입니다. 확실히 밝히지만 나는 새로운 문양을 정말 좋아했었고 그 문양이 개방적이고 세계적인 영국을 아주 잘 상징한다고 생각했었습니다. 당시에는 뉴스를 뜨겁게 달궜던 이 홍보 전쟁에 대한 에피소드를 다양한 분야와 연령대의 청중들 앞에서 언급했을 때, 50% 이상의 청중들은 내가 무슨 이야기를 하는지 도대체 모르겠다는 멍한 표정을 짓고 있었습니다.

고작 다섯 살 땐 나라를 떠들썩하게 한 기사라도 그렇게 큰 관심이 없을 테니까요. 지금은 오래된 역사적 사례를 나도 모르게 사용하게 될까봐 마음속에 일종의 안전망을 마련해두곤 합니다. 오래된 사례를 하나 쓸 때마다 최근의 새로운 사례를 두 가지 정도 함께 사용하려고 노력하는 것이죠. 억지로라도 새로운 것들을 찾아보고 생각하게 만들어주는 좋은 단련법이기도 합니다.

또한 능력이나 지식 측면에서는 물론이고, 새로운 기업지배구조와 (아주 흥미진진한) 글로벌 회계 표준을 배우는 것에서부터 아시아 또는 아프리카에서 새롭게 성장하는 시장을 방문하거나 코딩 교육을 받는 등의 새로운 일을 시도한다는 측면 등 여러 다양한 방면에서도 자기 스스로를 최신 수준으로 끊임없이 갈고 닦는 것이 중요합니다.

만약 여러분이 젊은 층이라면 무언가를 '리드한다'는 것의 의미는 여러분 자신과 여러분의 조직에 특히 영향을 미치게 될 다양한 비즈니스와 정치적 사안들, 시대적 문제에 대해 계속해서 지식을 쌓아나가는 것을 뜻한다고 말하고 싶습니다. 대중 연설의 두려움을 극복하는 것을 (그리고 그 두려움을 숨기는 데 능숙해지는 것을) 뜻합니다. 자기계발을 할 때도 '안전지대'에 머무르는 것이 아니라 '확장지대'에,

몸을 최대한 많이 담고 최대한 버틸 수 있을 때까지 버텨야 합니다. 하지만 '출입금지' 구역에 너무 자주 들어갔다가 겁을 집어먹고 다시 숨어버리지 않도록 조심하기 바랍니다.

이야기를 하다 보니 자신을 드러내는 방식에 정기적으로 변화를 주라는 주제로 다시 돌아왔습니다. 맞습니다. 이 변화에는 머리 스타일이나 메이크업, 옷차림을 주기적으로 새롭게 바꿔주는 것도 포함됩니다. 여러분 개인에게도 이런 변화가 심리적으로 좋은 영향을 미친다는 공식적인 증거들이 있을 뿐만 아니라, 여러분이 영향력을 행사하고 싶은 사람들에게도 여러분의 시대적 감각과 관심사에 대한 신호를 줄 수 있는 좋은 방법입니다.

제발 내 얘기를, 여성들이 스마트해보이는 어두운 정장을 입고 빈틈없이 세팅된 머리 스타일을 하고 잘 정리된 가방을 들어야 한다는 뜻으로 읽지는 말아주세요. 절대 아닙니다(나 역시 이 세 가지 중 하나도 겨우 할까 말까였으니까요). 하지만 여러분이 자신의 배역을, 최소한 일부분이라도 제대로 해내고 있는 것처럼 (자신의 눈에도 다른 사람의 눈에도) 보이고 느껴지는 것은 당연히 좋은 일입니다.

이것은 그냥 '소프트'한 여자들만의 문제가 아닙니다. 영국 남자 럭비팀이 한창 잘나갈 때 모든 사람의 존경을 한몸에 받았던 코치 클라이브 우드워드 경Sir Clive Woodward은 그들이 세계 최고의 팀이 되고 싶다면 '세계 최고'의 팀으로 '보여야' 한다는 것을 아주 강력하게 믿었습니다. 그것은 곧 챔피언에 걸맞은 탈의실과 훈련 기술, 최신 유행과 기술이 적용된 장비를 갖춰야 한다는 뜻이었습니다. 그 모든 것들이 팀에게 자신감을 심어주었고 자신들이 세계 최고라고 믿게 해주었죠.

나는 가끔 내 머리랑 메이크업이 정지화면처럼 되어버린 것은 아닌지 쓸데없이 걱정을 합니다. 하지만 솔직히 말하면 일주일 내내 매일 24시간 동안, 완전히 손을 놓아버리지 않는 한에서 육체적으로든 정신적으로든 내가 할 수 있는 것들만 하고 나머지는 버려야 할 경우가 있죠. 나는 옷차림을 바꾸는 것이 더 편하고 그리고 실제로도 패션을 좋아합니다. 아이러니하지만 80년대 복고풍 유행이 다시 돌아온다 해도 그때 입었던 옷을 그대로 입지는 않을 겁니다.

오랫동안 채워 넣기만 해서 곧 터지기 일보 직전의 옷장을 비우고 정리하는 데 도움을 받으려고 누군가를 집으로 초대한 적이 한 번 있었습니다. 이 정리 업무를 하는 여성이 왔을 땐 곤도 마리에(《정리의 기술》,《정리의 힘》의 저자)가 유명해지기 전이었습니다. 이 멋진 여성의 단호하면서도 합리적인 태도는 정말 유용했죠. 그녀는 옷을 하나하나 들어 올리며 "이 옷을 언제 마지막으로 입었나요?", "이 옷을 좋아하나요?", "이 옷을 입으면 기분이 좋은가요?"와 같은 질문을 했습니다. 대답이 전부 '아니다'가 나오면 '아이들에게 물려주기', '수선하거나 빨아서 다시 좋아하는 옷으로 만들기', '팔거나 기부하기' 중 하나로 분류했죠. 그리고는 남은 옷들을 색깔별로 정리해서 다시 옷장에 깔끔하게 넣어주었습니다. 정말 후련하고 만족스러웠습니다. 심지어 다음날 출근할 때 마치 가지런히 정돈된 새 필통을 갖고 학교에 가는 기분이었습니다. 따라서 삶의 어느 단계에 있건 항상 나와 내 주변을 시기에 맞게 정돈하고 업데이트하는 것이 중요합니다.

이제 마지막으로

그 무엇보다 능력 있고 자신감 있고 목적의식이 있는 인간에게 어울리는 방식으로 자기 자신과 다른 사람들을 이끌어가려고 노력하는 것이 중요합니다. 네, 당연히 우리 인간들이 만드는 다양한 실수와 불안함과 골치 아픈 감정들도 그대로 가지고 있으면서 말이죠.

그런 것들은 바로 우리를 인간으로 규정해주는 것들이고, 그 덕분에 우리는 더 많이 공감할 수 있고 더 높고 긍정적인 동기를 얻을 수 있으니까요. 세상의 꼭대기에는 이 모든 것을 갖춘 최고 버전의 인간들이 필요합니다. 물론 다른 곳에서도요.

그래서 바로 여기, 우리가 이렇게 있습니다. 바라건대 우리 자신의 역량이 최대한 발휘될 수 있도록 각자의 몫을 해내면서. 바라건대 따뜻한 마음과 뜨거운 피를 가진 우리 인간이 열과 성을 다해 더 따뜻하고 더 인간적인 조직을 이끌어 나가고, 모든 인류를 위해 이 세상을 더 좋은 곳으로 만들어가면서.

어쩌면 가끔은 발가벗겨진 것 같은 기분이 들 때도 있고, 어쩌면 온전히 준비되었다는 기분은 절대로 들지 않겠지만. 바로 여러분, 그리고 우리 모두, 그리고 우리의 사랑스러운 가면들이 여기 이렇게 존재하고 있습니다.

진짜 모습으로 승부하라

초판 1쇄 2021년 11월 25일

지은이 리타 클리프튼
펴낸이 서정희
펴낸곳 매경출판㈜
옮긴이 최재은
책임편집 정혜재
마케팅 강윤현 이진희 장하라
디자인 김보현 김신아

매경출판㈜
등록 2003년 4월 24일(No. 2-3759)
주소 (04557) 서울시 중구 충무로 2(필동1가) 매일경제 별관 2층 매경출판㈜
홈페이지 www.mkbook.co.kr
전화 02)2000-2641(기획편집) 02)2000-2636(마케팅) 02)2000-2606(구입 문의)
팩스 02)2000-2609 **이메일** publish@mk.co.kr
인쇄 · 제본 ㈜M-print 031)8071-0961
ISBN 979-11-6484-340-4(03300)